Mord in Switzerland
Band 2

MITRA DEVI & PETRA IVANOV (HRSG.)
MORD IN SWITZERLAND
18 KRIMINALGESCHICHTEN BAND 2

Appenzeller Verlag

Die Herausgeberinnen und der Verlag danken folgenden Institutionen
für die grosszügige Förderung dieses Buches:

**ERNST GÖHNER
STIFTUNG**

FONDATION
OERTLI
STIFTUNG

Ebenfalls herzlichen Dank an Paula und Felix Furrer, Zürich

© Appenzeller Verlag, CH-9103 Schwellbrunn

Alle Rechte der Verbreitung,
auch durch Film, Radio und Fernsehen,
fotomechanische Wiedergabe,
Tonträger, elektronische Datenträger und
auszugsweisen Nachdruck, sind vorbehalten.
Gesetzt in Janson Text und gedruckt auf
90 g/m² FSC Mix Munken Premium Cream 1.75
Satz: Appenzeller Verlag, Schwellbrunn
ISBN: 978-3-85882-736-4

www.appenzellerverlag.ch

INHALT

Liebe Leserin, lieber Leser   7

URI
    Ein kurzes Glück   Sunil Mann   9

ZUG
    Die Moorleiche   Mitra Devi   25

GENÈVE
    Pavane für ein totes Kind   Cédric Segapelli   41

THURGAU
    Are you tough enough?   Tanja Kummer   57

ST. GALLEN
    Die Gruppentherapie   Tom Zai   73

LUZERN
    Eiskalt in der Sauna   Helmut Maier   91

APPENZELL AUSSERRHODEN
    Schlawaggi   Alice Gabathuler   107

NEUCHÂTEL
    Die kalte Scheune   Alessio Ricciuti   123

BASELLAND
    Auf die Liebe   Karin Bachmann   141

SOLOTHURN
    Das perfekte Verbrechen   Silvia Götschi   157

GRAUBÜNDEN
    Abseits der Pisten   Attilio Bivetti   173

BERN
    Der Belpberg in
    Rot und Blau   Susy Schmid   191

AARGAU
  Rüeblischwur   Thomas Kowa   205

TESSIN
  Unter dem Erdrutsch   Andrea Fazioli   221

SCHAFFHAUSEN
  Die Einladung   Jutta Motz   239

OBWALDEN
  Älplerchilbi   Stephan Pörtner   253

ZÜRICH
  Das Geständnis   Petra Ivanov   267

SCHWYZ
  Im Ameisenhaufen   Christine Brand   283

Autorinnen und Autoren   300
Übersetzer   304

LIEBE LESERIN, LIEBER LESER

Vor drei Jahren hatten wir die Idee, eine Sammlung Schweizer Kriminalgeschichten herauszugeben. *Mord in Switzerland*, der Vorgänger des Buches, das Sie nun in Händen halten, entpuppte sich als Überraschungserfolg.

Und wie reagiert man, wenn etwas gut läuft?

Genau. Man tut es wieder. Ganz nach dem Motto des Serienmörders, der jedesmal ungeschoren davonkommt. Erneut machten wir uns auf die Suche nach Schweizer Autorinnen und Autoren, die Lust hatten, einen Beitrag für unsere Anthologie zu schreiben. Und erneut wurden wir fündig.

Die Stories, die wir erhielten, begeistern uns! Jeder Krimi ist in einem anderen Kanton angesiedelt. Wir freuen uns besonders, Ihnen Schreibende aus allen Sprachregionen präsentieren zu dürfen, deren Geschichten ins Deutsche übersetzt wurden. Nebst bekannten Namen und literarischen Geheimtipps aus der Deutschschweiz sind Autoren aus der Romandie, dem Tessin und dem rätoromanischen Teil des Bünderlandes mit von der Partie sowie ein englischsprachiger Expat als Vertreter der mittlerweile fünften Sprachgruppe.

In diesem Zusammenhang drängt sich die Frage auf: Gibt es überhaupt *den* Schweizer Krimi?

Britische Autoren legen raffinierte Spuren, die Schweden lieben's rau und blutig, Amerikanerinnen in Italien würzen gerne Crime mit Kulinarik. Und wir?

Was früher undenkbar war – Action made in Switzerland – boomt seit einigen Jahren regelrecht. Seien es Ermittlerinnen oder Bestatter im Fernsehen, Thriller im Kino oder die zahlreichen neuen Romane, in denen nebst Kommissarinnen und Detektiven auch Anwälte, Hebammen und Rabbis ermitteln: Das Schweizer Publikum lässt sich von inländischen Stories mitreissen.

Was ist also typisch Schweizerisch im hiesigen Spannungsgenre? Eigentlich nur, dass es nichts Typisches gibt. Die Tatorte von *Mord in Switzerland 2* sind so vielseitig wie unser kleines Land: Idyllische Dörfer, in denen das Böse unsichtbar wirkt. Alpine Schauplätze mit atemberaubendem Panorama. Urbane Grossstädte, die vor Lebendigkeit knistern. Skrupellose Täter, wehrhafte Opfer, gewiefte Ermittler. Die hier versammelten Krimis sind erschreckend, ernst, humorvoll, originell und gut gestrickt. Und wie es sich gehört: von Kanton zu Kanton etwas verschieden.

Wir wünschen Ihnen viel Vergnügen beim Lesen!
Mitra Devi & Petra Ivanov

EIN KURZES GLÜCK
SUNIL MANN

Sie schläft, endlich schläft sie. Schwer liegt ihr Kopf auf meiner Brust, sie murmelt im Traum, wie sie es früher oft getan hat, die Atmung gleichmässig und tief. Regen klopft monoton aufs Fensterbrett, und die schräg gestellten Jalousien klappern leise, wenn Wind aufkommt. Durch die Lamellen flackert Strassenlampenlicht und lässt schemenhafte Umrisse aus der Dunkelheit treten: Möbelstücke, ihr Reisekoffer, mein Anzug, der über einem Kleiderbügel am Schrank hängt. Wir sind ziemlich herumgekommen, sie und ich sowieso. Doch in diesem Moment gibt es nur noch uns, endlich wieder vereint in diesem schäbigen Hotelzimmer. Ein kurzes Glück nur. Seit ich hier bin, breitet sich ein Frieden in mir aus, der mir die Tränen in die Augen treibt. Ich weine lautlos, froh, dass sie mich nicht sehen kann. Der Duft ihrer Haare erinnert mich an früher, an schwerelose Tage. An jene Nächte in Erstfeld, als wir uns noch fremd waren und uns Nacht für Nacht erforschten, die Leidenschaft, die grosse, die ewige Liebe, wie ich glaubte. Was war ich jung. Und so unglaublich naiv.

Natürlich sagten sie: «Was denkst du dir bloss, so eine wie sie mit einem wie dir? Sieh euch doch an, das kann ja nicht gut gehen!»
Mutter schüttelte den Kopf, während sie Zwiebeln hackte, Vater zog an seiner Pfeife und schwieg wie immer. Doch ich

konnte an seinen missbilligenden Blicken erkennen, dass er nicht viel von Gloria hielt. Die wenigen Freunde, die ich hatte, reagierten ähnlich.

«Die nimmt dich doch nur aus!», warnten sie mich, wenn wir uns samstags im «Havanna» in Altdorf trafen und zogen Gloria dabei mit ihren Augen aus.

Sie hatte Kurven, eine richtige Latina halt, und dass wir uns in Erstfeld im «La Rosa» kennengelernt hatten, wussten auch alle, da hatte ich nie ein Geheimnis draus gemacht. Ich war bei Weitem nicht der einzige, der regelmässig dort verkehrte, viele fuhren nach Feierabend oder häufiger noch an den Wochenenden die kurze Strecke über die Gotthardroute nach Süden, parkten in einer verschwiegenen Seitengasse des Dörfchens und gingen dann die paar hundert Meter zum Etablissement zu Fuss. Tranken etwas an der Bar und liessen sich, noch ehe das Glas leer war, von der auserkorenen Dame in eines der schmuddeligen Zimmer in den oberen Stockwerken führen, wo sie für einen Lappen bekamen, wonach sie gierten. Während des Tunnelbaus hatte sich das Rotlichtmilieu hier angesiedelt und konnte sich halten, nachdem die Arbeiter verschwunden waren. Zumindest eine Zeitlang.

In jener Nacht hatte ich wie immer erst eine Zigarette geraucht, den Kragen meiner Windjacke hochgeschlagen und konnte mich einmal mehr nicht zwischen der «Taverne» und dem «La Rosa» entscheiden. Am Ende schritt ich auf das letztere zu, und als ich eintrat, stand sie dort an der Bar und lehnte sich vertraulich zu einem massigen Kerl hinüber. Ein Lastwagenchauffeur vielleicht oder ein Motorradfahrer auf der Durchreise. Er hatte wässerige Augen, graumelierte Locken und sah kräftig aus, trug abgewetzte Jeans, dazu ein kariertes Hemd und schwere Stiefel. Gloria rückte sofort von ihm ab, als sie mich entdeckte, und kam mit langsamen Schritten auf mich zu. Dunkle Haare fielen über ihre Schultern, hohe Wangenknochen und die Lippen rot wie Cocktailkirschen. Katzenaugen und lange Wimpern. Ich konnte mich nicht sattsehen an ihr. Ich war mir sicher, dass ich sie hier noch nie angetroffen hatte, denn dass sie mir nicht aufgefallen wäre, war schlicht unmöglich. Sie lächelte mich herausfordernd an, und ich spürte, wie das Blut in meinen Unterleib schoss. In dieser Nacht fielen wir wie Tiere übereinander her, und als wir fertig waren, gewährte sie mir eine Extrarunde ohne Aufpreis. Viel später erzählte sie mir, dass sie in diesem ersten Moment an der Bar etwas in mir gesehen hatte, etwas ganz Besonderes. Es sei eine Art Erkennen gewesen, wie es nur ganz selten geschehe, sie hätte sofort gewusst, dass wir zusammengehörten. Und ich, ich war vom ersten Augenblick an verliebt.

Von da an trafen wir uns regelmässig, auch ausserhalb des Milieus. Und als sie eines Morgens, nach einer stürmischen Nacht in meiner kleinen Mietwohnung an der Blumenfeldgasse, ihren Slip und das im Bett getragene T-Shirt in den Korb mit der Schmutzwäsche schmiss, anstatt die Kleidungsstücke wie zuvor wieder mitzunehmen, ahnte ich, dass es etwas Ernstes würde.

Bereits nach zwei Monaten konnte ich mir ein Leben ohne Gloria nicht mehr vorstellen. Ich ging wie auf Wolken, und sie, sie schien stets zu wissen, was mich gerade umtrieb, wonach mir der Sinn stand. Als wäre ich ein offenes Buch für sie. Man könnte jetzt monieren, dass es kein Kunststück sei, die Bedürfnisse eines Mannes zu erraten, aber sie gab mir tatsächlich das Gefühl, mir meine Wünsche von den Lippen abzulesen. Zudem war sie eine fabelhafte Köchin, wie ich bereits bei ihrem ersten Carne asada mit hausgemachter Chimichurrisauce feststellte. Zwar arbeitete Gloria weiterhin im «La Rosa», doch tagsüber kümmerte sie sich um den Haushalt, tätigte Einkäufe und hielt die Wohnung in Schuss.

Und als sie mit ihrem Rollkoffer einzog, ging ich meinen Chef bei der Raiffeisenbank um eine Gehaltserhöhung an, schliesslich hatte ich drei Jahre lang zum selben Lohn und ohne Aussicht auf einen besseren Posten am Schalter gearbeitet. Er wand sich und verwies auf die schlechte Wirtschaftslage, den tiefen Dollarkurs, die in einer Krise steckende Branche. Was Vorgesetzte immer anführen, wenn es um mehr Geld geht. Am Ende holte ich zwar weniger heraus, als ich mir erhofft hatte, doch es reichte gerade, damit Gloria nur noch an den Wochenenden anschaffen musste. Von Montag bis Freitagnachmittag waren wir nun ein ganz normales Paar, und ich blendete gekonnt aus, was Gloria in der restlichen Zeit tat.

Das Unheil ereilte uns an einem lauschigen Abend im September. Gloria hatte nach dem Nachtessen einen Spaziergang vorgeschlagen, und Arm in Arm schlenderten wir durch Altdorf. Vor dem Tell-Denkmal erzählte ich ihr die Sage um den Schweizer Volkshelden, danach flanierten wir durch die Marktgasse und besahen uns die hell erleuchteten Schaufenster. Ich zeigte ihr, wo am Lehnplatz ich arbeitete, und als es kühler wurde, kehrten wir auf einen Schlummertrunk in die nahe gelegene Buena Vista Bar ein. Wir waren in einer sehr romantischen Stimmung. Gloria lachte viel, sie strahlte irgendwie von innen, und mir hätte es genügt, sie einfach anzusehen. Dazusitzen und sie zu bewundern, in alle Ewigkeit. Sie trug an diesem Abend ein enges, samtgrünes Kleid, das ihre Figur betonte, und hochhackige Schuhe wie immer. Und während sie die Blicke aller Männer im Lokal auf sich zog, wurde mir bewusst, wie glücklich sie mich machte - und wie stolz. Sie gehört mir, sie ist mein, dachte ich und betrachtete uns im Wandspiegel hinter den Regalen mit den Flaschen. Schon seltsam, einer wie ich mit einer wie ihr. Farblos und langweilig nannten mich meine Arbeitskolleginnen hinter meinem Rücken. Einer, den keiner richtig wahrnahm. Und Gloria? Sie war immer der Mittelpunkt, alle Augen hafteten an ihr. Manchmal, in stillen Momenten, fragte ich mich, was sie in mir sah. Weshalb sie bei mir blieb. Doch ich schob die Antwort immer schnell von mir, ich wollte sie nicht kennen.

Als wir ausgetrunken hatten, bemerkte ich, dass sich nur noch eine einzige Zigarette im Päckchen befand, dabei war ich mir sicher, dass es am Morgen noch beinahe voll gewesen war. Gloria meinte, ich solle mich nicht so anstellen, unten neben den Toiletten gäbe es einen Automaten. Sie nahm sich die letzte Zigarette und küsste mich auf den Mund.

«Ich warte draussen auf dich, mi amor», hauchte sie, und ihre letzten beiden Worte brannten sich in mein Herz.

So fühlt sich Glück an, sagte ich mir, während ich Münzen in den Automaten warf. Ich grinste immer noch, als ich in den Schankraum zurückkehrte.

Gloria stand vor der Bar und rauchte. Als hätte sie meinen Blick gespürt, wandte sie sich um und winkte mir durch die Fensterscheibe zu. Der Lieferwagen schoss von rechts ins Bild, er bremste hart ab und gleichzeitig glitt die seitliche Schiebetür auf. Zwei Arme packten Gloria, die vor der Bar stand, sie schrie auf und versuchte sich zu wehren, doch sie hatte keine Chance. Die Zigarette fiel zu Boden, da schloss sich die Wagentür schon wieder. Das Ganze war so schnell abgelaufen, dass die meisten Barbesucher den Vorfall gar nicht mitbekommen hatten. Ich stürzte hinaus, die Kehle wie zugeschnürt, doch der Camion raste bereits über den Rathausplatz, bog dann rechts ab und verschwand in der Einfahrt zum Kapuzinerweg. Jetzt erst brüllte ich auf und rannte dem Fahrzeug hinterher, bis ich die Zwecklosigkeit darin erkannte, und als ich verzweifelt zurückkehrte, glomm auf dem Trottoir immer noch Glorias Zigarette, ein feiner Rauchkringel stieg auf, während die Glut langsam verlöschte.

Ich taumelte und musste mich an der Hauswand abstützen. Mir war, als fiele ich ins Bodenlose. Kaum bemerkte ich die Tränen, die mir übers Gesicht liefen, als ich benommen zum Telefon griff, um die Polizei zu alarmieren. In diesem Augenblick vermeldete das Gerät einen eingehenden Anruf. Eine unterdrückte Nummer. Mit zitterigem Finger strich ich über das grüne Symbol auf dem Display und hörte als Erstes Motorenlärm und Gloria, die im Hintergrund verängstigt schrie.

«Keine Polizei, wenn du sie wiedersehen willst», knurrte eine raue Männerstimme mit italienischem Akzent. «Du redest mit niemandem und gehst jetzt direkt nach Hause. Wir rufen dich gleich wieder an.»

Ich rannte den ganzen Weg bis in die Blumenfeldgasse. Atemlos stürzte ich in mein Appartement, da begann der Festnetzanschluss schon zu klingeln. Ich nahm ab und lauschte keuchend den Anweisungen.

Ich würde am nächsten Tag einen Umschlag finden, erklärte mir dieselbe Männerstimme ohne Umschweife, und zwar im nah gelegenen Schattdorf, wo sich mitten im Industriegebiet ein Shoppingcenter befinde. Tellpark hiess das Einkaufsparadies, natürlich kannte ich es.

«Im Mülleimer, der direkt neben der Rolltreppe steht, die in den ersten Stock führt. Der Umschlag klebt am Rand. Kannst du dir das merken?», wollte der Typ wissen.

Ich bejahte, und er nannte mir die Adresse eines Restaurants im Thurgau, wohin ich den Umschlag bringen sollte.

«Du fährst sofort dorthin. Du machst das Couvert nicht auf, kein Zwischenhalt, kein Telefongespräch, nichts. Du gehst ins Lokal und übergibst den Umschlag Mario, Mario Lombardi, dem Besitzer, nur ihm und niemandem sonst.»

«Und wenn er nicht da ist?», wollte ich wissen.

«Er wird da sein. Du musst unbedingt vor zehn Uhr eintreffen, dann ist er allein im Lokal. Du wirst ihm den Umschlag geben, sagst kein Wort und gehst gleich wieder.»

«Und was ist mit Gloria?»

«Siehst du wieder, wenn wir zufrieden sind mit dir.»

Das schaffe ich, dachte ich erleichtert, nachdem ich aufgelegt hatte, und am nächsten Morgen verfiel ich auf der Fahrt nach Schattdorf seltsamerweise in eine wohlige Aufregung. Ich hatte mich bei der Bank krank gemeldet und für einen kurzen Moment schien mir dieser mysteriöse Auftrag so viel aufregender als meine eintönige Arbeit am Schalter. Doch als ich das Einkaufszentrum betrat, pochte mein Puls bis zum Hals, und die Hände waren schweissnass. Die Angst lähmte mich, doch ich versuchte mir nichts anmerken zu lassen, während ich auf die Rolltreppe zusteuerte. Früher Morgen, der Tellpark hatte eben erst geöffnet, und es hielten sich glücklicherweise noch kaum Kunden darin auf. Ich wartete kurz ab und liess zwei ältere Frauen passieren. Erst als ich sicher war, dass mich keiner beachtete, langte ich in den Abfalleimer. Der Umschlag war mit Klebeband am Rand des Behälters festgeklebt, so wie der Mann am Telefon es gesagt hatte, ich ertastete ihn auf Anhieb. Rasch nahm ich ihn an mich und trabte immer schneller werdend auf den Ausgang zu. Kaum sass ich im Wagen, startete ich den Motor, doch dann fiel mein Blick auf das Couvert auf dem Beifahrersitz und ich griff danach. Was wohl darin sein mag, rätselte ich, doch ehe ich die Frage zu Ende denken konnte, klingelte mein Handy.

«Konzentrier dich auf deinen Auftrag, sonst siehst du Gloria nie wieder», sagte sie Stimme.

«Kann ich mir ihr sprechen?»

«Auf gar keinen Fall», antwortete der Mann. Doch ich konnte Gloria in seiner Nähe hören, sie wimmerte verhalten, als ob sie geknebelt wäre.

«Je schneller du den Auftrag erfüllst, desto eher lassen wir sie frei.»

Ich drückte aufs Gaspedal und fuhr in den Thurgau.

Wortlos übergab ich Mario Lombardi den Umschlag und raste wieder nach Hause, wo ich auf weitere Anweisungen wartete. Doch der Typ mit dem italienischen Akzent rief den ganzen Tag nicht mehr an, und auch Gloria tauchte nicht auf. Vor Sorge um sie wurde mir ganz elend, und ich tigerte rastlos durch die Wohnung, setzte mich schliesslich aufs Sofa und schaltete den Fernseher ein.

Die Briefbombe hatte dem italienischen Restaurantbesitzer einen Arm abgerissen, vermeldete die Nachrichtensprecherin, die Polizei vermute, dass die Mafia dafür verantwortlich sei.

Im selben Moment kam ein Anruf über mein Handy herein.

«Gute Arbeit», sagte die Stimme.

«Seid ihr wahnsinnig?», schrie ich. «Was wäre passiert, wenn ich den Umschlag aus Neugier geöffnet hätte? Was da hätte geschehen können!»

«Wir haben auf dich aufgepasst.» Der Mann am andern Ende der Verbindung lachte leise.

«Und der arme Mann erst! Wenn ich gewusst hätte … Ich bin total gegen Gewalt!»

Der Mann lachte immer noch.

«Und wegen euch werde ich jetzt von der Polizei gesucht!»

«Deswegen meldest du dich auch noch ein paar weitere Tage krank. Wir sind uns sicher, dass sich Mario Lombardi nicht an dich erinnern wird.»

«Aber er hat mich doch gesehen!»

«Ganz kurz nur.»

«Sie werden ein Phantombild anfertigen und dann bin ich dran!» Ich war ausser mir über seine Gleichgültigkeit.

«Nach unseren Informationen konnte er dich kaum beschreiben», beruhigte mich die Stimme. «Genau darum haben wir dich ja auch ausgewählt.»

«Ausgewählt?», hakte ich nach.

«Für den Auftrag. Du bist so unscheinbar, dass dich jeder gleich vergisst.»

«Danke schön», machte ich trocken.

«Du bist perfekt für unsere Zwecke. Deshalb hörst du auch bald wieder von uns.»

«Was?»

«Es gibt noch viel zu tun.»

«Aber ihr … Und Gloria? Ihr habt versprochen …» Ich schnappte nach Luft, und es knackte in der Verbindung, dann vernahm ich Glorias Stimme ganz nah an meinem Ohr: «Mi amor, tu, was sie sagen, bitte!»

«Schatz, behandeln sie dich gut?»

Ehe sie eine Antwort geben konnte, wurde die Verbindung unterbrochen. Mit düsterer Miene starrte ich auf mein Mobiltelefon.

Zwei Wochen später war ich mit einem weiteren Umschlag unterwegs. Zwar hatte ich Skrupel angemeldet, als mir die Stimme den Auftrag übermittelte, und gesagt, dass sich so etwas mit meinem Gewissen nicht vereinbaren lasse. Der Mann lachte wieder. Natürlich hatten meine Argumente nichts bewirkt, und auf der Fahrt nach Mailand verspürte ich plötzlich eine Art Kribbeln, eine verhaltene Vorfreude, wie ich bestürzt feststellte.

Ich machte meine Arbeit ausgezeichnet, wie mich die Stimme am Telefon nach dem fünften Botengang ein paar Wochen später lobte. Seit jenem ersten Mal vermied ich es, Zeitungen zu lesen und Radio oder Fernseher einzuschalten, weil mir davor graute, was ich alles angerichtet hatte. Gloria hielten sie noch immer fest, doch der Mann bezeugte mir mehrmals, wie wichtig ich sei, wie gewissenhaft ich meinen Verpflichtungen nachkäme, so einen wie mich hätten sie noch nie gehabt.

Die letzte Äusserung liess mich kurz stutzig werden, doch ich ging nicht weiter darauf ein, zu sehr schmeichelte mir das Lob, die Anerkennung, auf die ich bei der Bank jahrelang vergebens gewartet hatte.

Sie begannen, mir Geld zu überweisen. Grössere Summen, die sie auf ein eigens dafür eingerichtetes Konto einzahlten und die als Spesen für meine häufiger werdenden Auslandeinsätze an den Wochenenden gedacht waren, wie der Mann am Telefon erklärte. Doch wenn ich nach Gloria verlangte, liessen sie sie nur ganz kurz mit mir sprechen. Sie bat mich stets eindringlich zu machen, was sie von mir verlangten. Ihr mi amor liess mein Herz ganz warm und weich werden, und manchmal kamen mir die Tränen dabei.

«Wir haben dir einen neuen Wagen besorgt», sagte die Stimme eines Morgens - wir duzten uns längst. «Damit du nicht immer mit derselben Karre unterwegs bist.»

Ich schaute zum Fenster hinaus. Da stand tatsächlich ein schwarzer Alfa Romeo. Ein Gebrauchtwagen zwar, wie ich auf den zweiten Blick feststellte, aber immerhin.

«Und wir haben einen neuen Auftrag für dich», fuhr der Typ fort.

«Auf gar keinen Fall!», rief ich, nachdem er mir dargelegt hatte, worum es sich handelte. «Das kann ich nicht!»

«Dann wirst du Gloria nie mehr sehen», erwiderte die Stimme kalt, und ich hörte jemanden im Hintergrund wimmern.

«Ich will mit ihr reden, auf der Stelle!», forderte ich, und nach einigem Hin und Her hielten sie ihr das Telefon hin.

«Mi amor!», flehte sie. «Tu, was sie sagen, bitte!»

Danach brach die Verbindung ab.

Am Ende hatten sie mich doch weich gekriegt, die Sorge um Gloria liess mich Sachen tun, die ich mir nie hätte vorstellen können. Sie hatten mir eine Ledermontur besorgt, in der ich lächerlich aussah. Aber die Stimme am Telefon meinte, so würde ich keine Spuren hinterlassen. Dazu trug ich Handschuhe und eine Skimütze, die nur die Augen freiliess, Ärmel und Hosenstösse hatte ich mit Tesafilm abgeklebt. Der Auftrag klang eigentlich simpel. Mit einem Reserveschlüssel gelangte ich ins Mietshaus, schlich in den zweiten Stock und schlüpfte in die angegebene Wohnung. Es war kurz nach vier Uhr in der Früh, als ich den Kühlschrank öffnete. Lautes Schnarchen durch die Schlafzimmertür hatte mir verraten, dass der Bewohner des Appartements tief und fest schlief. Ich schüttete die Milch bis auf einen kleinen Rest aus und tröpfelte dann die klare Flüssigkeit aus dem Fläschchen hinein, das bei der Abfahrt im Handschuhfach meines Alfas lag. Danach machte ich mich geräuschlos aus dem Staub.

Ich sah die Schlagzeilen zwei Tage später vor einem Kiosk, und kaufte mir entgegen meines Vorsatzes eine Boulevardzeitung. Die Freundin des Gewerkschafters hatte ihn tot vor einer halbvollen Kaffeetasse an seinem Schreibtisch gefunden. Ich starrte auf das Archivbild des Mannes und stellte entsetzt fest, wie wenig mich das berührte. Hatten mich meine Taten abstumpfen lassen? War ich schon so abgebrüht? Ich ertappte mich im Verlauf der folgenden Woche dabei, wie ich während der Arbeit immer wieder aufgeregt an meinen nächsten Auftrag dachte, wie mich eine beinahe euphorische Vorfreude packte, wenn das Telefon am Samstagmorgen klingelte. Ich war innert kurzer Zeit zum Auftragskiller aufgestiegen!

Doch dann ging etwas schief. Eigentlich eine dieser Aufgaben, die ich in der Zwischenzeit mit Links erledigte. Die Tür des Häuschen am Stadtrand liess sich mühelos aufdrücken, die Bewohnerin schlief, wie ich mich mit einem kurzen Blick ins Schlafzimmer überzeugte. Geübt dichtete ich Fensterrahmen mit Klebeband ab, vergewisserte mich, dass die Terrassentür abgeschlossen war und begab mich dann in die Küche. Ich war gerade im Begriff, den Anschlussschlauch vom Gasherd zu entfernen, als ich vom Flur her Schritte hörte. Gleich darauf stand sie hinter mir, nur mit einem Nachthemd bekleidet, das Gesicht vom Schlaf ganz verquollen.

«Was tun Sie da?», fragte sie, und ich trat entschlossen auf sie zu.

In Filmen sieht es immer so mühelos aus, wenn jemand erwürgt wird, doch in Wahrheit ist es ein Kampf. Die Frau setzte sich heftig zur Wehr, sie warf sich herum, als ich ihren Nacken packte, dann biss sie in meine Hand, die glücklicherweise behandschuht war. Endlich gelang es mir, ihr den Arm um den Hals zu legen und zuzudrücken, doch es dauerte ewig, bis ihr Körper endlich erschlaffte und sie zu Boden sank. Erst da verstummte der Lärm, und erschrocken bemerkte ich, dass ich es war, der die ganze Zeit geschrien hatte.

Von da an quälten mich Alpträume. Immer wieder sah ich die Frau vor mir, eine Richterin, wie ich aus der Zeitung erfuhr, spürte sie in meinen Armen sterben. Ich erwachte jedes Mal schweissgebadet und starrte keuchend an die Decke.

«Ich will nicht mehr», erklärte ich, als sie wieder anriefen und mich für meine «professionelle und umsichtige Handlungsweise» beglückwünschten. «Ich kann das nicht.»

Ich hatte die ganze Woche krank im Bett gelegen, in meinen Fieberträumen durchlebte ich den Mord immer und immer wieder, und nachts war mir das Gesicht der Frau erschienen, vorwurfsvoll und traurig zugleich.

«Dann wirst du Gloria nie mehr sehen», drohte mir der Typ wie so oft zuvor.

Und wie so oft zuvor wollte ich mit Gloria sprechen.

«Mi amor», flehte sie. «Tu, was sie sagen, bitte!»

Der Anruf wurde wieder unterbrochen, und da endlich begriff ich.

«Sie ist längst tot, nicht?», fragte ich mit tonloser Stimme, als sie das nächste Mal anriefen. «Sie sagt immer die gleichen Worte, und der Anruf wird daraufhin jedes Mal abgebrochen. Ihr spielt mir eine Aufnahme vor, schon seit Wochen!»

«Wir dachten, du wüsstest das längst.»

Hatte ich in meinem Eifer gar nicht bemerken wollen, dass es nicht Gloria selbst war, die mich am Telefon anflehte? Hatte ich mich dermassen in meine Aufträge hineingesteigert, dass sie mir egal geworden war?

«Womöglich habe ich etwas geahnt», gab ich mit heiserer Stimme zu.

«Trotzdem hast du mitgemacht!»

Ertappt verstummte ich. Sie hatten mich Verantwortung übernehmen lassen, man hatte auf mich gebaut, meine Arbeit wurde geschätzt. Und das Ganze hatte mein Leben eine Zeitlang abenteuerlich gemacht und aufregend. Doch es gab Grenzen, die zu überschreiten ich nicht mehr gewillt war.

«Damit ist jetzt Schluss», sagte ich.

Der Mann am Telefon liess sein leises Lachen hören.

Mit schweren Schritten stieg ich die Treppe hoch. Es war weit nach Mitternacht. Eines dieser heruntergekommenen Etablissements in Frankfurts Bahnhofsviertel, es roch nach Kebab und billigem Parfüm, das Rattern einer späten Strassenbahn drang herein, und hinter manchen Türen war der laut aufgedrehte Ton von Fernsehern zu vernehmen. Ich erledigte meinen Job routiniert, unbeteiligt. Mittlerweile konnte ich mir wie von aussen dabei zusehen. Ich legte die Schlinge um seinen Hals, wartete ab, bis er zusammensackte, dann ging ich wieder durch das Treppenhaus nach unten und trank einen Schnaps in einem der schummrigen Lokale. Ich war innerlich ausgebrannt, tot, nichts machte mir noch etwas aus. Sie hatten Fotos von mir geschossen, ohne dass ich es bemerkt hatte, eindeutige Bilder. Die erwürgte Richterin in meinem Arm und andere, weit weniger pittoreske Motive. Sie hatten mich in der Hand.

Ich legte einen Schein auf den Tresen, und der Kellner nickte mir zu, bevor er träge aus seiner Ecke geschlurft kam und das Geld einstrich. Ich gab ihm zu verstehen, dass ich kein Wechselgeld wollte, und als ich aus der Bar trat, zündete ich mir eine Zigarette an. Und erstarrte.

Sie stand direkt gegenüber, der Schein einer Strassenlaterne erhellte ihre Gesichtszüge. Gloria.

Ich erkannte sie sofort, und sie zuckte zusammen, als ich ihren Namen rief. Rasch flüchtete sie in den Nachtklub zurück, vor dem sie stand, doch ich holte sie bereits an der Garderobe ein.

«Ich habe gedacht, du seist tot!», rief ich ausser mir vor Freude, doch als sie sich umwandte, sah ich die Herablassung in ihrem Gesicht.

«Hau ab!», zischte sie mich an.

«Aber Gloria, ich bin es!»

«Ich sehe es!»

«Aber wir …»

«Es gibt kein Wir. Es gibt nur mich und dich. Begreifst du das noch immer nicht?»

«Du hast mit ihnen zusammengearbeitet?»

«Ich wurde gut bezahlt.»

«Und alles andere?»

«Teil des Jobs.»

Erschüttert sah ich sie an.

«Hast du echt geglaubt …? Einer wie du mit jemandem wie mir?» Gloria begann zu lachen, ein lautes, hämisches Lachen, das mir das Herz in Fetzen riss.

Sie schläft, endlich schläft sie. Schwer liegt ihr Kopf auf meiner Brust, ihr Atem ist kaum spürbar. Wir sind in Erstfeld, so wie damals, in unserer allerersten Nacht. Ich habe sie einfach mitgenommen. Mittlerweile weiss ich, wie so etwas geht. Erstfeld, damals, es scheint eine Ewigkeit her zu sein. Was bin ich naiv gewesen. Sie hat mir verraten, was sie damals in mir gesehen hat, was so besonders an mir gewesen war: mein langweiliges Äusseres. Und der Hunger in meinen Augen. Sie hätte sofort geahnt, dass ein komplexbeladenes Würstchen wie ich sich perfekt für den Job eignen würde. Man hätte mir förmlich angesehen, wie ich nach Anerkennung und Lob gierte.

Sie seufzt im Schlaf. Ich weiss jetzt, wo ich die Stimme am Telefon finden kann, Gloria hat es mir auf leichten Druck hin verraten. Später werde ich dorthin fahren. Später.

Behutsam richte ich mich auf und knipse die Nachttischlampe an. Die Jalousien klappern leise. Der Duft ihrer Haare erinnert mich an früher, an Glück. Ein kurzes Glück. Ich trockne meine Tränen, und mein Blick streift das Whiskyglas neben ihr. Die Barbiturate entfalten längst ihre Wirkung. Wenn sie aufhört zu atmen, werde ich gehen.

DIE MOORLEICHE
MITRA DEVI

Neue Zuger Zeitung, 28. Oktober
Die sinflutartigen Regenfälle der letzten vierzehn Tage haben in der ganzen Zentralschweiz zu beträchtlichen Schäden geführt. Besonders betroffen ist der Kanton Zug. Hunderte von Kellern sind überflutet, die Feuerwehr steht im Dauereinsatz. In Baar trat die Lorze an diversen Stellen über die Ufer. Die Höllgrotten mussten für Besucher vorübergehend geschlossen werden. Grund dafür war die Unpassierbarkeit der Anfahrtswege. Der Pegelstand des Zugersees nähert sich einer neuen Rekordhöhe. Nebst kurzen Aufhellungen ist in den nächsten Tagen mit unverminderten Niederschlägen zu rechnen.

Beim Kanton Zug denken die meisten als Erstes an Steueroase, dann an Zuger Kirschtorte. In dieser Reihenfolge. Erst die Kohle, dann das Fressen. Nach weiteren typischen Merkmalen gefragt, folgt in der Regel ein längeres Schweigen. Einige erwähnen darauf das schöne Altstädtchen, andere die reichen Seegemeinden. Mehr wissen die Leute nicht über den kleinen Kanton.

Die Hauptsache kennt sowieso fast niemand: Zug hat bezogen auf seine Fläche schweizweit die meisten Hochmoore. Ja, das hätten Sie nicht gedacht. Sie wissen auch nicht genau, was ein Hochmoor ist, nicht wahr? Sie stellen sich vor, das seien stinkende Sümpfe, wo der Moder blubbert, der Nebel über dem Schilfgras wabbert und bei Vollmond die Wölfe heulen. Ach ja, und wo giftige Dämpfe gen Himmel steigen und verlorene Seelen leise klagend umherirren.

Falsch, alles falsch. Da blubbert und wabbert nur selten was. Hochmoore sind faszinierende Landschaften, die durch Regen- statt Grundwasser erhalten werden. Aufgrund der Wassersättigung können abgestorbene Pflanzen nur unvollständig abgebaut werden und verwandeln sich in Torf. Es kann Jahrtausende dauern, bis ein Hochmoor entsteht. Die Mikroorganismen haben aufgrund des Sauerstoffmangels keine Lebensgrundlage, deshalb verwest totes Gewächs nicht. Auch alles andere nicht. Weder Pflanzliches noch Tierisches noch Menschliches. In Mooren hat man schon uralte, vollständig erhaltene Hunde, Schweine und Pferde gefunden.

Und Menschen.

Haare, Haut und Fingernägel, Knochen, Hirn und Eingeweide bleiben intakt, die Gesichter erkennbar, ledrig-schwarz, in grausiger Erstarrung. Für die Ewigkeit konserviert.

Woher ich das alles weiss?

Ich bin Ende dreissig, arbeite als Tierpräparatorin, wohnte erst in Walchwil, dann in Menzingen, danach in Steinhausen. Ich ziehe oft um. Sobald die Nachbarn beginnen, mich wahrzunehmen, muss ich verschwinden, ist so eine Art innerer Zwang. Wo ich ursprünglich herkomme, spielt keine Rolle. Ich habe den Kanton Zug zu meiner Wahlheimat erkoren. Ich hatte nie Freunde. Seit ich ein Teenie war, habe ich mich weder für Shopping noch für die neuesten iPhones, iPads oder iDerGeierwas interessiert. Ich bin niemals an ein Openair-Konzert gepilgert, hab kein einziges Mal gekifft und mir kein Piercing durch die Nase stechen lassen. Ich war nie cool und trendy, sondern ein sehniges Ding mit dünnen Lippen, strohigen Haaren und Hakennase. Soziale Kontakte mied ich. Für Sex kam ich schlichtweg nicht in Frage. In der Schule zeigten sie mit dem Finger auf mich, legten mir tote Mäuse ins Pultfach und nannten mich Mumie. Besonders ein Mitschüler hatte es auf mich abgesehen, Johannes, selber ein pickliger Pubertierender mit aschblonden Haaren und stimmbrüchigem Krächzen, Sohn des Lehrers. Kein Tag verging, an dem er mich nicht vor den anderen lächerlich machte. Einmal stopfte er meine Hausaufgaben in die Schulhaustoilette, ein anderes Mal vergrub er mein Fahrrad unter einem Misthaufen. Es stank noch Wochen später.

Ich erzählte es dem Dorfpfarrer. Dieser meinte nur, ich solle aufhören, mich kindisch zu benehmen. Als ich erwiderte, Johannes' Verhalten ziehe sicher eine besonders grausame Bestrafung nach sich, schaute er mich ganz komisch von der Seite an und murmelte, es sei nicht an mir zu richten, sondern an Gott.

Zu Hause ging es keinen Deut besser zu und her. Mein Vater piesakte mich, wo er nur konnte, mein kleiner Bruder verschmierte mein Tagebuch mit Sätzen wie «Garstige Hexe», und «Frankensteins Tochter»; sogar unsere Katze machte einen Buckel, wenn sie mich sah. Zu meiner Volljährigkeit wollte mir meine Stiefmutter eine Schönheitsoperation schenken. Da war das Mass voll. Danach war sie diejenige, die plastische Chirurgie benötigte.

Dazu muss erwähnt werden, dass ich schlecht mit Wut umgehen kann. Ist einfach so, war immer schon so. Als Kind konnte ich mich noch beherrschen, als Jugendliche drückte meine Vergeltungssucht bereits durch, als Erwachsene hatte ich sie perfektioniert. Wenn mich jemand reizt, und das passiert oft, verwandle ich mich in eine morbide Rachegöttin. Andere überwältigen ihre Feinde mit Körperfülle, ich komme auf dünnen Stelzen und verschaffe mir Gerechtigkeit. Ich vergesse nichts. Niemals. Jede Kränkung, jede Beleidigung, jede spöttische Bemerkung ist in meinen Untiefen gespeichert. Bis die Zeit gekommen ist, um die Ordnung wiederherzustellen.

Das Einzige, was mich seit jeher mit innerem Frieden erfüllt, ist die Natur. Nicht in ihrer gehegten und gepflegten Form, sondern in ihrer wilden, hässlichen. Symmetrisch angeordnete Gärten verabscheue ich, liebliche Blumenbeete und gestutzte Rasen ekeln mich an. Was ich brauche, ist das Ungekünstelte, das Echte. Das nach Zersetzung knisternde, vor Säften triefende, nach Tod riechende Leben.

Ich weiss nicht, ob Sie das verstehen.

Darum liebe ich Moore.

Neue Zuger Zeitung, 31. Oktober
Nach dem Regen folgt der Schnee. Wie Meteo Schweiz mitteilt, spielt das Wetter auch in den kommenden Tagen verrückt. Laut Prognosen nähert sich eine Kaltfront, Folge davon ist ein massiver Temperatursturz innerhalb Stunden mit Werten weit unter Null Grad. Es wird mit heftigem Schneeregen und in höher gelegenen Gebieten mit Schneefällen bis 30 Zentimeter gerechnet.

In heissen Sommermonaten können Hochmoore trocken werden, die Moose braun, die Gräser dürr, die Binsen struppig. Das ist traurig anzusehen. Im Herbst jedoch, nach langem Regen, verwandeln sich die Hochmoore in ihr wahres Wesen. Und so kommen wir nun doch noch zum Blubbern und Wabbern.

Die Geschichte, die ich hier erzähle, trug sich Anfang November zu, an Allerseelen. Es hatte wochenlang wie aus Kübeln geschüttet, die Heiden waren wasserdurchtränkt; von den Sträuchern und Büschen tropfte es. Das Zugerberger Moor war so nass wie schon lange nicht mehr. Ich war mit der Standseilbahn von Schönegg zur Bergstation hochgefahren, was einen imposanten Panoramablick über See und Berge eröffnet. Wenn man auf so was steht. Ich für meinen Teil hab's nicht so mit Panoramas, mir gefällt die Froschperspektive.

Als die Bahn oben ankam, ging ich den Weg zum Moor hoch. Auf meinem Rücken trug ich einen grossen Wanderrucksack. Ich kam an der Internatsschule Montana vorbei, die sich damit rühmt, Schüler wie den Regisseur Marc Forster zu ihren Ehemaligen zählen zu dürfen. Der war als Jugendlicher auch ein komischer Kauz, wie ich gehört habe. Vermutlich die Nähe zum Moor. Die verändert einen. Wenn man empfänglich dafür ist.

Die grosse Wiese vor den Schulgebäuden war matschigbraun, auf dem Holzzaun, der sie umgab, klebten unzählige Schnecken. Zwei alte Männer kamen mir entgegen, schwatzend und rauchend, ihre Geringschätzung, als sie mich erblickten, nur schlecht verbergend. Ich sagte ja, ich bin keine Augenweide. Sie schlenderten an mir vorbei, und ich fühlte ihr Starren auf meinem Hinterkopf.

Ich ging weiter, liess die letzten Gebäude hinter mir, eine Scheune, einen Traktor, einen mit Planen bedeckten Holzstapel, dann das Gasthaus Vordergeissboden, das wie immer mittwochs geschlossen war. Auf dem Hauptwanderweg durchs Moor begegnete ich niemandem mehr.

Kurz vor der Dämmerung brach die Sonne durch, zum ersten Mal seit Tagen. Die Strahlen fielen schräg auf die kahlen Birken und warfen filigrane Schatten. Lange würde es nicht sonnig bleiben, von Osten her zogen bereits neue dunkle Wolken auf. Ein Schwarm Krähen flatterte Richtung Waldrand. Es roch nach Pilzen und Feuchtigkeit, nach Moos und Schwefel, nach Tod und Trauer. Ich war glücklich.

Nach einer halben Stunde Fussmarsch verliess ich den Pfad und schlug mich durchs Feld. Ich stapfte über die feuchte Erde, wich einem verkrüppelten Bäumchen aus, streifte durchs kniehohe Gras. Dann erreichte ich das Dickicht. Vom dornigen Gestrüpp rann das Wasser, der Boden war bedeckt mit altem Laub, vereinzelte Herbstblätter hielten sich mit letzter Kraft an den Ästen fest, bevor der Wind sie abreissen und dem Moorgrund übergeben würde, der sie sich einverleibte. Schicht für Schicht, der ewige Kreislauf.

Es dämmerte. Die ersten Tropfen fielen. In der Ferne war Donnergrollen zu hören. Nach wie vor kein Mensch in Sicht. Ich hatte auch keinen erwartet. Es war gut und richtig so. Nur ich und das Moor. Jedes Jahr an Allerseelen machte ich diesen Gang. Nicht, dass ich religiös bin, ganz im Gegenteil, doch die Tradition passt zu meinem Vorhaben: der Toten gedenken, den Seelen der Ruhelosen Frieden schenken. Ruhelose gibt es viele auf dieser Welt, Lebende und Verstorbene. Sollen sich andere um die Lebenden kümmern, mir gehören die Toten.

Ich ging weiter, der Boden war inzwischen morastig. Der Regen wurde stärker, durchnässte meine Haare, rann in meinen Kragen. Meine Schuhe gaben schmatzende Töne von sich, als ich sie Schritt um Schritt aus dem zähen Untergrund zog. Es brauchte Anstrengung, um nicht stecken zu bleiben.

Ich schaute mich um. Erkannte inmitten einer Gruppe knorriger Büsche die vom Blitz gespaltene Esche, deren eine Hälfte aufrecht in den Himmel ragte, während die andere lahm nach unten hing. Mein Wegweiser, Jahr für Jahr. Von hier war es noch gut eine Viertelstunde durch unwegsames Gebiet. Ich folgte dem kleinen Wasserlauf und scheuchte ein Birkhuhn auf. Ich hatte seit Langem keines mehr gesehen. Es schien verletzt zu sein, flatterte nervös auf, schlug mit einem Flügel immer wieder auf den Boden und versuchte davonzufliegen. Es gelang ihm nicht. Schnatternd wackelte es ins Unterholz.

Ich erreichte den höchsten Punkt dieser Moorregion, von hier aus ging es nur noch bergab, teils rutschig, teils steinig. Vorsichtig kletterte ich hinunter, klammerte mich an Wurzeln und Farne. Einmal strauchelte ich und glitt mehrere Meter steil abwärts, bis ich mich an einem Felsbrocken festhalten konnte.

Plötzlich hörte ich ein Knurren. Ich drehte den Kopf, hielt inne. Lauschte durch den prasselnden Regen. Ich sah nichts. Das Geräusch musste aus der Nähe kommen. Es war keine Angst, die ich fühlte, eher eine Art Erstaunen. Etwas war mit mir hier draussen. Lebte, atmete. Es gab keine Wölfe, Bären und Luchse hier, das wusste ich; kein Tier, das mir gefährlich werden konnte. Einen Menschen hätte ich schon von Weitem gewittert. Niemand war mir gefolgt. Wieder knurrte es. Was immer es auch war, das diese Laute ausstiess, ich würde es wohl nie erfahren. Auch das gefällt mir am Moor: Es behält seine Geheimnisse für sich. Seit Äonen schweigt es, trägt sein Wissen still und stumm durch alle Zeitalter, ist Hort unzähliger toter Wesen, die nie gefunden werden. Und vielleicht auch nicht gefunden werden wollen.

Inzwischen war es stockfinster. Ich schaltete meine Taschenlampe ein. Ein eisiger Wind pfiff um meine Ohren, das dürre Laub an den Ästen raschelte, die Gräser wogten wie ockerbraune Meereswellen. Unvermindert regnete es weiter, erste Schneeflocken mischten sich in die Tropfen, schwer und gross. Mir war kalt, aber nicht unwohl. Ich fürchtete mich nicht. Ich kannte das Moor in- und auswendig. Wieder donnerte es in der Ferne. Seltsam, dachte ich, ein Gewitter bei Schneefall. Es mussten aussergewöhnliche Wetterverhältnisse herrschen. Ähnlich wie damals.

Fünfundzwanzig Jahre war es nun her. Ich dachte an jenen November zurück, als ich mitten in der Nacht durch die Wildnis geirrt war, auf der Suche nach der geeigneten Stelle. Meine Kraft war übermenschlich gewesen, meine Entschlossenheit ohne jeden Zweifel. Es hatte ebenso geregnet. Niemandem war ich aufgefallen, alle sassen zu Hause in ihren warmen Stuben, während ich meine Aufgabe erfüllte. Allerseelen, Anfang der Neunzigerjahre, ich, ein halbwüchsiges Mädchen, das nirgends willkommen und erwünscht war, in dem es bereits brodelte und kochte, das sich mit eisernem Willen davon abhielt, das zu tun, wonach alles in ihm schrie. Doch es war nur eine Frage der Zeit. Es musste getan werden.

In den vorhergehenden Wochen hatten meine Mitschüler mich verspottet und verhöhnt wie nie zuvor. Tatjana, das Nachbarsmädchen mit den feuerroten Haaren, mit dem ich seit der ersten Klasse die Schulbank drückte, hatte sich bis anhin zurückgehalten und legte nun plötzlich los, sei es, um bei den anderen Eindruck zu schinden, sei es, weil sie irgendeinen persönlichen Frust rauslassen musste. Und wer war eine bessere Zielscheibe als ich, die Vogelscheuche?

Es war im Klassenlager in den Bergen, was mir ein besonderer Graus war, gab es doch keine Möglichkeit zu entkommen. Wir Mädchen schliefen in einem Zehnerschlag auf der einen Hälfte des Dachstocks, die Jungs hatten die andere Hälfte für sich. Lehrer Kohlmann – Johannes' Vater – belegte sage und schreibe drei Zimmer mit seiner Frau.

Die Berghütte war alt und knarrte nachts in allen Ritzen und Ecken, als würde sie zum Leben erwachen. Das jagte den meisten eine Höllenangst ein, auch wenn sie es nicht zugaben. Mir nicht. Tagsüber machten wir todlangweilige Spaziergänge über Feld und Flur, um die Natur mit allen Sinnen zu erfahren, wie Kohlmann es enthusiastisch nannte. Wir mussten Pflanzen- und Tierarten mittels eines Handbuchs bestimmen, wobei ich alle kannte, mich aber hütete, ein Wort zu sagen. Was noch schlimmer ist als eine Vogelscheuche, ist eine streberhafte Vogelscheuche. Zur Sicherheit schrieb ich in Naturkunde miserable Noten, mogelte mich in Mathematik mehr schlecht als recht durch und versagte in allen Sprachen komplett. Später holte ich meine schulischen Lücken zwar wieder auf, damit ich die Voraussetzungen erfüllte, um Tierpräparatorin zu werden. Doch damals war das Wichtigste, nicht unangenehm, sprich nicht mit gutem Zeugnis, aufzufallen. Tagsüber also wanderten wir, nachts ging es in der Hütte richtig los. Die angesagten Jungs zückten ihre Joints, die Mädchen kicherten idiotisch, als sie daran zogen und Hustenanfälle kriegten. Es wurde geschmust und gefummelt, eine Flasche Wodka kreiste herum, plötzlich sagte Tatjana und zeigte mit dem Finger auf mich: «Wer den letzten Schluck trinkt, muss die da küssen!»

Alle kreischten angeekelt und starrten mich an.

Ich verdrehte die Augen und vergrub mich wieder in mein Sachbuch über Amphibienkunde mit Schwerpunkt Erdkröten und andere Froschlurche. Das Buch war zerfleddert und mit einem bunten Umschlag getarnt, damit keiner mitkriegte, was ich las.

Tatjana nippte am Gebräu, gab es an ihre momentan beste Freundin weiter, die ebenfalls ein Schlückchen nahm und den Wodka an einen Jungen weiterreichte. Langsam leerte sich die Flasche. Ich schielte verstohlen auf die Szenerie und tat so, als interessiere mich das Ganze nicht. Mein Herz schlug schneller. Gerade als ich die Stelle des Paarungsverhaltens der Moorfrösche las – daran kann ich mich auch jetzt noch genau erinnern – stiess jemand einen entzückten Schrei aus: «Johannes! Du bist dran!»

Ich sah hoch.

Johannes, schwitzend und puterrot, was seine Pickel noch mehr hervorhob, winkte ab und meinte angewidert: «Stimmt gar nicht!» Er hielt die Flasche mit der Öffnung nach unten und schüttelte sie, um ihr noch einen Tropfen abzugewinnen. Es rann keiner mehr heraus.

«Siehst du!», grölten die anderen. «Deine Stunde hat geschlagen! Küss sie!»

«Dazu kann mich niemand zwingen!», gab er zurück und warf die Flasche auf eine der Matratzen. «Hören wir doch auf mit diesem Mist!»

«Küss sie! Küss sie!», schrien alle und drängten ihn in meine Richtung. «Küss die Hexe! Küss die Mumie! Küss die Kreatur!» Irgendwer rief «Alien!», ein anderer feixte: «Zombie, weiche von mir!», was mit brüllendem Gelächter aufgenommen wurde.

Falls ich es es noch nicht erwähnt habe: Was Synonyme für meine Person anging, war die gesamte Schulklasse in ihrer Kreativität unübertreffbar. Es hatte keinen Wert, mich zu wehren oder abzuhauen. Ich legte das Buch zur Seite und seufzte. Unter anfeuernden Rufen stiessen sie Johannes mir entgegen. Er war immer der Schlimmste von allen gewesen. Seit Jahren hatte er mir das Leben zur Hölle gemacht. Wenn wir allein waren, ignorierte er mich, doch kaum waren andere in der Nähe, musste er beweisen, wie sehr er mich verabscheute. Nun hatte es ihn getroffen, mich zu küssen. Pech für ihn.

Er näherte sich mir. Ich blieb sitzen und blickte zu ihm hoch. Er öffnete den Mund, beugte sich zu mir hinunter, und ich sah seine Halsschlagader pochen. Die Rufe der anderen hatten sich zu einem tosenden Rhythmus verbunden: «Küss sie! Küss sie!» Und eine Sekunde fragte ich mich, warum der alte Kohlmann davon nicht aufwachte, aber der Gedanke war schnell verflogen. Irgendwann würde ich erwachsen sein, könnte der Menschheit den Rücken kehren und mich in meine geliebten Moore zurückziehen. Bis dahin hiess es ausharren.

Johannes war nun auf Augenhöhe mit mir, fuhr mit der Zunge über seine Lippen.

Dann spuckte er mir mitten ins Gesicht.

Ich erstarrte.

Ich spürte seinen Speichel über meinen Mund und mein Kinn laufen, hielt den Atem an.

Das begeisterte Gebrüll der anderen kannte keine Grenzen. Es bohrte sich in meine Gehörgänge, kroch in mein Gehirn, hämmerte auch Stunden später noch in meinem Kopf, nachdem die anderen längst eingeschlafen waren. «Küss sie! Küss sie!» hallte es nach im Rhythmus der Scham.

Jetzt, wo ich durchs Moor stapfte, dachte ich wieder zurück an jene Nacht in der Berghütte. Damals hatte ich meinen Entscheid gefällt. Und ich hatte ihn nie bereut.

Wieder zuckte ein Blitz durch die düstere Nacht, der Donner grollte und hallte in den Tälern des Hochmoors wider. Der Wind rüttelte an den Bäumen, fuhr wütend durch mein klatschnasses Haar. Der Strahl meiner Taschenlampe huschte über die Dornen, beleuchtete das geheime Leben der Nacht. Ein kleines Tier wurde aufgescheucht, quietschte und wuselte davon. Ich war von Kopf bis Fuss durchnässt, der Schneeregen war bis zu meiner Unterwäsche vorgedrungen, meine Socken klebten an meinen aufgeweichten Zehen, meine Schuhe schleppten schwere Erdbrocken mit sich.

Noch ein paar hundert Meter, dann hatte ich die Stelle erreicht. Eine wunderbare Gelassenheit breitete sich in mir aus. Je verrückter das Wetter spielte, desto tiefer meine Ruhe. Wahrer Frieden findet immer innen statt, das hatte mich mein Leben gelehrt. Die Blitze zerrissen die Dunkelheit, die Donner dröhnten im Sekundentakt durchs Moor. Es schneite nun richtige Flocken. Ein Schneegewitter, welch Geschenk der Natur. Bereits hatte sich ein weisses Fläumchen über den dunklen Boden gelegt.

Ich stieg den letzten kleinen Hügel hinunter, rutschte über nasses Laub, erkannte, dass ich angekommen war. Eine Birke, anders als die anderen. Krumm und wettergegerbt, mit mehreren Narben in der Rinde, von denen ich mir nicht erklären konnte, woher sie stammten. Um ihre Wunden hatte sich neues Material gebildet, das härter und widerstandsfähiger war als die unversehrten Stellen. Ich brauchte die Hintergründe nicht zu wissen. Der Baum hatte seine Geschichte, so wie ich meine. Entscheidend war, dass wir seelenverwandt waren, das hatte ich schon vor fünfundzwanzig Jahren gespürt. Und danach Jahr für Jahr wieder. Es war richtig, dass ich immer wieder kam. Gut Ding will Weile haben. Auch wenn ich meinen Zorn oft nicht unter Kontrolle habe, besitze ich, das mag widersprüchlich klingen, eine andere Charaktereigenschaft, auf die ich stolz bin: Geduld. Ja, ich kann warten. Nicht immer. Aber wenn es drauf ankommt. Manchmal muss man schnell handeln, zuschlagen, sich rächen, für Gerechtigkeit sorgen. Das verstehen Sie sicher. Doch es gibt Situationen im Leben, da ist etwas anderes gefragt. Da braucht es Durchhaltevermögen und Vertrauen in die Naturgesetze.

Immer an Allerseelen kehrte ich zurück zur vernarbten Birke, starrte auf die Erde, wissend, was darunter lag. Ich tat nichts, schaute nur. Als Tierpräparatorin kannte ich die Abläufe. Zuvor hatte ich Tests gemacht, erst mit Raben, dann mit Ratten. Ich hatte sie vergraben, ihnen eine kleine Schieferplatte beigelegt, auf der meine Entschuldigung stand, das war ich ihnen schuldig, denn sie waren für mich gestorben. Nach einer Weile habe ich sie exhumiert und analysiert. Alles war wunderbar erhalten geblieben, Schnauzhärchen, Federn, Krallen. Keine Verwesung, komplette Konservierung. Es funktionierte bei Tieren. Es würde auch bei Menschen funktionieren. Ich wusste, wie eine Torfleiche aussehen würde in fünf, zehn, fünfundzwanzig Jahren. In tausend Jahren.

Johannes. Jedes Haar, jedes Lachfältchen, ja, jeder seiner Pubertätspickel würde bestehen bleiben. Ich musste schmunzeln, als ich an ihn dachte. Nein, Johannes war auch keine Schönheit gewesen. Unter dem Druck seiner Schulkameraden hatte er mich gedemütigt. Selbstverständlich musste er dafür bestraft werden. Ich hatte ihn getötet, seine Leiche bei Nacht und Nebel in eine Decke gehüllt und auf dem Anhänger meines Mofas hierher gefahren. Den langen, letzten Teil durch den Morast hatte ich ihn getragen, hinter mir hergeschleift, ich als Klappergestell ohne nennenswerte Muskeln. Unglaubliche Energien hatte ich aufgebracht, aber ich hatte es geschafft. Ich vergrub ihn im Moor, übergab ihn der Erde, die ihn zu sich nehmen und aufbewahren würde, bis ich so weit war.

Und dieser Zeitpunkt war jetzt gekommen.

Denn ich hatte ihn gesehen, jenen letzen Blick, den Johannes mir damals zugeworfen hatte, bevor er mir, angestachelt von Tatjana, ins Gesicht gespuckt hatte. Ich nahm die Qual in ihm wahr, sich verstellen zu müssen, um von den anderen akzeptiert zu werden. Ich spürte, was sich darunter verbarg. Ich erkannte seine Liebe zu mir.

Nun öffnete ich meinen Wanderrucksack, entnahm ihm den Spaten und begann im Schneegestöber zu graben. Ich wusste genau, wo er war. Es dauerte Stunden, das kann ich Ihnen sagen, doch auch diesmal wurde ich von unbeschreiblicher Kraft beflügelt. Tief und tiefer wurde das Loch im Boden. Wie getrieben arbeitete ich, schwitzte vor Anstrengung und zitterte vor Kälte. Zum Glück war die Erde nicht gefroren, auch wenn sie beinhart war. Es ging bereits der Morgendämmerung entgegen, als ich es fühlte.

Ich stieg in die Bodenöffnung und arbeitete nun mit grosser Sorgfalt weiter. Da entdeckte ich es: ein Büschel aschblonder Haare. Ich wischte die Erde zärtlich mit der Hand zur Seite und befreite Johannes' Kopf. Seine Stirn tauchte auf, seine Nase, seine Wangen. Er schaute aus, wie ich es mir gewünscht hatte. Die schwarze Lederhaut zeigte jeden seiner Gesichtszüge, die Augen waren geschlossen, die Lippen, die mich einst bespuckt hatten und mich so gern geküsst hätten, waren leicht geöffnet, die Zähne waren sichtbar.

Das Grab durfte nicht lange der Luft ausgesetzt werden. Ich bedeckte Johannes' Körper wieder mit Erde. Begrub Spaten und Rucksack. Dann stieg ich ins Loch hinein und schüttete mich zu. Mit der Hand fuhr ich über den Boden, holte die Erde, die mich bedecken sollte. Meine Füsse verschwanden im Untergrund, dann meine Beine, dann mein Bauch. Ich vergrub meinen Körper von unten nach oben, wärend die Schneeflocken auf mir landeten und sich mit der nassen Erde zu einer schweren Masse vermischten. Bald hatte ich es geschafft. Am Schluss legte ich meinen Kopf schräg in die kleine verbliebene Öffnung. Er passte perfekt hinein. Ich schloss die Augen.

Ich war glücklich wie nie zuvor. Und gleichzeitig müde, so müde. Ich nahm einen Atemzug, dann noch einen, dann keinen mehr. Ich schüttete die letzte Handvoll Erde über mein Gesicht, zog meine Hand in die Tiefe. Fühlte, wie der Schnee alles bedeckte, wie er sich als sanftes Leichentuch auf mich legte. Es wurde schwer auf meinen Augen. Dumpf in meinen Ohren. Kalt in meinen Knochen. Ich begann zu erstarren.

Das Moor würde wachsen, sich verdichten, Jahr für Jahr. Die Torfschichten würden sich über alles legen, das darunter war. Ich wurde zur Moorleiche, nur eine Armlänge von Johannes entfernt. Etwas Schöneres konnte ich mir nicht vorstellen. Mein Leben lang hatte ich keine Freunde gehabt. Nun hatte ich einen Gefährten für die Ewigkeit.

Neue Zuger Zeitung, 5. November
Schockierende Entdeckung im Zugerberger Hochmoor. Wie die Zuger Kantonspolizei mitteilte, haben vier alkoholisierte Männer auf einem nächtlichen Streifzug während des gestrigen Unwetters eine Leiche im Moor gefunden. Die Exkursion sei Teil einer Mut-

probe gewesen, wie einer der Beteiligten berichtet. Laut ersten Aussagen der Spurensicherung müsse von einem Verbrechen ausgegangen werden.

Dies sei ein aussergewöhnlicher und seltener Fund, berichtete der Pressesprecher der Polizei. Die Frage, ob mit weiteren Leichen in der Umgebung gerechnet werden müsse, verneinte er. Das sei sehr unwahrscheinlich. Bei der Toten handelt es sich um eine weibliche Jugendliche mit feuerrotem Haar, die möglicherweise bereits vor Jahrzehnten umgekommen sei.

Grausiges Detail: Die Moorleiche hielt eine kleine Schieferplatte in ihren Händen, auf der die Worte eingeritzt waren: «Ich heisse Tatjana. Küss mich!»

GENÈVE

PAVANE FÜR EIN TOTES KIND
CÉDRIC SEGAPELLI

Das Quietschen lässt mich zusammenzucken. Sie hat soeben die Fenstertür aufgemacht. Dieses Mädchen ist zu jung, um Polizistin zu sein. Ihr Kollege kotzt ins Spülbecken der Kochnische. Kalte Luft strömt in meine Einzimmerwohnung herein, schwächt den Verwesungsgeruch aber nicht ab. Alle Wände haben den Gestank angenommen. Schon seit drei Wochen schmort Nadia in ihrem Saft. Kanüle tief hinein, Goldener Schuss und … *Good bye, Nadia*. Diese Ouvertüre inspiriert mich. Ein möglicher endgültiger Abgang. Weg von diesem Scheissort, dieser Welt aus dekadenten Junkies, meiner Welt. Die einzige Hintertür für mich ist das Fenster hier. Mich auf- und davonmachen. Also nehme ich Anlauf, renne quer durchs Zimmer und werfe dabei den Sessel um, in welchem Nadia liegt. Ihre verweste Leiche gleitet mit einem merkwürdigen Gluckern hinunter. *Bis gleich Liebste!* Ein makabres Grinsen verzerrt ihr finsteres Makeup. Letzte wilde Erinnerung. *Hier kommt der Tod mit seinem Rochenmaul.* Die junge Polizistin versucht sich dazwischen zu stellen. Ein Federgewicht. Ich spüre ihren Arm, der sich mir wie eine kalte Schlange um den Hals legt. Es gibt kein Zurück mehr. Bei mir ist das immer schon so gewesen. Kein Gefühl fürs Timing. Ich kippe bereits übers Geländer und reisse dabei die blöde Kuh mit mir hinunter. Einen Augenblick lang sehe ich ihr wogendes Haar. Eine Art, Lebewohl zu sagen.

Drei Stockwerke wirbeln vorbei.
Mein Leben zieht an mir vorbei.
Keine Zeit, etwas zu sehen.
Es geht zu schnell.
Das Leben ist kurz.

Der heftige Aufprall knallt einen Stempel auf meine Knochen. Ein dumpfer Schmerz. Es wogt, es bebt, mir bleibt die Luft weg, doch ich atme noch immer. Damit habe ich nun wirklich nicht gerechnet. Wir sind auf dem Vordach rund ums Haus herum aufgeschlagen. Die Polizistin hat meinen Sturz abgefedert. Eine Matratze aus Fleisch und Blut. Ein kaputter Hampelmann. Eine dunkle giftige Blume entsteht hinten an ihrem Schädel. *Armes zerbrochenes Porzellanpüppchen.* Ich nehme den Kupfergeschmack des Blutes und den Metallgeruch des Kieses wahr. Mir ist kalt, mir tut alles weh, und vielleicht habe ich sogar Angst. Ich stelle eine Verbindung zwischen meinem und ihrem Blick her. Möchte ihr ebenso sinnlose wie unnütze Dinge sagen, die in der Leere verhallen werden, denn an ihrem starren Gesichtsausdruck kann ich ablesen, dass sie die Lebenden schon nicht mehr hört. Die Leitung ist endgültig unterbrochen.

Irrsinn und Verwirrung. Es gärt in meinem Kopf. Ein starker Gegensatz zu der Ruhe, die im Quartier des Eaux-Vives herrscht. Trotz der frühen Morgenstunde breitet sich die Nacht noch immer aus. Auf der Strasse ist niemand, nur der kleine Junge. Er steht im Halbdunkel einer Hauseinfahrt. Reglos und mit herabhängenden Armen beobachtet er mich stumm. *Leidensgefährten, Gespenster haben nie etwas zu sagen.* Die Augen schliessen, um ihn nicht mehr zu sehen. Tief einatmen, um die Stille des Ortes in mich aufzunehmen. Es kriecht mir kalt den Rücken hinauf und spielt unangenehme Tonleitern auf jedem einzelnen Wirbel. Im Hinterhalt lauern die Entzugserscheinungen. *Eine Ratte nagt an meinen Einge-*

weiden. Doch die Kälte gewinnt die Oberhand. Vor dem Springen hätte ich vielleicht noch in eine Jacke schlüpfen sollen. Dieser Gedanke bringt mich einfach zum Lachen. Ich bin am Leben und weiss nicht, was anfangen damit. Das Leben steht mir im Weg. Trotz allem könnte das ein schöner Augenblick sein, wenn da nicht all diese Schreie wären. Ich möchte den Ton abstellen. Ich möchte, dass der Bulle, der sich zum Fenster meiner Wohnung hinauslehnt, zu schreien aufhört. Ich bücke mich zur Leiche der Frau aus seinem Team. Ich nehme die Pistole an mich, die sorgfältig in ihrem Holster steckt. Meine Vergangenheit als bewaffneter Räuber holt mich ein. Ich erkenne die klobige Form einer Glock 17. Eine effiziente Waffe. Ich richte ihre hässliche Metallmündung auf den Bullen. Er will es ja nicht anders. Sein verschwommenes Gesicht verschwindet sogleich aus meiner Schusslinie. Alles wird wieder still. Der kleine Junge hat sich in Luft aufgelöst. Ich bin allein. Doch ich weiss, all das wird nicht von Dauer sein. Der Bulle wird sich wieder fangen und seine Kollegenclique zusammentrommeln. Und in der Ferne vernehme ich schon das eindringliche Klagelied der Sirenen, welche die nächtliche Lethargie verschandeln. *Sie kommen*. Die Fenster gehen an wie Scheinwerfer, die auf die Bühne gerichtet sind, auf der ich ganz oben sitze. Beschissenes Stück, in welchem ich nicht weiss, welche Rolle ich zu spielen habe. Das erinnert mich an das Gedicht *Wir baten die Toten zu Tisch*. Mensch, ich raste ja völlig aus! Jetzt müsste der Vorhang fallen. Die Waffe, die mir von der Faust herabhängt, wird schwerer, als wollte sie mir nahelegen, ein neun Millimeter-Schrotkorn zu schlucken. *Den Tod ein zweites Mal umschlingen.*

Der starre Kuss einer feindlichen Brise huscht mir über den Nacken, um mich ganz einfach zur Flucht zu ermuntern. Auch wenn sie unsicher ist, so kommt mir die zweite Option doch weniger unvernünftig vor. Muss weg hier. Mühsam nehme ich

Anlauf. Es ist schmerzhaft. Ungeschickt renne ich das ganze Vordach entlang, klammere mich an der Dachkante fest und lasse mich aufs Trottoir plumpsen. Die Knarre habe ich hinten ins Kreuz gesteckt. Das Halbdunkel verschlingt meine hinkende Flucht. Strassen und Gässchen des Quartiers kreuzen sich rechtwinklig. Ich bewege mich wie auf einem Schachbrett. Ein gebeugter Bauer torkelt vorbei. Meine Arme umschlingen meinen Oberkörper, um ihn vergeblich gegen die Kälte zu schützen. Einige wenige Passanten begegnen mir. Sie drehen sich nach mir um. Diese trostlosen Strassen sind nicht zu meinem Vorteil. Ich muss mein Tempo drosseln. Ich sehe aus wie ein gehetztes Tier. *Was ich auch bin.* Ohne Jacke lenke ich die Aufmerksamkeit auf mich. Ohne Jacke gehe ich vor die Hunde. Ich stürme auf die zu helle, zu exponierte Hauptverkehrsader zu. Eine regelrechte Falle. Dabei ist das mein Freifahrtschein. Eine Autobushaltestelle. Die einzige Möglichkeit, die Bullen abzuhängen. Ich sehe sie zwar nicht, kann sie aber spüren. Sie überwachen das Gebiet flächendeckend. Mich vom Schachbrett wegquälen, die Partie verlassen.

Das lange Warten zehrt mir an den Nerven.

Die Zeit zerbröckelt zu langsam.

Bedrohliche Scheinwerfer streichen über die Häuserfassaden.

Schliesslich kommt der Trolleybus leise näher. Etwas heiter Gigantisches, das im Gegensatz zum Stress steht, zerreisst mir die Eingeweide. Kein Bulle weit und breit. Ich stürze zur Haltestelle, ins Fahrzeug hinein, um die rettende Wärme in mich aufzunehmen. Kein einziger Fahrgast im Wagen. Ich lasse mich in einen Sessel fallen. Ein wenig verschnaufen und versuchen, dieses verdammte Schlottern unter Kontrolle zu bringen. *Ich verrecke! Ich verrecke! Ich verrecke!* Es folgt Haltestelle um Haltestelle, doch keiner steigt ein. Der Bus dämpft die Unebenheiten der Strasse und rüttelt an meinen dumpfen

Reuegefühlen, an meinem dumpfen Schmerz. *Nichts als Tote.* Ich sehe den kleinen Jungen, der an der Endstation auf mich wartet. *Die Fluchtlinien führen in eine Sackgasse.* In der Dunkelheit erkenne ich sein fahles Gesicht und seine blassen Arme. Mit einer Handbewegung fordert er mich zum Aussteigen auf. Der Motor wird abgestellt.

In der allgemeinen Reglosigkeit denke ich eine Weile scharf nach. Das Klopfen der abkühlenden Bremsen zerkratzt die Stille. Ich nehme den misstrauischen Blick des Chauffeurs wahr, der mich im Rückspiegel beobachtet. Ich muss unverzüglich weg hier. Draussen brennt mir die eiskalte Luft in den Lungen wie ein Messer, das meinen Oberkörper zerfetzt und mir das Herz herausreisst. Trotzdem bleibe ich eine Weile stehen. Schlotternd beobachte ich meine Umgebung. Da ist der kleine Junge. Er hat sich auf den Weg gemacht, ohne auf mich zu warten, ohne sich umzudrehen. Er geht die Umfassungsmauer der grossen Parks entlang. Zitternd beobachte ich meine Umgebung. Da ist der Quai. Vier menschenleere Fahrspuren. Eine unverhältnismässig lange Asphaltzunge, gesäumt von einer Reihe kränkelnder Platanen. Ein Flechtwerk aus kahlen, feindlichen Ästen. Knorrige Fäuste, die vergeblich auf den Himmel einhämmern, auch wenn sie einen Teil des Seebeckens verbergen.

Mitgenommen beobachte ich meine Umgebung. Da sind der See und die Lichter der Stadt, die lösen sich auf in dessen dunklen Fluten, um die herum eine Reihe Bürgerhäuser mit Leuchtreklamen zu Ehren von Geld und Luxus stehen. Der Springbrunnen lädt sich noch nicht in diese Szenerie ein. Zu früh, zu kalt. Unnütz. Ich will zu dem kleinen Jungen zurück. Doch er ist vor dem Eingang zum Parc de la Grange verschwunden. Der ist nachts geschlossen. Eine mögliche Zufluchtsstätte. Ich klettere über das Tor und bin plötzlich an einem von Raureif starren Ort wie in einem Traum. Das Gras knirscht unter meinen Schritten. Die Libanonzedern und die Sequoias sind wie wohlwollende Riesen, die sich über den Landsitz mit den geschlossenen Fensterläden beugen. Ich greife zu meiner Automatik. Ich weiss, wo ich eine Jacke auftreiben kann.

Da sind sie.

Sie verstecken sich hinter dem Gebäude, in der Nähe des Rosengartens.

Roma. In der Nacht besetzen sie den Spielplatz.

Sie schlafen. Nicht alle.

Einer von ihnen pinkelt an die Rutschbahn. Ein struppiger Bär, der lächelt. Eine Lawine von faulen Zähnen. Er will mir eine Zigarette anbieten. Doch was ich ihm abknöpfen will, ist sein schmutziger Anorak. Meine Handbewegungen sind unmissverständlich. Meine Knarre noch mehr. Fluchend gibt er mir den elend stinkenden Lumpen. Zur Feier des Tages klaue ich ihm noch seinen Fleecepulli. Er beginnt zu schreien, und die anderen fangen an, sich aufzuregen. Ich verstehe nicht, was er sagt, und es ist mir auch scheissegal. Ich gehe, ohne einen Ton von mir zu geben, kehre zum Landsitz zurück und setze mich auf die Stufen der Freitreppe, wo wir bestimmte Dinge zu tun pflegten, Nadia und ich. Im Sommer assen wir genüsslich ein Eis und warteten, bis die Dealer aufkreuzten. Nadia sagte, in dieser Nobelhütte hier habe die Engländerin *Frankenstein* geschrieben. Sie fand das romantisch. Mir hatte man allerdings mehr von einer Villa in der Nähe von Cologny erzählt. Doch was soll's!

Ich versuche, mich an den Namen der Schriftstellerin zu erinnern.

Ich versuche, Nadias Gesicht vor mir zu sehen.

Doch nichts kommt. *Nur Mist.*

Ich möchte heulen. Ich habe Bauchweh. Ich muss kacken.

Nadia!

Der Bahnhof Carnavin. Die Rotunde mit ihrem Armenhaus. Ich lande bei dieser Mischung aus Punks, Junkies und Pennern, die sich ständig hier aufhalten. *Rückkehr zum Ursprung.* Ich habe den halben Vormittag in Bussen und Trams verbracht. In ständiger Bewegung, um nicht geschnappt zu werden. Unterwegs durch die Stadt und nicht wissend wohin. Ohne Geld, ohne Handy. *Das macht nur einer, der völlig von der Rolle ist.* Ich weiss nicht, wie spät es ist, denn wegen des grauen Himmels kann man die Tageszeit nicht sehen. Ich bin müde. Auf einer Metallbank ausgestreckt, schaue ich den Passanten zu, welche die Rolltreppen benutzen. Sie tauchen ins Einkaufsinnere des Bahnhofs ein und dann wieder daraus auf. Das Wogen der werktätigen Massen. Und wir sitzen fest, bleiben auf der Strecke. Die zappeligen Punks schmeissen Bierdosen nach ihnen. Die besoffenen Penner beschimpfen sie. Die stillen Junkies halten nach Handtaschen Ausschau. Die Polente wird gleich aufkreuzen, doch das ist mir stinkegal. Ich habe die Kapuze meines miesen Anoraks hochgeklappt. Ich sehe aus wie einer der schäbigen Penner hier.

Überall tut es mir weh, doch ich fühle mich merkwürdig ruhig, fast heiter. Einen Moment dösen. *Ich werd' verrückt!* Ich werde heftig geschüttelt. Ich setze mich auf und versuche, meine Knarre zu ziehen. *Schade für dich, Drecksbulle!* Unkontrollierte, tollpatschige Bewegungen. Das führt zu nichts. Vor mir steht kein Bulle. Ich erkenne Max. Er kommt aus Clermont-Ferrand, um sich einzudecken. Von dort ist es verdammt weit, um hier billigen Sugar zu kaufen. Wenn er den dann in seiner Gegend verkauft, verdoppelt er seinen Einsatz. Ein geiles, einträgliches Business. Er trägt einen Le Coq Sportif-Jogginganzug. Kahlrasiert, Dreitagebart. Er gleicht einer mageren Katze. Max hat Militärdienst geleistet. In Afghanistan, sagt er. Ich weiss nicht, ob das stimmt. Ich weiss nicht einmal, ob er wirklich Max heisst. Gelegentlich mache ich für ihn den

Fremdenführer in Sachen Stoff. Wir verstehen uns gut. Mit einer Kopfbewegung fordert er mich auf, ihm zu folgen. Wir gehen zwischen Autos, Bussen und Trams im Zickzackkurs über den verkehrsreichen Platz. Er schleppt mich in einen Kebab in der Fussgängerzone der Rue du Mont-Blanc und spendiert mir einen Kaffee. Es stinkt nach kaltem Essen. Aasgestank. Das erinnert mich an sie.

Nadia drei Wochen lang in ihrem Studio verwesen lassen.
Sie bei mir behalten.
Keiner kann das verstehen.
Nicht mal ich.

Ich trinke einen Schluck Kaffee. Das ist das erste Zeugs, das ich heute überhaupt zu mir nehme. Ich habe das merkwürdige Gefühl, am Leben zu sein. Eine wandelnde Leiche. Das ist brisant. Max schiebt sein Handy auf den Tisch. Eine Message auf dem Display, im Telegrammstil: *Café – Linie 43 – 15 Uhr*. Ich begegne seinem Blick. Wir tauschen ein wissendes Lächeln. Die Albaner operieren im Gebiet von Loëx, unweit vom Parc des Eaux-Vives, an der Endstation der Linie 43. Ich kenne den Ort. Übereinstimmende Schicksale. Max fragt mich, ob ich bereit sei. Als einzige Antwort lege ich die Glock auf den Tisch. Wieder verständnisinniges Grinsen. Wir besiegeln unseren Vertrag mit einem einfachen Kopfnicken. Max ist ein wortkarger Mensch. Wir trinken unseren Kaffee schweigend aus, dann gibt Max das Zeichen zum Aufbruch. *Rock 'n' Roll*. Wir gehen durch die Fussgängerzone. Roma-Kinder stehen auf einer Bank. Beschissene Musik. Britney Spears' erbärmliche Stimme aus einer uralten Stereoanlage. Sie verhunzt *Satisfaction*. Sie schwingen lachend die Hüften. Ihr Treiben bleibt den Freiern, die so tun, als würden sie Schaufenster angaffen, nicht verborgen. Preislich festgelegte Liebe zu Teenies. Das öffentliche Klo ist gleich daneben.

Wir kommen auf den Square Pradier. Parkplatz unter freiem Himmel. Tauben gurren am Fuss von ein paar schmächtigen Bäumen. Max fummelt unter der Karosserie seines uralten, vom Rost ausgelaugten Renault 5 herum. Er zieht die Einzelteile eines Gewehrs hervor, das er schnell zusammensetzt. Kolben und Lauf abgesägt. Teuflisch gefährliche Waffe. Er klaubt Patronen hervor, die in der Polsterung des Fahrersitzes versteckt sind. Wir machen uns unverzüglich auf den Weg. Es herrscht starker Verkehr. Ich habe Zeit, um scharf nachzudenken. Ein einfacher Plan. Ein Überfall auf die Albaner mit ihrem Stoff. Diese Idioten haben darauf verzichtet, den Sugar in Wohnungen zu verpacken. Sie tun das mitten im Wald. Das macht den Bullen die Arbeit schwerer. Und uns umso leichter.

Ein uralter Plan.

Etwas für Bekloppte.

Nadia wollte nicht.

Zu gefährlich.

Den Lagerplatz der Albaner greift man nicht an.

Doch die Mühe lohnt sich. *Stoff, Knete. What else!?* Wir fahren über die Auffahrt von Chancy und ragen in ein Meer aus grauen Dächern hinaus, und mitten daraus schiesst die Gischtwolke des Springbrunnens empor. Ich betrachte diese Stadt zum ersten Mal. Die Strasse macht einen Bogen nach links. Ich lasse Tränen, Chaos und alle Reue hinter mir. *Fahr! Fahr! Fahr!*

Wir treffen am vorgesehenen Ort ein. Ein richtiger Supermarkt für Stoff irgendwo mitten in der gottverlassenen Pampa. Junkies steigen torkelnd in Trauben aus dem Bus. Zwei Albaner halten den Dealerort besetzt. Der eine kassiert, während der andere die Ware holt. Max beobachtet sie durchs Fernglas. Er freut sich wie ein Schneekönig. Die Verteilung ist schnell erledigt. Die Albaner verduften querfeldein.

Wir wollen sie im aufziehenden Nebel ausplündern. Ich sage zu Max, er solle losfahren und um das Gelände herumfahren. Ich kriege fast einen Herzanfall. Max fährt wie ein Irrer und leistet sich beinahe einen Zusammenstoss mit der Umgebung. Die Strasse führt in den Wald hinein. Wir haben die beiden Arschficker aus den Augen verloren. Ich mache Max ein Zeichen, am Strassenrand anzuhalten, und quäle mich urplötzlich aus dem Wagen. Ich suche die Stille mit meinem Blick zu durchdringen. Das Krächzen der Krähen, dann ein Knacken zu meiner Linken. Ich ziehe langsam den Verschluss meiner Waffe zurück. Ich erkenne den kupfernen Schimmer der Kugel im Lauf. *Und los geht's!* Ich renne in den Wald hinein. Max folgt dicht hinter mir und hält sein Gewehr mit beiden Händen.

Der Teppich aus trockenem Laub raschelt unter unseren Schritten. Wir schlüpfen mitten in den Eichenwald hinein. Feuchter Geruch von Humus und Rinden. Ein unheilvoller Ort, wo es nach Tod stinkt. Durch ein breites Gestrüpp hindurch sehe ich den kleinen Jungen. Ich drehe mich um, um zu sehen, ob Max ihn erkennen kann. Ich wälze mich erbärmlich vorwärts und verliere meine Knarre genau in dem Augenblick, als sich ein Schatten auf ihn stürzt. Fünf fiese Stiche mit einer scharfen Klinge. Max bricht in einer Hämoglobinflut zusammen. Er kniet da. Der Albaner macht sich daran, seine Arbeit mit einem letzten Messerstich zu vollenden. Doch Max ballert los. Der ohrenbetäubende Lärm einer Ladung Schrot. Der Oberkörper des Albaners explodiert. Ein paar Federn aus seiner zerfetzten Jacke wirbeln in einer Korditwolke umher. Max kippt zur Seite und macht einen letzten Atemzug. Glasiger Blick. Ich krieche zu ihm hin, um sein Gewehr an mich zu nehmen. Taste seine blutdurchtränkte Jacke ab auf der Suche nach einer Handvoll Patronen. Ich munitioniere die beiden noch dampfenden

Läufe und mache eine Rolle seitwärts. Da taucht der zweite Albaner auf. Eine Reihe Schüsse. Die Kugeln zischen über meinem Kopf vorbei und bleiben in den Stämmen unmittelbar hinter mir stecken. Rindensplitter fliegen in alle Richtungen. Er schiesst wie ein Irrer. Dann ist plötzlich Schluss. Er muss nachladen.

Ich rapple mich auf und kann den Kerl schnell orten. Er steht vor mir und macht sich hartnäckig am Verschluss zu schaffen, doch dieser klemmt. Mit zwei fiesen Schrotkugeln mache ich ihn kalt. Die erste Kugel schlitzt ihm den Bauch auf. Unter der Einschlagskraft taumelt der Albaner und rudert mit den Armen, als wolle er sich an etwas festklammern. Der zweite Schuss sprengt ihm in einer Blutwolke das Gesicht weg. Ich hebe meine Glock auf und versuche mein Zittern in den Griff zu bekommen. Muss eine Verschnaufpause machen. Mein Opfer liegt teilweise zusammengefallen auf einer mit Blut und Hirnfetzen verschmierten Plane. Ich krieche unter den Stoff. Es ist dunkel. Ein Geruch von feuchter Erde und Schweiss hängt über dem Lager. Da sind auf einem wackeligen Tischchen ein mit einer weisslichen Substanz beschmutztes Sieb, eine kleine Waage und fünf in Aluminiumpapier eingewickelte Portionen reines Heroin. Auch Umschläge, vollgestopft mit Geld. Keine Zeit zum Zählen. Ich kralle mir den Stoff und die Knete und stopfe das Ganze in eine Migrostasche.

Irgendetwas bewegt sich dort hinten. Ich richte meine Glock auf einen Berg Schlafsäcke. Ein junger Typ mit fiebrigem Blick taucht aus dem Daunenhaufen auf. Ich kann seine Gesichtszüge nur schlecht erkennen. Er hat ebenso Angst wie ich und scheint von der Krankheit aufgefressen zu sein. Er fleht mich an, doch ich verstehe nicht, was er sagt. Ich schüttle den Kopf und jage ihm zwei Kugeln mitten in den Kopf. Ich schliesse einen Moment die Augen. *Das muss aufhören.* Der Atem der Stille. Der Nebel dringt zwischen den Bäumen herein. Ich höre Schritte und dann Stimmenlärm. Wer kreuzt denn hier noch alles auf? Darf auf keinen Fall hier bleiben, um das herauszufinden.

Im Zickzackkurs renne ich wie ein Wilder zwischen den Bäumen umher. Dann schwankt der Boden unter meinen Füssen, und ich gleite aus, lasse aber weder meine Tasche noch meine Knarre sausen. Ich springe wie ein Ball auf der Böschung auf und lande auf einem Kiesweg. Ich hechle wie ein Hund und ziele mit meiner Glock in alle Richtungen. Überall tut es mir weh, und mir ist speiübel. Der kleine Junge steht vor mir. Er lächelt. Hinter ihm erkenne ich die Rhone, die gemächlich den Felsen mit den prunkvollen Häusern darauf entlangfliesst.

Ein Spitzengewebe aus bizarren Dächern.

Überladene Fassaden.

Das Quartier von Saint-Jean.

Für ein letztes Lebewohl.

Kein Bulle weit und breit.

Das Vorgehen ist absurd, realitätsfern.

Trotz allem stürze ich in das Haus hinein und steige die fünf Stockwerke zu Fuss hinauf. Ein Aufstieg zum Schafott der Erinnerungen. Die Wohnung ist nicht abgeschlossen. Ich finde meine Mutter genau so im Wohnzimmer, wie ich sie vor fünfzehn Jahren verlassen habe. Sie liegt auf dem Sofa und spricht nicht mit mir. Da ist diese Platte, die endlos läuft. Die Musik erfüllt den ganzen Raum. Ravel. *Pavane für ein totes Kind.* Sie findet, der Titel passe genau. Die blöde Kuh macht nicht einmal einen Unterschied zwischen einer Prinzessin und einem Kind. Alles an ihr ist grau. Das Gesicht, die Augen, die Haare, ja sogar die Seele.

Einen Teil des Geldes habe ich auf den Beistelltisch zwischen die Zigarettenschachteln und die angebrochene Flasche

Whisky gelegt. Sie mummt sich in eine Nikotinwolke ein und zwitschert ihr Glas leer. Alles ist wie zuvor, ob vor oder nach dem Tod des kleinen Jungen. Nur die Kadenz ist eine andere. Nur eine wiedergefundene Würde in dieser künstlichen Traurigkeit. *Ersticke in deinem Kummer!*

Das Zimmer, das ich mit dem kleinen Jungen teilte, ist so ausdruckslos wie ein Mausoleum. Es riecht muffig und nach Staub. Auf meinem Bett fand man ihn mit meinem offenen Junkie-Set und meiner Nadel, die in einer Vene seines unbehaarten Ärmchens steckte. Die Kanüle reingerammt bis zum Kolben. Luftembolie. *Verrecke! Verrecke! Verrecke!* Der Schrank quietscht noch immer. Ich finde darin Kleider zum Wechseln aus einer anderen Zeit und eine kleine Adidas-Tasche, in die ich das restliche Geld und den Stoff tue.

Als ich wieder auf den Gang hinaustrete, stehe ich unverhofft zwei Bullen in Zivil gegenüber. Allgemeine Überraschung, bevor wir unsere Waffen zur Schau tragen. Das Aufeinandertreffen hat etwas sehr Angespanntes. Unbestimmtes Zögern. Dann stürmt meine Mutter in einer Woge verkappter Wut herein. Es bricht ein Damm. Ihr Gesicht löst sich in einem Schwall von Schreien auf. *Tötet ihn!* Ihre vom Nikotin gebrochene Stimme hallt wie ein Signalton. Es wird in alle Richtungen losgeballert.

In diesem engen stickigen Raum macht mir dieser Höllenkrach das Trommelfell kaputt. Ich rase in einen Tunnel aus Hass, Angst und Gewalt hinein. Ein Brennen im Unterleib nimmt mir den Atem, doch ich mache weiter. Im Pulverdampf der Kugeln sehe ich meine Mutter ausgestreckt auf dem Parkett liegen. Die Bullen scheinen verschwunden zu sein, und ich kann aus der Wohnung hinaus und mit Müh und Not der Falle entkommen. Ich tauche auf der lauten Strasse auf und gehe im Laufschritt durch das Quartier meiner Kindheit. Ich kann gerade noch einen Bus erwischen und werfe mich hinein.

Ich winde mich durch die teilnahmslosen Passagiere hindurch und breche auf einem Sitz zusammen.

Ein Gitarrist spielt gleich mehrere Stücke von Bob Dylan. Ich glühe und zittere vor Kälte. Ich schiebe meine Hand unter die Jacke, um meinen Bauch zu betasten. Das T-Shirt ist mit Blut getränkt. Langsam läuft alles aus mir hinaus. Das ist vielleicht auch besser so. Die Stirn an die kalte Scheibe gepresst, beobachte ich die Strassen, die da vorbeiziehen. Das beruhigt mich ein wenig. Die Lichter der Stadt, die von der Nacht getriebenen Passanten. Der Gitarrist hat aufgehört zu spielen und kommt zwischen den Sitzreihen mit hingehaltenem Hut näher. Mit dem Fuss schiebe ich die Tasche zu ihm. Sein Blick fällt auf meine Knarre, die ich noch immer in der Hand halte, und wird ganz starr. Ich gebe ihm zu verstehen, dass er ruhig zulangen kann. Er nimmt die Tasche, sieht sich den Inhalt genau an und geht dann wortlos weiter.

Die Schläge der Strasse schüren meinen Schmerz. Dann ist endlich Schluss. Der Bus leert sich. Wir sind wohl an der Endstation angekommen. Ich wische mit der Hand über die beschlagene Scheibe und erkenne die wuchtigen Konturen eines Wasserturms, der da mitten in einem Weingarten steht. In der Ferne die dunklen Umrisse der Wälder. *Schwarz! Schwarz! Schwarz!* Der Busfahrer kommt auf mich zu und sagt, er fahre ins Depot. Er bringt seinen Satz nicht zu Ende, steht einen Augenblick mit offenem Mund da und saust dann davon. *Sieht es wirklich so schlimm aus!?*

Ich huste und spucke Blut, das ich mit zitternden Fingern abwische.

Ich glaube, ich höre jetzt auf.

Ich habe sowieso keine Kraft mehr.

Ich glaube, meine Waffe ist leer.

Sie fällt bleischwer zu Boden.

Ich glaube, der kleine Junge kommt nicht mehr.

Dabei möchte ich ihm das Ganze erklären.
Doch mir bleibt keine Zeit mehr zum Warten.
All der Blödsinn über die Erlösung.
Keine Vergebung mehr.
Keine Reue mehr.
Nichts von all dem.
Mit bleibt nur die Nacht mit ihren dunklen Verheissungen.

Aus dem Französischen von Markus Hediger

THURGAU

ARE YOU TOUGH ENOUGH?
TANJA KUMMER

Frauenfeld, 4. November 1990

Liebe Andrea
Wow, so cool, dass du so schnell zurückgeschrieben hast! Mit dir habe ich nun sieben Brieffreundinnen! Meine Mutter findet, dass das Porto langsam teuer wird, haha. Vielen Dank für die Poster von BROS, die sind einfach der Hammer! Cool, dass dein Vater Heftli aus London mitbringt, die sind sicher besser als das Bravo. Ich möchte unbedingt einmal nach London, nur schon wegen den Klamotten! Ich schicke dir Kleber von Limahl, ich hoffe, du hast sie noch nicht. Ich finde Limahl auch süss, aber mein Liebling ist natürlich MATT von BROS. Und Limahl gehört sowieso dir!

Zu deinen Fragen: Ich finde es spitze, dass wir uns jeden Tag schreiben. Ich bin immer am Abend in meinem Zimmer und schreibe. Ich habe jetzt neue Räucherstäbchen: Vanille. Wenn ich schreibe, höre ich Kuschelrock. Hast du auch Kuschelrock und wenn ja, welche? Eine meiner Brieffreundinnen kenne ich aus dem Heftli Fix & Foxi, wir schreiben uns schon seit vier Jahren. Gabi und Nita habe ich in den Ferien kennengelernt, und die anderen Brieffreundinnen kenne ich wie dich aus dem Musenalpexpress. Liest du den MEX schon lange? Vielleicht hast du schon einmal ein Gedicht von mir gelesen, ich schicke oft Gedichte ein, und sie drucken sie.

Am Samstag werde ich dir nur kurz schreiben, denn am Abend gehen Madlen und ich in die Festhütte Rüegerholz (die heisst so, haha) an die Celebrations-Disco, yeah! Was soll ich nur anziehen?? Dann schreibe ich dir am Nachmittag, vermutlich nach Beverly Hills 90210. Schaust du auch? Wer gefällt dir am besten?

Nein, ich war noch nie in Chur. Ich glaube, wir sind mit dem Auto daran vorbeigefahren. Wir machen immer Skiferien in Graubünden. Was kann man in Chur so unternehmen? Habt ihr eine Disco? Warst du schon einmal in Frauenfeld? Es ist ein RIESENkaff!! Am liebsten gehe ich mit Madlen in Winterthur shoppen, dort ist immer etwas los. Und an der Marktgasse hat es einen Passfoto-Automaten.

Das Beste an Frauenfeld ist die Sek! Und die Molki, dort finden auch Discos statt.

Ich gehe in die 2C, das ist die beste Klasse der ganzen Sek, also nicht alle sind cool, aber die Jungs sind schwer in Ordnung. Unser Klassenlehrer ist Herr Lüthi, er unterrichtet Deutsch und Franz. Ich bin die Beste in Aufsatz. Welches ist dein Lieblingsfach? Wir haben aber auch Zicken in der Klasse – die stehen alle auf die New Kids On The Block. Und dann gibt es noch das Ross. Und es gibt Madlen. Madlen ist meine beste Freundin. Wir waren beide nicht von Anfang an in der Klasse, sie ist aus der Real in die Sek gekommen und ich war zuerst in der Kanti. Meine Noten waren aber nicht so gut. Meine Lehrerin Frau Kern sagte, ich könnte bleiben, wenn ich mehr lerne. Aber weisst du was? Lebe nicht dein Leben, sondern lebe deinen Traum! Ich bin 14! Da muss man das Leben doch geniessen! Wenn ich eine Lehre mache (ich will Journalistin werden, was willst du werden?), kann ich immer noch genug lernen. Mein Vater ist Buchhändler. Vielleicht schreibe ich darum so gerne, ich lese auch gerne, meine Eltern lieben Bücher! Ich bin oft in der Buchhandlung, sie ist an der Freiestrasse, gleich neben der Kirche, du musst unbedingt vorbeikommen, wenn du einmal in Frauenfeld bist. Meine Mutter schreibt auch gerne. Ich habe keine Geschwister und du? Ich schreibe am liebsten Briefe, aber auch Gedichte und Geschichten, was schreibst du?

Am letzten Schultag in der Kanti habe ich niemandem Tschüss gesagt. Aber das hat niemand gemerkt, alle haben über Frau Kern geredet und nicht über mich.

Frau Kern und ich hatten denselben Weg zum Schulhaus. Aber an diesem Tag ist ihr etwas passiert. Ich möchte dir nicht erzählen, was es ist, es ist schlimm und hat mit einem Fussgängerstreifen zu tun.

Vielleicht habe ich gespürt, dass ich in der Sek Madlen kennenlerne und wir beste Freundinnen werden, darum ist es mir auch nicht schwer gefallen, in die Sek zu wechseln. Als ich zum ersten Mal in die Sek ging, hatte ich Jeans mit Rissen (ganzer Oberschenkel) und eines der karierten Hemden meines Vaters an und die Haare mit Gel aufgestellt. Herr Lüthi (wir sagen ihm «der Lüthi») hat mich abgeholt und ins Schulzimmer gebracht. Auf dem Weg hat er gesagt, er habe in meinem Zeugnis gesehen, wie gut ich in Aufsatz bin. Und dass in der 2C niemand so richtig talentiert sei, wenn es ums Schreiben gehe. Er hat die Türe vom Schulzimmer aufgemacht und ich habe – zack – als Erstes Madlen angeguckt. Sie ist das schönste Girl der Welt. Total dünn, sie hat tolle Kleider, lange blonde Haare und natürlich eine Dauerwelle! Und blaue Augen. Ich habe sie gesehen und gedacht: Die möchte ich als beste Freundin. Der Lüthi hat mich sogar neben sie gesetzt und gesagt:

«Madlen ist unser Klassenclown. Es tut ihr gut, wenn jemand Gescheites neben ihr sitzt.»

Madlen hat die Augen verdreht. Wir haben Hoi gesagt, aber sonst nicht geredet, wir hatten Französisch. Ich hasse Franz.

Und Madlen ist nicht gut in der Schule. Den Lüthi kann sie nicht ausstehen. Und er sie nicht. Sie hat aufgestreckt und gesagt: «Herr Lüthi?»

«Ja, Madlen?»

«Ich würde das, was an der Tafel steht, ja gerne auf Französisch übersetzen, aber ich kann ihre Schrift nicht lesen.»

Ich konnte SEHEN, wie der Lüthi rot geworden ist, aber er ist halt ein Lehrer und cool geblieben.

«Dann müssen Sie sich eine Brille kaufen, Madlen», hat er gesagt und ist aus dem Zimmer gegangen. Alle haben geklatscht, als er draussen war und «Madlen! Madlen!» gerufen. Madlen hatte nur Augen für mich:

«Es wird nicht lange dauern, bis du den Lüthi auch hasst. Deinen Namen habe ich schon wieder vergessen.»

«Sonia.»

«Was ist deine Lieblingsband?»

«Bros!»

«Strike», hat sie gesagt. Sie steht nämlich auf A-ha. Und das sind auch drei schöne Boys, aber die drei schönsten sind BROS!

Madlen und ich sind uns sehr ähnlich. Ausser, wenn es um den Lüthi geht. Sie hasst ihn, ich finde ihn okay, aber das sage ich nur dir. Aber ich hasse, wie er mit Madlen umspringt. Heute ist der Lüthi nicht in die Schule gekommen. Wir hatten zwei Stunden frei! So, jetzt höre ich BROS! Dann packe ich für die Schule, dann muss ich morgen nicht packen. Früh aufstehen und packen ist voll ätzend!

Hey, machs gut! Ich schreibe dir morgen wieder!
Viele Grüsse
Sonia

Frauenfeld, 5. November 1990

Liebe Andrea
Wie geht es dir? Mir geht es gut. Ich bin aber müde, vielleicht wird es nicht so ein langer Brief.

Heute haben wir das Ross ins WC gesperrt. Ich meine, wer Beine hat wie ein Haflinger, muss auch viel Wasser trinken. Und wo gibt es das? Klaro, im WC! Madlen hat das Ross ins WC geschoben und ich habe die Türe zugemacht und Madlen hat abgeschlossen. Dann sind wir vor der Türe Wache gestanden, damit in der Pause niemand ins WC geht. Wir haben gesagt, dass es verstopft ist. Dann hat es geläutet. Als wir wieder am Pult sassen, hat Madlen den Schlüssel aufs Pult gelegt.

Das war so krass, denn Etter ist ins Schulzimmer gekommen! Herr Etter ist unser Hausabwart. Was ich dir jetzt schreibe, darfst du niemandem erzählen: Madlen hat seinen Schlüssel gestohlen, der Schlüssel, der für jede Türe im Schulhaus geht. Herr Etter wohnt neben der Sek, und als im Sommer seine Balkontüre offen war, ist Madlen in seine Wohnung geklettert und hat den Schlüssel geholt. Sie hat so viel Mut!

Als der Etter ins Schulzimmer gekommen ist, dachte ich, es geht um das Ross. Aber er hat nur gesagt, dass der Lüthi auch heute nicht in die Schule kommt. Wir haben natürlich geklatscht, und dann sind wir zum Beck. Dort haben wir Vanilleplunder gekauft und ich durfte die Bänder von Madlens Kasettli wieder aufdrehen, die Zicken haben sie ihr aus dem Turnsack geklaut und rausgerissen! Ich meine HALLO, das ist A-ha, das ist Madlens LEBEN! Ich habe Madlen noch einen zweiten Vanilleplunder gekauft, und wir sind alle im Burstelpark gesessen, es war recht kalt, aber cool. Hast du schon einmal gekifft?

Die Zicken haben ihre Walkmans ausgepackt und LAUT ihre New Kids gesungen:

Just get on the floor and do the New Kids dance
don't worry about nothing, cause it won't take long,
we're gonna put you in a trance with a funky song,
cause you gotta be
Hangin tough!
Hangin tough!
Hangin tough - are your tough enough?
Und dann dieses UNMÖGLICHE
oh oh oh oh oh!
oh oh oh oh oh!

Die New Kids sollte man einsperren, damit sie der Welt nicht noch mehr schaden, yeah! Das Ross ist später mit dem Velo über den Marktplatz gefahren, der Etter hat es also befreit.

Ich schreibe dir morgen wieder, jetzt bin ich müde und gehe ins Bett, dort höre ich noch DIE Stimme von meinem Matt!!
I OWE YOU NOTHING!

Viele Grüsse
Sonia

Frauenfeld, 6. November 1990

Liebe Andrea
Der Lüthi ist immer noch nicht da! Das hat uns der Etter gesagt. «Der hat sicher Chinesische Zipfelgrippe!», hat Madlen gerufen, und alle haben gelacht! Sie haben uns eine neue Lehrerin geschickt, die hatte natürlich keine Chance! Es ist Fräulein Stark, die gibt sonst Englisch, aber nicht uns, sie hat gezittert, als der Etter sie reingebracht hat. Der 2C eilt der Ruf voraus! Sie wollte etwas sagen, aber die Jungs waren lauter! Madlen hat mich in den Oberarm gebissen (das macht sie

immer, «das ist mein Liebesbiss», sagt sie) und dann gesagt: «Würden Frisbees auch fliegen, wenn sie viereckig wären?»

«Was?»

«Hör doch einfach mal richtig zu! Würden Frisbees auch fliegen, wenn sie viereckig wären?»

«Keine Ahnung. Aber wahrscheinlich nicht.»

«Wir probieren es jetzt.»

Und du glaubst es nicht! Madlen hat das Franzbuch genommen (es heisst «On y va», habt ihr auch «On y va»? Sagt ihr auch immer «allô, allô, c'est toi, Simone? Oui, c'est moi, ici René, René, ton cousin de Genève?»). Dann ist sie aufgestanden und zum Fenster und hat es aufgemacht.

«Madlen, was machen Sie?», hat Fräulein Stark gefragt und dann noch einmal «Was machen Sie?», und ihre Stimme hat sich überschlagen! Madlen hat nichts gesagt und hat das Franzbuch aus dem Fenster geschmissen! Sie hatte es so in der Hand, als würde sie einen Frisbee werfen. Die Zicken haben den Mund nicht mehr zugebracht, die Jungs sind aufgestanden und zum Fenster und ich bin auch dorthin, Madlen hat gerufen: «Wer trifft mit dem Buch den Brunnen?» und alle haben geschossen! Ich habe Madlen LEISE gesagt: «Aber einen Frisbee schmeisst man nicht irgendwo hin, der muss zurückkommen!»

Sie hat mir ganz fest in die Augen geschaut und meinen Arm genommen und zugedrückt. Sie hat lange Nägel und es hat angefangen zu bluten und sie hat gesagt:

«Halte deinen Mund.»

Du findest das jetzt vielleicht böse, aber ich erzähle dir gleich, warum Madlen das gemacht hat. Auf jeden Fall sind wir raus zum Brunnen (wir sind einfach an Fräulein Stark vorbeigelaufen!). Die Jungs sind in den Brunnen rein und haben die kaputten Bücher rumgeschmissen. Madlen hat mit mir eine Runde gedreht, wir haben eine Runde, die um die Wiese geht, in der Mitte ist die grosse Matte für den Hochsprung und eine

80-Meter-Bahn (ich bin die Schnellste auf 80 Meter!). Und da hat Madlen wieder meinen Arm genommen! «Zeig mal», hat sie gesagt und gekratzt, bis es wieder geblutet hat. Dann hat sie sich mit ihrem eigenen Fingernagel selber einen Schnitt in den Arm gemacht und dann haben wir unsere Arme aneinander gerieben und das Blut vermischt! «Blutschwestern für immer!», hat Madlen gesagt. Das gilt für immer!

Ich habe dir noch nicht erzählt, dass der Etter Madlen und mich am Morgen auf die Seite genommen hat, er hat wegen dem Ross gefragt und wo unsere gute Kinderstube geblieben sei. Dabei hat Madlen doch nicht einmal richtige Eltern, die Leute, bei denen sie wohnt, sind nicht ihre richtigen Eltern! Das ist so Scheisse (Entschuldigung! Aber das ist echt das einzige Wort, das passt!) vom Etter, wenn er dann mit Kinderstube kommt! Und jetzt müssen wir nächste Woche LAUB ZUSAMMENNEHMEN! Das werden wir noch sehen!

Hey, morgen ist schon Freitag, yeah! Noch einen Tag, bis ich Patric wiedersehe!! Von Patric habe ich dir noch gar nichts erzählt. Wir gehen im Moment nicht zusammen, aber wir waren für zwei Wochen ein Paar! Nur Madlen weiss es. Sie sagt aber, sie findet Patric doof, auf den stehen alle und wer weiss, was der so treibt. Ich glaube aber nicht, denn Patric hat ein gutes Herz! Und ich liebe ihn SO FEST! Er küsst so gut! Er sieht ein bisschen aus wie mein MATT, aber mit braunen Haaren und total schön! Patric hat nicht richtig Schluss gemacht. Er hat einen Brief geschrieben (er schreibt Briefe, ist das nicht süss?), dass er mehr Zeit mit seinen Kollegen verbringen will, das ist ja auch voll okay! Am Samstag in der Disco werde ich so gut aussehen, dass er mich wieder will!

Du wirst sehen, ich werde es dir schreiben!

Viele Grüsse
Sonia

Frauenfeld, 7. November 1990

Liebe Andrea
Ich habe dir ja gestern von Patric erzählt. Nun schreibe ich dir ein Gedicht auf, das ich für ihn geschrieben habe:

herbstzeit blätter blasen sturm
blasen bumm mein herz um
dreh mich um
sehe wieder dein gesicht
im herbstlicht
in allen farben
leuchtet mein Herz
leuchtet und sehnt sich nach etwas
was ich schon hatte
vorbei? nein!
(denn ich weiss, du kommst zurück)

Wie findest du es?
  Hast du ein Lieblingsgedicht? Kannst du es mir einmal schicken?
  Heute war wieder gähnende Leere im Schulzimmer, kein Lüthi weit und breit. Madlen ist aufs Sekretariat, ich bin mit. «Wir haben ein Recht auf Bildung!», sagte sie. Und Rektor Rupprecht sagte: «Es erstaunt mich, dass das ausgerechnet von Ihnen kommt, Frau Tivoli.» So fies! Alle wissen, wie schwer es Madlen hat, dass sie so viel lernen muss und dass der Lüthi immer gemein zu ihr ist. Der Lüthi mit seinen Jeans aus dem letzten Jahrhundert. Dann hat er Madlen verboten, mir Haarwraps zu drehen. Hihi, wie findest du das? Sie hat mir in der Schule während dem Franz Haarwraps gedreht! Sie musste sogar vor die Türe. In der Pause sagte sie: «Du bist der Liebling vom Lüthi. Wir haben das beide gemacht mit den Haar-

wraps, aber ich muss vor die Türe!», und dann hat sie mir einen Gingg gegeben, dass ich immer noch einen blauen Fleck habe. Doc Martens haben vorne ja Stahlkappen. Du findest das jetzt vielleicht brutal, aber ich kann Madlen total verstehen, sie hat es nicht leicht! Es ist gemein, dass der Lüthi zu mir so nett ist und zu ihr nicht.

Nachdem wir bei Rupprecht waren, kam er in die Klasse. Er sagte, er müsse uns aus pädagogischen Gründen (sind wir Kinder oder was?) die Wahrheit sagen, weil es bald in der Zeitung stehen würde. Andrea, du glaubst es nicht: Der Lüthi ist nicht krank, er ist verschwunden! Es geht eine grosse Suche los, und wir kriegen einen neuen Lehrer, der gerade vom Semi kommt. Madlen, ich und die Zicken sind uns ausnahmsweise einig: Auf den sind wir gespannt, smiley! Nachher sind wir gegangen, Madlen und ich haben im «Big» Kleider angeschaut, ich will unbedingt hohe Stiefel wie Pretty Woman! Zusammen haben wir einen Pulli gekauft, vorne steht pink «Hollywood» drauf, die Ärmel sind neongelb, yeah! Madlen darf den Pulli zuerst anziehen. Er steht ihr super. Sie ist so schön, sie könnte gut Model werden! Sie ist die Schönste und Beste, alle bewundern sie. Sogar die aus der 3ten, die Jungs, die 16 sind, stehen auf sie. Und ich bin ihre beste Freundin – das heisst, die Jungs finden mich jetzt auch cool. Madlen und ich haben best-friends-Anhänger, jede hat ein halbes Herz! Ich möchte, dass sie für immer und ewig meine Freundin bleibt. Darum habe ich ihr nicht erzählt, was mir der Lüthi letzte Woche gesagt hat. Ich erzähle es nur dir (und vielleicht den anderen Brieffreundinnen).

Wir haben Aufsätze zurückgekriegt. Und ich war mal wieder die Beste. Wenn du mich jetzt sehen würdest, ich verdrehe die Augen! Ich finde das nicht cool! Es ist nicht einfach, immer die Beste zu sein, weil die andern blöd tun! Auf jeden Fall hat der Lüthi gesagt, ich solle in der Pause noch schnell dableiben, (da hat Madlen die Augen verdreht! Ich habe ihr nachher erzählt, er habe mir gesagt, dass ich schon genau so auffalle wie sie und mir Mühe geben solle. Das fand Madlen super.) Und dann hat er gesagt, er hat noch nie jemand mit solchem Talent und Fantasie in der Klasse gehabt wie mich. Und mir einen Zettel gegeben mit einem Schreibwettbewerb für junge Leute. Man muss eine Reportage schreiben, eine Geschichte über etwas. Er sagte, ich solle mitmachen. «Worüber soll ich denn schreiben?», habe ich gefragt.

«Hast du vielleicht einmal ein Abenteuer erlebt? Oder warst du mit deinen Eltern an einem besonderen Ort in den Ferien?»

Ja, ich habe Abenteuer erlebt! Und zwar rund um das Reservoir, neben dem wir wohnen. Dort habe ich Skifahren gelernt. Und einmal habe ich einen Drachen steigen lassen, der sich in einem Baum verfangen hat, der am Rand des Reservoirs ist. Die Schnüre sieht man immer noch in den Ästen. Leider musste ich immer alleine spielen, als ich klein war, ich hatte nie Freunde. Aber ich hatte schon immer Brieffreundinnen! Und jetzt habe ich MADLEN!

Morgen ist Disco und ich sehe Patric! Welcher Boy gefällt dir am besten? Auf Weihnachten wünsche ich mir eine Lava-Lampe, damit ich schönes Licht habe, wenn ich dir schreibe! Hast du eine Lava-Lampe?

BROS, A-HA und LIMAHL FOREVER!!!

Viele Grüsse
Sonia

Frauenfeld, 8. November 1990

Liebe Andrea
Es ist Morgen am Samstag, ich fange schon mal an zu schreiben, weil ich auf das Telefon von Madlen warte, die mir sagt, was ich anziehen soll. Ich bin SO nervös! Ich wollte dir vom Reservoir erzählen. Es heisst Obstgarten und ist am Ende von Frauenfeld, zwischen unserem Haus und dem Spital. Das Spital ist ein riesiger weisser Block, und ich bin dort zur Welt gekommen. Das Reservoir ist ein riesengrosser Raum. Eigentlich wie ein Hallenbad, aber unterirdisch und ohne Fenster, und man kann dort natürlich nicht schwimmen, das Wasser ist zum Trinken da. Ihr habt bestimmt auch ein Reservoir in Chur. Reservoirs sind immer im Boden oder in einem Hügel. Wie bei uns, ich habe dort eben Skifahren gelernt. Mein Schulweg führte auch über diesen Hügel. Einmal hat mir mein Vater einen Dolendeckel gezeigt (er ist mitten im Gras, mir ist er nie aufgefallen) und hat mir erzählt, dass darunter ein altes Reservoir sei. Ich habe nicht gewusst, dass es zwei Reservoirs sind, die nebeneinander sind! Eines ist für das Trinkwasser, das andere ist uralt und steht leer, also ohne Wasser. Verrückt, so ein riesiger Raum, da könnte man eine Disco machen, smiley! Der Lüthi fand das Reservoir ein tolles Thema. Er hat organisiert, dass jemand von der Stadt mit uns zum Reservoir kommt, damit wir rein können. Leider hat er aber auch allen Eltern geschrieben, dass die Führung öffentlich sei und sie mitkommen könnten. Und so hat Madlen davon erfahren und ist ausgeflippt. Sie sagt, ich sei die Allerletzte. Und ich müsse mich definitiv entscheiden: sie oder der Lüthi!
...
Da bin ich wieder! Madlen hat gerade angerufen, sie hat Pretty-Woman-Stiefel gefunden! Ich gehe jetzt zu ihr und

schreibe dir morgen wieder! Drück mir die Daumen für die DISCO, ich bin so nervös, Patric, LOVE LOVE LOVE!

Viele Grüsse
Sonia

Frauenfeld, 9. November 1990

Liebe Andrea
Gestern war es mega! Madlen hat Yves geküsst! Yves ist megacool. Ich habe auf unsere Malibu Orange aufgepasst. Als sie zurück war, haben wir getanzt. Es lief Ice Ice Baby, das ist einer meiner Lieblingssongs. Auf einmal stand Patric vor uns. Er sah SO süss aus (Jeansjacke mit Ansteckern!) und wir haben getanzt, auch nahe, er hat mich auch immer angeschaut! Madlen hat gesagt, ich solle noch zwei Malibu Orange holen und als ich auf dem Weg an die Bar war, fing *It must have been love* an, MEIN Song mit Patric!
It must have been love, but is over now!
Aber ich weiss, er kommt wieder. Er hat mir ein Schnapparmband geschenkt, das geht so fest um meinen Arm, das lässt nie wieder los! Als ich in der Hälfte des Liedes zurückkam, konnte ich Madlen und Patric nicht mehr finden. Dabei hätte ich wissen wollen, ob er mich gefragt hätte, ob ich mit ihm tanze … wie früher. Später hat Madlen gesagt, sie seien draussen gewesen, um zu rauchen. Ich möchte auch einmal rauchen, aber ich weiss nicht, wie ich es machen soll, damit es meine Eltern dann nicht riechen! Sie schenken mir immer Poster von der Danys Dream Collection, auch weil ich nicht rauche.
Patric ist den ganzen Abend an der Bar gestanden mit seinen Kumpels, es waren keine Girls in der Nähe. Mom hat

mich um Mitternacht abgeholt, ich habe erst ein Zeltli und nachher einen Kaugummi genommen wegen dem Alkohol. Ich war natürlich extrem müde, aber meine Eltern waren hellwach und wollten mit mir reden. Und zwar über den Lüthi. Sie sagten, dass es schlimm sei, dass er weg sei und so und dass ich eine Arme sei, zuerst passiere Frau Kern etwas und jetzt dem Lüthi, immer meinen Klassenlehrern! Da hätte ich ja gar keine Konstanz! (Ich bin nicht sicher, ob man das so schreibt). Aber ich habe ihnen gesagt, sie sollten nicht an mich denken, sondern an Madlen. Und daran, dass es für Madlen viel besser sei, seit der Lüthi weg ist! Ich habe immer an Madlen gedacht: Sie geht dann nach Hause, wann es ihr passt. Ich bin SOOO gespannt, was sie morgen erzählt. Ich habe angerufen, aber es ist niemand ans Telefon gegangen. Sie schläft sicher aus!

Wenn du mich fragst: Patric liebt mich immer noch!
DROP THE BOY, DROP THE BOY, I'M A MAN, YES I AM!

Bis morgen, viele Grüsse
Sonia

Frauenfeld, 10. November 1990

Liebe Andrea
Heute habe ich schön Zeit, um dir zu schreiben! Wir haben keine Schule, die Schule ist geschlossen wegen dem Lüthi. Es ist in der Zeitung, und alle reden darüber. Und die Polizei kommt noch zu uns. Es ist total spannend! Und ich denke immer an Madlen. Sie war so lieb am Telefon und hat mir von Patric erzählt. Nach der Disco ist sie mit ihm und den Jungs zu Huber nach Hause. Dort haben sie Bier ge-

trunken! Patric ist es total schlecht gegangen, «warum», habe ich Madlen gefragt. «Wegen dir! Nur wegen dir!», hat sie gesagt, «Warum denn?» «Weil du so früh nach Hause bist!»

Er hätte noch mit mir reden wollen! Ich bin im siebten Himmel! Er war so schlecht drauf, dass Madlen ihn geküsst hat. Vielleicht findest du das komisch, aber ich verstehe es total. Sie wollte ihn einfach aufstellen. Ich schreibe dir nachher weiter, es hat geklingelt, das ist sicher die Polizei, oh Mann!

…

Es ist immer noch der 10. November, aber Abend.

Die Polizei hat lange mit mir geredet. Sie sagten, sie fragen alle Schüler. Meine Eltern haben am Schluss gesagt: «Sie sehen ja, dass Sonia auch nicht mehr weiss. Es tut uns leid, dass wir Ihnen nicht helfen können. Wir hoffen alle, dass Herr Lüthi bald wieder auftaucht, das ist ja eine schlimme Situation für seine Familie!»

Mir tut es auch ein bisschen leid. Er war ja eigentlich so nett! Es war zum Beispiel ein toller Tag, als wir uns das Reservoir angeschaut haben. Der Mann von der Stadt hatte einen Schlüssel für den Dolendeckel, einen, der aussieht wie ein Schraubenzieher. Der Deckel ist sehr schwer! Wir waren zwanzig Leute, alle wollten das Reservoir sehen. Man konnte in das leere Reservoir hineinsteigen. Man klettert eine lange, steile Leiter hinab, und unten ist es recht dunkel, es ist unheimlich. Als alle unten waren, hat der Mann gezeigt, wo früher das Wasser hereinkam. Als er gesprochen hat, klang es ganz hohl und wie mit Echo. Der Lüthi hatte den Fotoapparat dabei und machte Fotos für meine Reportage. Ich durfte wünschen, was er fotografieren sollte. Ich dachte an Madlen. Wenn meine Reportage gewinnt, erscheint sie in einem Heft. Und dort steht bestimmt, wer die Fotos gemacht hat. Und dann wird mich Madlen hassen!

Als die Führung fertig war, überlegte ich mir, dass ich noch ein Bild vom Wassereingang ganz hinten im Reservoir brauche und habe den Lüthi gebeten, eines zu machen, ich setzte schon einmal einen Fuss auf die Leiter. Ich bin als Letzte aus dem Reservoir gestiegen und dann ging alles ganz schnell. Der Vater vom Ross (es ist auch mitgekommen, aber hat nicht mit mir geredet) wollte ein Foto machen, wie wir das Einstiegsloch mit dem Dolendeckel schliessen, der Mann von der Stadt hat den Deckel sofort zugeschoben, ich habe nichts gesagt und geholfen und das Ross hat auch angepackt. «Cheese!», haben wir gesagt, und der Vater vom Ross hat das Foto gemacht. Der Mann von der Stadt hat den Dolendeckel abgeschlossen und uns alle ins Reservoir nebenan eingeladen, das in Betrieb ist, dort konnten wir Trinkwasser probieren. Während wir getrunken und geredet haben, hat er den Schlüssel auf eine Turbine gelegt. Wenn ich so mutig wäre wie Madlen, hätte ich ihn geklaut! Aber wozu? Eigentlich brauchen wir den Schlüssel ja gar nicht.

Ich bin gespannt, wie alles weitergeht! Soll ich Patric einen Brief schreiben? Anrufen kann ich nicht, ich würde sterben, wenn seine Mutter das Telefon abnimmt. Ich werde Madlen fragen, sie weiss immer, was zu tun ist.

Viele Grüsse
Sonia

ST. GALLEN

DIE GRUPPENTHERAPIE
TOM ZAI

«Ich bin die Heidi, und ich bin Alkoholikerin.»

«Hallo, Heidi!»

Die Gruppe nickte. Sie bestand aus ehemaligen Trinkern und solchen, die es noch werden wollten, ehemalige. Alle sassen auf billigen Campingstühlen, die in der Bergwiese einsanken und gaben vor, anonym zu sein. Was für eine Schnapsidee, Alkoholiker an einem Open-Air-Schlagerfestival zu therapieren! Da hockten sie nun etwas abseits am Hang, vor sich ein johlendes Menschenmeer, das zum Takt der Musik wogte, daneben die ratternde Rodelbahn, darüber das Surren der Seilbahn und dahinter das Gebimmel der Kuhglocken. Allein die akustischen Bedingungen hatten, um es mal mit den Worten ihres Chefs zu sagen, Luft nach oben. A propos, über gar allem spannte sich ein Himmel, der blauer nicht sein könnte und sich ins Fäustchen lachte. Postkartenwetter. Bilderbuchwetter. Schlagerwetter.

Tja, Heidi geht auf die Alp. Wer hätte das gedacht!

«Schön, dass du bei uns bist, Heidi!»

So weit war es also mit ihr gekommen. Sie hatte den Tiefpunkt erreicht. Fast. Immerhin war sie erpressbar, hatte also noch etwas zu verlieren. Daran war dieser Knebelvertrag mit dem Sozialamt schuld. Haaranalyse alle drei Monate, Pinkelprobe jeden Monat, Therapiebescheinigung einmal die Woche plus, und das war es, womit man sie wirklich am Wickel hatte, eine Auskunftsvollmacht für den Amtsschimmel im Rathaus. Unter dem Tiefpunkt wartete der absolute Nullpunkt. Minus 273 Grad. Dann geht gar nichts mehr. Wenn du alle allerletzten Chancen aufgebraucht hast, dann holt dich das Leben ein. Bei Heidi war es so weit. Sie hatte nur noch Luft nach oben.

«Wie schön, dass du uns heute etwas von dir erzählen willst, Heidi.»

Superwoman hatte den Röntgenblick, Agi, die Gruppenleiterin, den Empathieblick. Doch Heidi war weitgehend immun und starrte an Agis Kopf vorbei auf den grossen Bildschirm neben der Bühne, auf dem Steffen Stefanis gerade «Heimat ist da, wo das Feuer brennt» ins Mikrofon wimmerte und dabei am angewinkelten Arm die Faust um ein imaginäres Herz, einen Stern oder sonst etwas Symbolisches schloss.

«Heidi? Bist du bei uns? Fokussiere, bitte!»

Agis Brustkorb hob und senkte sich. Sie liess die Luft aus ihrem spitzen Mund strömen. Die beherrschte auch den Atem-Fluch, dem ihre Gruppe hoffnungslos ausgeliefert war. Hätte man alle an Überwachungsmonitore angeschlossen, könnte man darauf sehen, wie sämtliche Herzen im absoluten Gleichklang schlugen, unter Agis Bann und im Takt des Schlagerhits. Doch Heidi war auch gegen den Atem-Fluch gefeit.

Abgesehen davon gab es hier so einiges, gegen das sie ganz und gar nicht gewappnet war. Den Bierdunst zum Beispiel und dieses Gejodel. Allein deswegen lief ihre Pumpe nicht synchron mit den anderen.

«Bist du sicher, dass es eine gute Idee war, mit uns ans Schlager-Open-Air zu gehen, Agi?»

Heidi glaubte einen Funken Widerspruchsgeist in Ralphs Augen zu sehen. Doch er erlosch, sobald Agi den Mund aufmachte.

«Aber, das ist doch der Feldtest. Den mache ich immer mit meiner Gruppe. Du weisst doch, Heidi, nur im Wasser lernt man schwimmen. Ausserdem hat die Gruppe darüber abgestimmt. Oktoberfest oder Schlagerfestival. Das Ergebnis war doch eindeutig, oder etwa nicht?»

Konspiratives Nicken überall. Wasser. Noch so ein Stichwort. Vermutlich stand Heidi kurz vor einer Wasservergiftung. Es war Ende Juli und selbst auf dieser Höhe einfach nur heiss. Was sie dringend brauchte, war eine salzig-fleischig-mampfige Bratwurst mit Brot, das am Gaumen klebte und ein paar mineralhaltige Biere, um das Ganze herunterzuspülen.

«Beim Stichwort Wasser denke ich nicht ans Schwimmen, Agi.»

Wieder blitzte es in Ralphs Augen. Er war der Judas in der Gruppe, der emsigste Jünger, der insgeheim nur darauf wartete, die Herrin vom Thron zu stossen.

«Woran denkst du denn, Heidi?»

Agi hatte viele Tricks drauf. Ralph stierte resigniert auf seinen Becher, in dem es nur noch gelegentlich blubberte.

«Ich denke an Waterboarding.»

«Das ist Wasserskifahren nur so mit dem Surfbrett halt, oder?»

«Das ist, man fixiert dich auf einer Liege, stellt den Kopf tiefer, legt dir einen Lappen über Nase und Mund und kippt eimerweise Wasser darüber.»

«Oh!»

«Dann gibt man dir ein paar Momente, um zu kapieren, dass du noch nicht ertrunken bist. Bevor man dir Fragen stellt, die du eigentlich nicht beantworten kannst, bis man wieder mit dem Wassergiessen anfängt.»

«Wer ist man?»

Agi hatte es echt drauf. Die Frau war in Hochform!

«Das sind diese Typen, die auf ihrem Heimatboden keine

Leute foltern dürfen und es stattdessen in Nordafrika tun.»

«Wer?»

Ralph witterte wieder Morgenluft.

«Na, die Amis, Mann! Die Welt-Sheriffs.»

«Ich spüre ganz leichte Aggressionen, Heidi.»

War da ein nervöses Zucken an Agis linkem Augenlid? Bert stocherte mit einem Stock in einem halb vertrockneten Kuhfladen. Nun hatte Heidi die Gruppe gegen sich aufgebracht. Feindseligkeit schlug ihr entgegen. Sie machte die Stimmung kaputt und Agis ach so mutiges Projekt, mit dem sie sich den Nobelpreis für Amateur-Seelenklempner holen wollte, drohte im frühen Stadium zu scheitern.

«Ich bin die Ruth und ich bin Alkoholikerin!», erhob die Tante gleich neben Agi ihre Stimme.

«Hallo, Ruth!»

«Du warst mal Alkoholikerin, Ruth», giftete Heidi. «Heute bist du harmoniesüchtig.»

«Lass Ruth sprechen, Heidi!»

Aufmunterndes Zunicken. Kein Lüftchen regte sich.

«Es ist doch so schön hier», betete Ruth das Mantra der Opportunisten. «Schaut euch doch um! Die Kulisse der Flumserberge, die Kühe, die fünfzehntausend aufgestellten Leute, die Zelte, die Bühne, die Bergkette der Churfirsten, der Sichler, der Gamser, der Alvier mit dem schlafenden Napoleon. Was für eine tolle Idee, Agi!»

Die Angesprochene legte ihre Hand sanft auf jene von Ruth und gab ihr den Segen, in diesem Fall vermutlich den Alpsegen. Heidi war blasphemisch zumute.

«Ja, die Flumserberge!» Ralph wollte auch berührt werden.

«Das Sarganserland!» Gerda, dieser Papagei, machte doch tatsächlich den Schlager-Move mit nach oben gedrehter Handfläche, als ob sie Fortuna persönlich wäre und Glück und Segen übers Tal streue.

«Das Heidiland», sagte Heidi, um alle in die Realität zurückzuholen.

Als niemand die Doppeldeutigkeit ihres Spruchs erfasste, stand sie auf.

«Ich muss dann mal! Das Wasser drückt.»

«Ich weiss nicht, ob ich das gut finden soll», sagte Agi, um ihr ein schlechtes Gewissen zu machen.

«Kann ich etwas dafür, dass wir nicht im Kirchgemeindehaus sind? Ich mache garantiert nicht hinter eine Tanne», konterte Heidi.

«Lass dir aber nicht zu sehr Zeit. Sonst fangen wir an, uns Sorgen zu machen.»

Agi hatte auch den Ich-Mache-Mir-Sorgen-Trick drauf.

«Kriege ich schon die Unterschrift?»

«Diese Frage finde ich nun doch etwas verwegen, Heidi. Kannst du das nachvollziehen?»

«Na dann, bis später! Oder müsste ich ‹hossa› sagen?»

Bevor Heidi bei der Pinkelzone ankam, hatte Silke Beauregard die Bühne eingenommen und die Herzen der Zuschauer im Sturm erobert. Heidi liess die Toilettenkabinen links liegen. Die Vorstellung, sich in einer der vollgesifften Dinger hinzukauern, war zu grauenhaft. Sie wäre am liebsten einfach weitergegangen, bis zur Kabinenbahn, die sie hinunter an den Walensee brächte, wo es vielleicht sogar kühler war. Minus 273 Grad, wenn sie es sich genau überlegte.

Heidi brauchte jetzt diese Wurst. Und diese Biere. Eines wenigstens oder gerade so viel, dass Agi nichts merken würde. Heidis Wortmeldungen waren eh nicht gefragt. Schweigend könnte sie die Sache aussitzen, ohne Bierdunst zu verbreiten. Ausserdem hatte sie immer Eukalyptus-Bonbons dabei.

Auch in der Verpflegungszone gab es Schlangen. Aber sie seien kürzer als im letzten Jahr, versicherten sich die Wartenden immer wieder gegenseitig. Eine unvergleichliche Duftmischung aus Fritieröl, verbranntem Wurstfett und intensiv schwitzenden Körpern hing schwer zwischen den Zelten. Andernorts wäre Smogalarm ausgelöst worden. Im Hintergrund wurde wieder eine Runde im «Hey-Hey-Hey-Hey»-Takt geklatscht. Viele Schlagerstars, so vermutete Heidi, hatten ihre Karriere als Pool-Animateure begonnen.

«Bratwurst ohne Senf, gut durch und sechs Bier!»

«Wie schön, dass auch deutsche Touristen ans Festival kommen», sagte die Schnepfe am Tresen zum Typen am Grill.

«Ich bin keine Deutsche!»

«Hat sich aber so angehört. Möchten Sie einen Becherhalter dazu?»

«Gibt's den gratis?»

«Umsonst ist nicht mal der Tod, aber wir wollen mal nicht so sein. Ein Spezialservice für unsere lieben Gäste aus dem Norden.»

Heidi hatte sich schon lange nicht mehr so perfid-freundlich verarscht gefühlt. Die Kuh brachte sie dazu, sich schlecht zu fühlen. Heidi war kurz davor auszuticken. Wo blieb Agi, wenn man sie mal wirklich brauchte? Aber Agi hätte ihr wohl kaum beim Kauf von verbotenen Substanzen geholfen. Heidi gab zwei Franken Trinkgeld, einfach um sich gegenüber der Grinsekatze etwas Respekt zu verschaffen.

«Vielen Dank und noch einen schönen Tag wünsche ich Ihnen.»

«Mmmpfff!»

Die Wurst war unglaublich. Im Nu war sie weg. Nun hatte Heidi eine Hand frei fürs Bier. Ah! Der Kältekopfschmerz schlug zu. Heidi zählte langsam auf 30. Dann war sie bereit für den zweiten Becher.

Nun sollte sie es etwas gemächlicher angehen und suchte einen Ort, der von Agis Standpunkt aus nicht einsehbar war, auch nicht mit einem Feldstecher.

Da erspähte sie den Ruedi, der ganz am Rand des Geländes bei einem Pistenfahrzeug stand, und beschloss spontan, ihm ein Bier zu spendieren. Sechs Biere war vielleicht doch etwas zu hoch gepokert.

«Hoi, Ruedi!» Sie stellte die Biere auf die Raupe des Pistenbullys. «Musst du heute noch Pisten präparieren? Oder bist du am Ende wieder auf dem Trockendock?»

«Na, wen haben wir denn da? Die Alka-Heidi! Lange nicht gesehen.»

Ruedi nahm sich einen Becher. Sie prosteten sich zu. Niemand ausser Ruedi durfte sie ungestraft Alka-Heidi nennen. Er war ein alter Saufkumpel und Therapiegefährte, der die meisten ihrer Geschichten kannte, selbst jene, die sie längst aufgehört hatte zu erzählen, weil sie ihr nur Spott und Ärger einbrachten. Jene von einem vollkommen verunglückten Trip nach Bagdad zum Beispiel.

«Ich fahre nun den Pistenbully!» Ruedi richtete sich auf. «Das heisst, ich fahre den im Winter. Heute passe ich nur auf ihn auf.»

«Dass ihn niemand klaut? Echt jetzt?»

«Na, ja.»

«Wozu steht das Ding überhaupt hier?»

«Werbung.»

«Wie Werbung?»

«Werbung halt. Ist doch ein Skigebiet.»

«Ah!»

Heidi versuchte, das Schlagerfestival mit all den Leuten, die Kühe, die grünen Wiesen, die Berghänge wegzudenken und sich die Landschaft mit Schnee und Skitouristen vorzustellen.

Es gelang ihr nicht.

«Na, ja, was soll's? Wie geht es dir, Ruedi?»

«Geht so. Und dir? Wusste gar nicht, dass du ein Schlagerfan bist.»

«Ich bin mit der Gruppe hier.»

«Der Gruppe?»

«Die AAs!»

«Das ist nicht dein Ernst!»

«Doch! Du kennst doch sicher noch die Agi!»

«Die AA-Agi?»

«Genau! Die Triple A!»

«Ich fasse es nicht! Und was genau will sie damit bezwecken? Kollektives Komasaufen als Therapie?»

«Man lernt nur im Wasser schwimmen, meint sie!»

«Ja, das ist unsere Agi!»

Dann verfielen sie in stilles Grübeln, in dem sie beide wohl Dutzende immergleiche Treffen unter der Fuchtel von AA-Agi vor ihrem geistigen Auge vorüberziehen liessen. Ein kollektives «Zigi-Zagi, Zigi-Zagi, Hoi, Hoi, Hoi!» holte Heidi wieder in die Sommerhitze der Molseralp zurück, auf der noch nicht mal das klitzekleinste Stimmungstief auszumachen war.

«Hat das Ding Klimaanlage?»

Das Bier schwappte etwas über den Rand des halbleeren Bechers, als sie auf die Pistenraupe zeigte.

«Heizung! Abgesehen davon läuft der Motor ja nicht!»

«Stimmt! Können wir uns trotzdem reinsetzen?»

Ruedi kratzte sich hinter dem Ohr.

«Weisst du was?» Sie klopfte ihm mit der freien Hand auf die Schulter. «Ich hole Nachschub und geh mal für kleine Heidis!»

Am Absperrgitter, an dem sie sich entlangdrückte, herrschte olfaktorischer Ausnahmezustand. Achselschweiss kommt so viel besser zur Geltung, wenn man die Hände über dem Kopf zusammenschlägt. Wieso tat sie sich das eigentlich an? Sie hätte längst abhauen können. Ach, ja! Wegen des absoluten Nullpunkts. Den hatte sie schon fast vergessen.

Ein Aufenthalt im Plastikkabäuschen war nicht mehr zu vermeiden. Als sie es endlich in eines geschafft hatte, wusste sie kaum, wohin sie ihre Füsse stellen sollte. Die Trefferquote der Festivalbesucher liess sehr zu wünschen übrig. Und natürlich gab es kein Papier. Wenigstens konnte sie die Hände waschen.
Händeschlenkernd entfernte sie sich aus der Gruselzone. Ein unstillbarer Durst führte sie geradewegs wieder zur Grinsekatze.
«Könnte ich bitte, falls es Ihnen nicht zu viele Umstände macht, sechs Becher Bier haben? Und wenn Sie mir freundlicherweise wieder einen Halter dazu geben könnten, wäre das einfach super.»
«Was, Sie haben den anderen nicht wieder mitgebracht? Kleiner Scherz!»
Heidi lachte mit, im Wissen, dass sie gegen diesen Profi keine Chance hatte.
«Hossa!», sagte sie, als sie ihre Fuhre entgegennahm.
«Gesundheit!», zwinkerte ihr die Perle der Berggastronomie zu. Das musste ganz einfach eine Aushilfe sein, die im Gast noch keinen Störenfried sah.

Ruedi wartete schon im Pistenfahrzeug.
«Falsche Seite!», rief Heidi in die Kabine.
«Was, falsche Seite?»
«Ich will hinters Steuerrad!»
«Kommt nicht in die Tüte!»
«Dann gibt's auch kein Bier!»
Sie stellte fünf Becher demonstrativ in die Sonne und goss sich genüsslich den sechsten hinter die Binde. Dann liess sie

einen Rülpser fahren, der hinter dem Absperrgitter einem pausbackigen Jungschwinger ein Daumen-Hoch entlockte.

Ruedi schälte sich aus dem Fahrzeug, schnappte sich die Becher und stieg auf der anderen Seite umständlich wieder ein.

«Geht doch!»

«Aber versau die Polster nicht!»

Sie zog sich ins Innere und schloss die Türe.

«Mach das Fenster zu!»

Sie deutete mit dem Kinn an Ruedi vorbei, dahin, wo dieses üble «Reckt die Hände!» eine Unterhaltung beeinträchtigte.

«Zu heiss hier drin!»

«Manchmal muss man Kompromisse machen!»

«Keine Kompromisse! Keine Gefangenen!»

Ruedi setzte ein Schurkengesicht auf, dass sie ihm gar nicht zugetraut hätte, schloss das Fenster aber doch. Vielleicht würde das noch was mit ihm? Wer weiss?

Doch dazu kam es nicht. Denn nachdem ihr Ruedi alles über Pistenfahrzeuge erzählt hatte, um nicht über sein Leben zu sprechen, die Fenster angelaufen waren und die Biere alle, jemand neue holen musste, er schliesslich ergeben die Tür öffnete, hörte Heidi eine Bühnenansage, die alles veränderte.

«... freue ich mich, den Altmeister persönlich als Überraschungsgast willkommen zu heissen. Wer hätte das gedacht? Ein Comeback, das weit herum Beachtung finden wird. Begrüssen Sie mit mir und mit einem tosenden Applaus Marino Gottlieber mit seinem unvergesslichen Mega-Hit ‹Mitten in die Brust›!»

Ruedi vergass, die Tür zu schliessen, ging um das Pistenfahrzeug herum und verschwand aus ihrem Blickfeld wie alles andere auch. Bis auf diesen Mittsechziger, der sich anschickte, von der Bühne zu steigen, um ein Bad in der Menge zu nehmen. Bereits mit dem ersten Takt seines Lieds, war alles wieder da.

Kurz vor den Toren Bagdads hält sie der amerikanische Soldat auf. Sie hat sich in den Kopf gesetzt, durch den Irak zu trampen, trotz des Kriegs oder gerade deswegen. Vielleicht schreibt sie mal ein Buch darüber oder hält Vorträge. Mal sehen. Das Lächeln des GIs ist das verführerischste der Welt, bedeutet aber Endstation. Heidi muss wieder durch die Wüste. Eine bittere Pille ist es, die sie schlucken muss, mühsam ist die Reise und gefährlich, wie die vielen Autoleichen am Strassenrand beweisen. Autostopp im Niemandsland. Dann gerät sie an den Falschen. Er lässt sie in der Wüste stehen und fährt mit ihrem Tramper-Rucksack davon. Jenem Tramper-Rucksack in dem kurz darauf diese Splitterbombe auf dem Marktplatz im Zentrum Bagdads explodiert. Die Überreste ihres zerfetzten Passes, die an einem Stück Segeltuchstoff kleben, die Erinnerung des Soldaten mit dem verführerischsten Lächeln und Heidis Vorbehalte gegenüber einheimischen Fahrzeuglenkern führen dazu, dass man sie am nächsten Tag aufspürt. Man bringt sie an diesen unsäglichen Ort irgendwo in Nordafrika, steckt sie in einen roten Overall und in eine klitzekleine Zelle, in der das Licht nur ausgeht, wenn das Stroboskop gezündet wird, das durch die geschlossenen Augenlider das Gehirn in die Tanzfläche einer Disco verwandelt. Doch dazu läuft keine Discomusik, sondern über 5000 Mal «Mitten in die Brust» von Marino Gottlieber. Vierundzwanzig Stunden am Tag, über zehn Tage am Stück, bis Heidi alles, sogar den Anschlag auf John F. Kennedy, gesteht. Nun ist sie offiziell die zweite Frau des dritten Neffen des fünften Offiziers in der Befehlskette von Osama bin Laden. Sie kommt nur deswegen nicht sofort nach Guantanamo, weil höchste diplomatische Kreise aus der Schweiz sich für sie einsetzen. Nach einem Jahr in Gefangenschaft, wird sie in irgendeinem Wüstenort in ein Flugzeug gesetzt. Heidi kehrt heim. Eine Boulevard-Zeitung macht aus ihr die Al-Qaida-Heidi. Am Ende ihres

Trips ist sie die Alka-Heidi und will weder Bücher schreiben noch Vorträge halten.

Und nun nahm dieser Gottlieber ein Bad in der Menge, teilte das Menschenmeer und sang dazu «Mitten in die Brust». Heidi war es, als blitzte schon das Stroboskop. Ihr Blick fiel auf die Schlüssel, die auf dem Beifahrersitz lagen. Sie mussten Ruedi aus der Tasche geglitten sein.

«Nein!», schrie sie. «Nein!»

Sie steckte die Schlüssel ins Zündschloss und befolgte sämtliche Handgriffe, die ihr Ruedi so geduldig erklärt hatte. Die Schaufel hob sich leicht, als der Pistenbully losratterte. Nun war er ein Panzer, und Heidi befand sich im Gefecht.

«Neiiiiiiiin!»

Das Gitter und die Leute spritzten regelrecht zur Seite. Vor Heidi tat sich eine Gasse auf, an deren Ende ihr schlimmster Alptraum im Wegrennen immer noch «Mitten in die Brust» sang, was definitiv bewies, dass es Playback war. Der alte Knabe lief, bis es bei der Bühne kein Entrinnen mehr gab. Einen kurzen Moment lang, glaubte Heidi, der Security-Mensch neben dem Podest wolle sich in einem Anflug heiliger Pflichtausübung à la Kevin Costner zwischen sie und den Star stellen. Es hätte sie wohl kaum aufgehalten. Denn sie war an jenem Punkt, an den niemand freiwillig geht und von dem kaum jemand wieder zurückkehrt. Das war er, der absolute Nullpunkt, minus 273 Grad, die Todeszone, in der eigentlich nichts mehr gehen sollte. Doch Heidi war ganz schön in Fahrt. Nur massives Gerät konnte sie nun noch stoppen. Der Security-Mann musste das durch die Scheibe in ihren Augen gesehen haben, denn er beging, ohne noch einmal darüber nachzudenken, Fahnenflucht. Marino Gottlieber aber stand mit dem Rücken zur Bühnenabschrankung.

«Mitten in die Brust!», schrie Heidi synchron zum Playback, und frass sich mit der Raupe durch die Bühne, bis die Dachkonstruktion sie unter sich begrub.

So bekam sie nur gedämpft mit, wie der grösste Katastropheneinsatz in der Geschichte des Kantons St. Gallen seinen Lauf nahm. Durch die Trümmer hörte sie die Hubschrauber, die Sirenen, die Schreie, Funksprüche sogar. Dann verstummten alle anderen Geräusche für einen Moment, als ob ein unsichtbarer Tontechniker alle Kanäle auf stumm geschaltet hätte. Bis auf diesen einen, auf dem leises Wimmern von Menschen zu hören war, die keine Kraft mehr hatten, zu schreien. Für Heidi war es wie ein verkehrtes Erdbeben. Das Elend war aussen. Innen war alles erstarrt.

Als die Trümmer endlich von ihrem Gefährt geräumt wurden, war die Nacht hereingebrochen. Ein kurzer Check bestätigte, dass Heidi keine medizinische Hilfe benötigte, die einen Spitalaufenthalt erforderlich machte. Blut wurde ihr an Ort und Stelle genommen. Sie war ziemlich sicher, dass man es nicht nur auf Alkohol testen würde. Als man sie zum Kastenwagen führte, wurde sie von den Scheinwerfern der Fernsehstationen geblendet.

«Alka-Heidi, haben Sie uns etwas zu sagen?»
Also hatte Ruedi gepetzt. Penner!
«Gibt es ein Bekennerschreiben?»
«In wessen Auftrag haben Sie gehandelt?»
«Hat die Amokfahrt etwas mit dem Brandanschlag auf die Moschee in Flums vom Dezember 2014 zu tun?»
«Hatten Sie Osama bin Laden persönlich getroffen?»
Endlich fiel die Tür ins Schloss.
Das Bezirksgefängnis schien für sie nicht sicher genug zu sein, denn nach der kurvenreichen Fahrt ins Tal ging es geradewegs auf die Autobahn.

Heidi fährt in die Stadt, dachte Heidi und fand es nicht lustig. Nach einer gefühlten Ewigkeit ging es in den Untergrund, wo der Wagen hielt und sie in eine Zelle gebracht wurde.

In den folgenden Tagen erkannte sie, dass sie einmal mehr ein Problem war. Sie sah es in den Zitronengesichtern der Leute, die zu ihr durchzudringen versuchten. Man musste sie bestrafen und genau deswegen war sie ein Problem. Für die Leute mit den verkniffenen Gesichtern und für den Staat, für den sie arbeiteten. Eigentlich litt der Staat an jener Schizophrenie, die man bei ihr vermutete. Er musste sie bestrafen, sie davor aber erst schuldfähig und dann gefängnisfähig machen. Gleichzeitig sollte er ihr helfen, gesund zu werden, auf die ganz lange Sicht sich wieder einzugliedern. War sie, Heidi, eine Gefahr für die Gesellschaft oder sich selber oder beides? Das verkniffenste Gesicht von allen gehörte ihrem Pflichtverteidiger, der aussah, als ob er sich auf einen Kaktus gesetzt hätte. Von ihm erfuhr sie, dass Heidi wieder auf Reisen gehen sollte.

«Ich will nach Pfäfers», verlangte sie. «Von da, wo ich aufgewachsen bin, werden alle Bekloppten nach Pfäfers gebracht. Mit dem gelben Wägelchen.»

«Geht leider nicht», sagte das Kaktusgesicht.
«St. Pirminsberg einfach! Da gehöre ich hin.»
Kopfschütteln.
«Heidi kehrt heim?»
«Nein.»
«Ins Heidiland? In die Berge?»
«Keine Chance.»

Der Wagen war nicht gelb, sondern weiss mit orangen Längsstreifen. Und man brachte sie ins flachste Flachland der

Schweiz. Zwischen ihr und Deutschland lagen nur diese Schlaufen des Rheins. Und ein paar unüberwindbare Mauern natürlich. Heidi kam auf eine forensisch-psychiatrische Sicherheitsstation in einem modernen Bau, dessen Freigehege sie verdammt an ihren letzten Zoobesuch erinnerte.

Über den Rheinschlaufen zog der Herbst und auch der Winter ins Land, während man versuchte, die Trümmer ihres Verstands Schicht um Schicht über ihr abzutragen.

Salopp ausgedrückt, und Heidi drückte sich immer salopp aus, tummelten sich in ihrem Kopf offenbar ein paar Heidis zu viel. Und eine davon hatte damals in der Pistenraupe die Kontrolle übernommen. Nun versuchten die herauszufinden, wer genau diese eine Heidi war und welcher «Trigger» den Käfig öffnete, in den sie eingesperrt war. Heidi wusste ganz genau, wie dieser Käfig aussah und womit er geöffnet wurde. Aber sie war fest entschlossen, niemanden auch nur in die Nähe dieses aufgerichteten Sargs mit dem Stroboskop und den dröhnenden Lautsprechern zu lassen.

Weil alle anderen Heidis in ihrem Kopf offenbar zwar anstrengend, zum Teil ordinär, aber immer fadengerade und zumindest nicht gewalttätig waren, konzentrierte sich die Suche nach dem Auslöser auf eine verschleppte Sommergrippe in Kombination mit exzessivem Alkoholkonsum. Bei einer Schizophrenen konnte so etwas in gewissen Fällen zu Wahnvorstellungen führen. Denn Wahnvorstellungen müssten es gewesen sein, die zu dieser «Amokfahrt» geführt hätten. So die Fachchinesen. Heidi und, im übertragenen Sinne auch die zuständige Ärztin, sahen ihren Ausraster wohl als «Blaufahrt mit Todesfolge». Nun musste man dafür sorgen, dass Heidi, also alle Heidis in ihr, in erster Linie nachhaltig trocken wurden. Nach den vielen Einzelsitzungen wurde es Zeit für die Gruppentherapie.

«Hallo, ich bin die Sybille», sagte die Therapeutin.

«Hallo, Sybille!», kam das Echo von der Gruppe.

In der Mitte des Kreises brannte eine Kerze zwischen Schwemmholz und Muscheln, alles drapiert auf einem violetten Tuch. Es fehlten die Räucherstäbchen und die Klangschale.

«Heute wollen wir eine neues Mitglied in unserer Runde willkommen heissen. Möchtest du dich selber vorstellen?»

«Ich bin die Heidi. Und ich bin Alkoholikerin.»

«Hallo, Heidi!»

«Wir sind hier nicht bei den Anonymen Alkoholikern, Heidi. Doch bevor du von dir erzählst, wollen wir zur Einstimmung etwas Musik hören. Bei uns darf jedes Mal ein anderes Mitglied einen Song wählen und mitbringen. Du musst leider noch etwas warten, bis du dran bist, Heidi. Heute ist Monikas Tag.»

Heidi blickte in die Runde. Sie hoffte inständig, dass Monika die Kleine mit dem Iron-Maiden-Shirt war. Doch ihre Hoffnung erfüllte sich nicht. Heidi spürte, wie sie von Unruhe ergriffen wurde, als eine Graumelierte ihr aus Glubschaugen zuzwinkerte und eine CD aus der Strickjacke fischte.

«Hossa!», sagte sie noch und freute sich wie ein Kind, das endlich zuvorderst in der Reihe vor dem Nikolaus stand. Der Punk mit dem Maiden-Shirt verdrehte die Augen. Sie musste wissen, was nun kam. Heidi wusste es noch nicht, aber sie war auf das Schlimmste gefasst.

Sybille schritt würdevoll zum CD-Player, der auf einem Beitisch stand, einem Designerstück mit organischen Formen, legte die Scheibe ein und drückte Play.

Damit wurde das Stroboskop gezündet, bevor Heidis Welt dunkel wurde. Als sie wieder hell war, lag Sybille in ihrem Blut auf dem Buchenholzparkett. Heidi schaute auf ihre eigene

Hand, die den CD-Player am Haltegriff umklammerte. Es klebten noch ein paar Haare am einen Lautsprecher, der Heidi merkwürdig an den eingedrückten Kotflügel ihres VW-Polos erinnerte. Das hatte sie damals endgültig den Ausweis gekostet.

Sie stellte den Player an seinen Platz, öffnete die Klappe und entnahm mit spitzen Fingern die Wurzel allen Übels.

«Die willst du hoffentlich nicht zurückhaben, Monika.»

Die Angesprochene schüttelte wie irre den Kopf und schaute aus geweiteten Glubschaugen zu, wie Heidi die Scheibe mitten entzweibrach. Für einen flüchtigen Moment war Heidi versucht, mit den gezackten Bruchstücken ein Blutbad anzurichten.

«Soll ich euch von meinem Trip nach Bagdad erzählen?», fragte sie stattdessen, als sie die beiden Hälften in die weiche Kerze steckte. «Stimmung!», sagte sie noch und setzte sich auf ihren Stuhl.

LUZERN

EISKALT IN DER SAUNA
HELMUT MAIER

Kripochef Bergstein hat auch schon bessere Tage gesehen. Nur kann er sich nicht erinnern, wann. Dieser Herbst ist eine Katastrophe. Darum ist er dankbar, dass er ins Hotel Park Weggis gerufen wurde. Hier gibt es wenigstens einen hervorragenden Kaffee. Vom Eingangsbereich wandert sein Blick durch die kleine Lobby, und bevor der Rezeptionist ihn abfangen kann, steuert er auf die Bar zu, wo er von seiner Assistentin Tanja Sonderhofer erwartet wird.

«Na, Sonderling, morgens schon an der Bar? Was steht denn an?»

«Wir haben eine Leiche.»

Bergstein setzt sich, mustert den ganzen Raum, blickt hinter die Theke und prüft die sichtbare Umgebung. Er deutet mit dem Kinn auf einen Schwan aus Kristall.

«Ein bisschen viel Glas hier. Tschaikowski?»

«Nein. Auch nicht Swarowski.» Tanja Sonderhofers Finger gleiten über die Theke. «Die Swarowski-Bar findest du im ‹Ermitage›. Schönried. Berner Oberland. Das hier sind Kristalle, Lalique. Steht überall angeschrieben. Man muss nur ein bisschen kombinieren können. Oder lesen.»

Bergstein sieht sich erneut um, nimmt verschiedene Schriftzüge wahr und nickt bedächtig.

«Tatsächlich. Und die Leiche? Ist die auch angeschrieben?»

«Die liegt in der Sauna.»

«Dann gehen wir dahin.»

«Du nicht. Sie liegt im Lady Spa.»

«Kein Problem. Dann zieh ich mich eben aus.»

«Kommt gar nicht in Frage.» Tanja Sonderhofer fährt sich durch ihr krauses Haar und steht auf. «Nur weil du deinen kleinen Prinzen vor lauter Bauch nicht mehr siehst, macht dich das noch lange nicht zur Frau.»

«Aha! Die Sonderling hat Angst vor meinem Prinzen.»

Tanja lacht. «Jakob, solche Kleinigkeiten können mich nicht erschrecken. Mir graut vor deinem Bauch.»

«Vor meinem Bauch?» Bergstein blickt an sich herunter. «Tja, das wäre dann ein Grund mehr, in die Sauna zu gehen.»

«Ja, aber nicht in die Frauensauna.» Tanja sucht eine kleine Spiegelfläche, um ihren Schal zu richten. «Da hat's keinen Platz für einen wie dich.»

«Ich weiss gar nicht, was du hast. Meine Frau mag meinen Bauch. Und meinen Prinzen.»

Tanja schnappt sich ihre Handtasche und beugt sich zu ihm hinunter. «Du hast keine Frau.»

Bergstein fixiert ihre Augen, sie seine Augenringe.

«Aber wenn ich eine hätte, würde sie beides mögen. Und mich dazu.»

Sie fixiert ihn noch einen Moment, schüttelt den Kopf, dreht sich um und stampft in ihren schwarzen Stiefeln zur Treppe.

Bergstein grinst ihrer roten Jacke nach. Er weiss, was er an seiner flotten Assistentin hat. Sie nimmt ihm gerne alle unappetitlichen Sachen ab. Die Leichenschau zum Beispiel. Dann tätschelt er seinen Bauch. «Na mein Lieber. Mal schauen, ob ich was Leckeres für dich finde.»

Bergstein ächzt vom Hocker und setzt sich langsam Richtung Gastronomie in Bewegung. Hinter der Fensterfront glänzt etwas Metallisches im kleinen Park vor dem See. Bergstein betrachtet die Skulptur und versucht zu kombinieren. Er schüttelt den Kopf. Nicht mit leerem Magen.

An der Schwelle zum Frühstücksraum spürt er auch ohne Uhr, dass es kurz vor elf sein muss. Nur noch wenige Tische sind besetzt. Er bleibt stehen, bis er sich schlüssig wird, wo er sich hinsetzen will. Das junge Paar am Fenster wird ausgeschlossen, auch die hübsche Mutter mit ihrer pubertierenden Tochter, ebenso der sportliche Endvierziger mit seiner sportlichen Endzwanzigerin und die vier Japaner, die konzentriert auf ihren Tablets herumfingern. Bleibt nur noch der gepflegte Zeitungsleser mit den grauen Haaren, der neben einer kleinen Schale mit Früchten ein Glas Prosecco stehen hat und so aussieht, als ob er schon seit Stunden häppchenweise frühstücken und beim Umblättern der Zeitung ein wenig die Leute studieren würde.

Bergstein setzt sich an den Nebentisch. Eine junge Angestellte im schwarzen Livree mit Weste, roter Krawatte und weissen Handschuhen kommt lächelnd auf ihn zu.

«Bringen Sie mir bitte einen ordentlichen Kaffee. Und sagen Sie mal, gibt's schon etwas Neues von der Leiche?»

Die junge Frau erbleicht, hüstelt und sagt leise: «Ich weiss nicht, ob ich dazu etwas sagen darf.»

«Vergessen Sie's, junge Frau. Aber vielleicht klappt es mit dem Kaffee?»

«Äh … Ja. Natürlich. Sofort.»

Auf dem Weg zur Küche huscht sie auf einen älteren Kollegen zu. Nach einem kurzen Geflüster kommt der Mann mit leicht erhobenen Brauen zu Bergstein an den Tisch.

«Entschuldigen Sie. Meine Kollegin hat Ihre Zimmernummer nicht verstanden.»

«Ich habe kein Zimmer. Ich bin hier, um den Fall in der Sauna aufzuklären. Ausserdem habe ich Hunger. Gibt's noch Reste vom Frühstück?»

«Kommissar Bergstein! Wie dumm von mir. Entschuldigen Sie bitte, dass ich Sie nicht gleich erkannt habe.»

«Schon gut.» Kripochef Bergstein nickt bedächtig. Er lässt sich gerne mit «Kommissar» anreden. Das gibt ihm so ein Fernsehgefühl. «Aber Ihre junge Kollegin macht mir Sorgen. Sie ist so bleich, als ob sie nicht gefrühstückt hätte. Wie läuft das in so einem Hotel. Frühstückt das Personal vor den Gästen und die Gäste bekommen die Reste oder ist das umgekehrt?»

«Herr Kommissar, wir sind in einem Fünf-Sterne-Haus. Da gibt es für die Gäste keine Resten.»

«Ich hab ja auch nach dem Personal gefragt. Also, ob da vielleicht der eine oder andere zu kurz kommt. Muss nicht unbedingt beim Frühstück sein. Mehr so allgemein. Ein falscher Griff zur falschen Zeit, man wird ertappt …»

«… und bringt dann einen Gast um? Herr Kommissar, in einem Fünf-Sterne-Haus bringt das Personal keine Gäste um. Dafür sind wir nicht ausgebildet.»

«Die Leiche ist ein Gast?»

«War ein Gast, Herr Kommissar. War. Im Spätsommer.»

«Aha.» Bergstein kratzt sich an der Hüfte. «Fünf Sterne, sagen Sie. Weiss dann das Personal auch, wie so ein Gast heisst?»

«Es gibt Gäste und Gäste und es gibt Personal und Personal.»

Bergstein holt tief Luft. «Nehmen wir mal an, ich spreche soeben mit einem Teil des Personals, der etwas mehr weiss, als er für die Arbeit unbedingt wissen muss. Wie würde dann die Leiche heissen?»

«Die Leiche hiesse dann Eberhard Eberhard.»

«Eberhard Eberhard? Ein Mann in der Frauensauna? Was hat er denn da getan?»

«Nun ja, ein Fünf-Sterne-Kommissar würde das wohl herausfinden. Dazu müsste er aber wissen, dass Herr Eberhard nicht in der Frauensauna aufgefunden wurde, so etwas führen wir nämlich nicht, sondern in einem Spa Cottage. Aber bevor Sie sich um solche Details kümmern, geniessen Sie doch zuerst unser reichhaltiges Frühstücksbuffet. Sie sind natürlich Gast des Hauses. Ihr Kaffee kommt sofort.»

Mit einem Lächeln verbeugt er sich und geht Richtung Küche.

Bergstein seufzt, aber er hat sein Ziel erreicht. Der Grauhaarige ist aufmerksam geworden.

«Verlieren die ihre Haltung hier eigentlich gar nie?», fragt er den Zeitungsleser. «Jetzt habe ich ihn doch so schön provoziert und er bleibt immer noch freundlich.»

Der Grauhaarige lächelt und faltet seine Zeitung zusammen.

«Herr Kommissar, in so einem Haus gehört Contenance dazu. Aber an seinem Gang hätten Sie erkennen können, dass er kocht. Und seine Bemerkung über den Fünf-Sterne-Kommissar dürfen Sie ruhig als gezielten Ausrutscher verbuchen. Sonst wehrt er sich subtiler.»

Nicht weit vom Ufer entfernt gleitet ein Dampfschiff Richtung Luzern.

«Sie scheinen schon länger hier zu sein.»

«Ich bin Stammgast, Herr Bergstein. Seit vielen Jahren.»

Bergstein lässt seinen Blick dem Dampfer folgen. «Schiller», liest er und denkt: Schillerlocken. Mozartkugeln. Strausseneier. Na also, das mit dem Kombinieren klappt ja doch noch.

«Stammgast also. Da lernt man das Personal mit der Zeit schon kennen. Wie sieht es denn mit anderen Gästen aus. Mit unserer Leiche zum Beispiel. Haben Sie die auch gekannt?»

«Eberhard Eberhard?» Der Grauhaarige nippt an seinem Prosecco. «Schon erstaunlich, auf was für Ideen Eltern bei der Namensgebung kommen, finden Sie nicht?»

Bergstein wendet sich dem Grauhaarigen zu. «Gebranntes Kind?»

«Nein. Wo denken Sie hin. Meine Eltern haben alles richtig gemacht. Frederik. Frederik Imbühl, wenn es das ist, was Sie wissen wollen. Aber Eberhard Eberhard, Herr Kommissar … so etwas prägt. Kein Wunder, dass er sich gerne als Eberhard Immerhart vorstellte. Natürlich nur beim weiblichen Geschlecht.»

«So etwas funktioniert?»

«Zur richtigen Zeit am richtigen Ort funktioniert fast alles. Da kommt es nicht auf Inhalte oder Etikette an.»

Bergstein möchte wissen, ob dieser Immerhart denn ein besonderes Gespür für die richtige Zeit und den richtigen Ort gehabt habe.

Imbühl betrachtet seinen Prosecco. «Nein. Das hat er nicht. Er hat den Spruch einfach bei jeder Frau angebracht, meistens mehrfach und jedesmal derber verpackt.»

«Dann passt ja der Eber in seinem Namen.»

Imbühl schüttelt den Kopf. «Eberhard war mehr als ein männliches Schwein. Er war ein Keiler, eine männliche Wildsau.»

Bergstein wundert sich über die harten Worte und den bitteren Unterton, die nicht zu Frederik Imbühl passen wollen. Aber vorerst will er sich damit noch nicht auseinandersetzen. «Sonst noch was, das ich wissen müsste?»

«Nun ja, er war hinter Raika her.»

«Reiche Russin?»

«Wellness-Team.»

«Fünf Sterne?»

«Mindestens. Aber verlobt und absolut treu.»

«Verlobt?»

«Mit Roberto.» Imbühl greift nach einer Traube. «Ein kluges Bürschchen. Südtiroler. Er will dort etwas Eigenes aufbauen und macht hier eine Ausbildung zum Hotelfachmann. Das heisst, er arbeitet abwechslungsweise in fast allen Bereichen, Rezeption, Housekeeping, Service und so weiter.»

«Wusste er von den Absichten der Wildsau?»

«Roberto und Eberhard haben sich gut verstanden.» Die Traube verschwindet langsam zwischen Imbühls Lippen. Bergstein versucht, das Wasser in seinem Mund nicht zusammenlaufen zu lassen. Die Qual ist nur kurz. Die Traube hindert Imbühl nicht am Reden. «Sagen wir es so: Roberto hat eine feine Nase für mögliche Investoren, und er weiss, wie Eberhard zu nehmen ist. Also zu nehmen war. Möglicherweise haben sie sich aber zerstritten. Irgendwann wurde gemunkelt, Eberhard habe ihm für ein Schäferstündchen mit Raika eine nicht ablehnbare Summe geboten. Wie in diesem amerikanischen Film. Typisch für Eberhard. Er kann nur kopieren.»

Bergstein kratzt sich an der Hüfte. «Wo finde ich denn diesen Roberto?»

«Fragen Sie an der Rezeption. Aber geniessen Sie doch zuerst das Frühstück, solange das Buffet noch offen ist. Ich leiste Ihnen gerne Gesellschaft.»

Bergstein muss sich beherrschen, dass er seinen Teller nicht überlädt. Erfolglos. Er kommt mit zwei überhäuften Tellern an den Tisch zurück und erfährt von Frederik Imbühl viel Unappetitliches über Eberhard Eberhard. Das stört ihn zwar nicht beim Essen, aber das Essen stört seine Konzentration. Was bei ihm hängenbleibt, sind ein paar Fragmente. Eberhard sah ziemlich gut aus und kam auch ohne Stil zum Ziel. Er muss ein leidenschaftlicher Spieler gewesen sein und viel Zeit im Grand Casino in Luzern verbracht haben. Er habe sich gerne mit dem hoteleigenen Boot dorthin bringen lassen und auch sonst praktisch auf alles gewettet, was man sich vorstellen könne. Auch habe es ihm besonderen Spass gemacht, sich an Frauen heranzumachen, die bereits vergeben waren. Imbühl deutet auf die sportliche Endzwanzigerin, die am Arm des sportlichen Endvierzigers den Frühstücksraum verlässt. Das wäre genau sein Beuteschema. Er hätte wohl mit sich selbst eine Wette abgeschlossen, dass er sie herumkriege.

«Soso, sein Beuteschema», murmelt Bergstein abwesend, weil er gerade mit dem frisch zubereiteten Spiegelei beschäftigt ist und sich fragt, wie er einen oder zwei Tage in diesem Hotel verbringen könnte. Das Frühstück jedenfalls wäre genau sein Beuteschema.

An der Rezeption erfährt er, dass Roberto und ein paar andere Angestellte schon von Frau Sonderhofer gefunden worden seien. Sie würden sich in der Bibliothek unterhalten. Dann wolle er sich das Zimmer ansehen, in dem Herr Eberhard letzten Herbst logiert habe. Ob es denn frei sei. Noch die ganze Woche, meint die Rezeptionistin, und wie sie ihm den Schlüssel aushändigt, rauscht Tanja Sonderhofer um die Ecke.

«Du willst ins Zimmer des Tiefgefrorenen?»

«Tiefgefroren? Der Eberhard? In der Sauna?»

«Du weisst also auch schon, wie er heisst. Ja, irgendjemand hat ihn tiefgefroren. Aber in der Tiefgarage. Nicht in der Sauna.»

Also auch nicht in einem Spa Cottage, wie mir der Kellner weismachen wollte, denkt Bergstein. Das war dann wohl die subtile Variante seiner Rache. Laut sagt er: «Tiefgefroren. Das wird ihm gefallen. Sogar im Tod noch richtig immerhart.»

Tanja lacht. «Auch das ist schon zu dir durchgedrungen. Gehen wir hoch in sein Zimmer?»

Bergstein nickt. In den nächsten Minuten erhält er einen kurzen Abriss des Geschehens: Ein Portier wunderte sich darüber, dass eine Kühltruhe in der Tiefgarage stand und eingeschaltet war. Üblicherweise war sie nur im Sommer für besondere Anlässe im Einsatz. So war er auf Eberhard gestossen. Er hatte die Situation rasch erfasst und die Polizei rufen lassen. Die Leiche selbst wies keine Spuren von Gewaltanwendung auf. Sie wurde von mehreren Angestellten als Eberhard Eberhard identifiziert. Er war letztmals im Spätsommer hier. Es war darum anzunehmen, dass er in jener Zeit tiefgefroren wurde.

«Und unser Rechtsmediziner versucht, diese These zu bestätigen», schliesst Tanja ihren Bericht, während Bergstein sich mit dem Zimmerschlüssel abmüht. Plötzlich klickt es und die Tür lässt sich öffnen. Bergstein murmelt: «Lass mich allein da rein.»

Tanja lacht. «Und ich soll wohl mit der Pistole in der Hand den Korridor sichern? Jakob! Der Mann ist schon einige Wochen tot. Das Zimmer wurde schon mehrfach wieder vermietet. Da sind keine Gangster mehr drin.»

«Sonderling. Mein Bauch sagt mir: Bergstein, geh allein da rein!»

Tanja lacht. «Das einzige Wort, das dein Bauch kennt, heisst Hunger. Darüber hinaus ist dein Bauch zu keiner Unterhaltung fähig.»

«Sonderling, ich ermittle hier undercover. Also sozusagen unter den Bettlaken. Und da ist es nicht gut, wenn man uns beide dort erwischt.»

«Mann, Jakob! Du und ich unter einem Laken! Es gibt keinen Gedanken, der mich schneller in die Flucht schlägt. Wenn du was findest, sag mir Bescheid.»

Als sie in ihren schwarzen Stiefeln davonstampft, murmelt Bergstein: «Übrigens danke, Sonderling.»

Sie bleibt stehen, ohne sich umzudrehen.

«Wofür?»

«Dafür, dass du die Leiche ins Lady Spa gezaubert hast.»

«Keine Ursache. Muss ja nicht jeder wissen, dass du der Kripochef bist, der keine Leichen sehen kann.» Und schon stampft sie weiter.

Bergstein weiss eigentlich auch nicht, was er in diesem Zimmer finden will. Vielleicht einfach eine Welt voller Ruhe. Ein Fenster mit Sicht auf den Vierwaldstättersee und den Bürgenstock, ein frisches Bett, ein schönes Bad mit allerlei Verwöhnkram, eine gut assortierte Minibar und ein Telefon, mit dem er alles, was er sich wünscht, aufs Zimmer bestellen kann. Oder wenigstens alles, was sein Bauch sich wünscht. Und genau so sieht das Zimmer aus, als er es endlich betritt. Er stöbert herum, staunt über Bademäntel und in Folie verpackte Badeschlappen, öffnet die Schränke, schmunzelt über die Badewanne mit direktem Blick ins Schlafzimmer und in die Berge, greift zum Telefon und wählt die Rezeption.

«Das Zimmer von Herrn Eberhard ist für zwei Tage beschlagnahmt. Schicken Sie mir bitte alle Angestellten hoch, die in diesem Zimmer zu tun hatten. Aber erst morgen.»

Er legt den Hörer auf, stellt sein Handy aus, setzt sich aufs Sofa und schaut eine Stunde lang zum Fenster hinaus. Dann zieht er sich aus, schlüpft in Bademantel und Frotteeschlappen und lässt sich anschliessend ein paar Stunden durch den Wellnessbereich treiben. Nicht, ohne sich immer wieder zwischen Japanischem Garten, tibetischem Spa, Freiluftbad und den Massageräumen zu verirren. Aber er kommt immer wieder an den Spa Cottages vorbei und das gibt ihm das gute Gefühl, dass er hier eigentlich seinen Recherchen nachgehe. Wenn auch irregeleitet durch den Kellner.

Am Abend fühlt er sich gereinigt wie schon lange nicht mehr und will diesen Zustand möglichst schnell beenden. Er entscheidet sich für die Lalique Caviar Bar und an der Bar für den Hocker neben Frederik Imbühl. Und damit für den Geist von Eberhard Eberhard, der auch in dieser Bar seine Spuren hinterliess. Frederik erzählt ihm Gerüchte und Anekdoten und an der Miene der Bardame kann Bergstein ablesen, dass Frederik bei Weitem nicht alles weiss. Oder nicht alles erzählt.

Bergsteins Schlaf ist tief und lang. Das Erwachen ungewohnt. Er blickt in die Berge. Ob er schwimmen gehen soll? Ein geheiztes Aussenbecken. Das hört sich nicht schlecht an. Sein Handy kommt ihm in den Sinn. Er hat sich gestern tot gestellt. Der Sonderhofer wird das nicht passen. Wahrscheinlich hat sie ihm bereits hundertmal die Combox vollgeschwatzt.

Er schaltet sein Handy ein, runzelt die Stirn, drückt ein paar Tasten und als Tanja abnimmt, schnaubt er: «Keine einzige Nachricht! Willst du mir sagen, dass ihr noch nichts rausgefunden habt?»

«Guten Morgen, Herr Bergstein! Sie hören sich so frisch an. Ist alles in Ordnung?»

«Sonderling! Antwort!»

«Ja, jetzt ist wieder alles in Ordnung. Jetzt erkenne ich Sie wieder. Also Lagebericht. Die Kühltruhe war das letzte Mal im Spätsommer im Einsatz, bei einem Benefizabend, der auf der Terrasse beim Park stattgefunden hatte. Anschliessend wurde sie vorübergehend in die Tiefgarage gerollt und vergessen. Sie wurde nicht eingeschaltet. Trotzdem war sie in Betrieb, als der Portier vorbeiging.»

«Tiefgarage. Da hat praktisch jedermann Zugang.»

«Jedenfalls die Gäste, aber auch Lieferanten und das ganze Personal und so weiter.»

«Dann knöpf dir doch noch mal diesen Südtiroler vor, diesen Roberto.»

«Warum?»

Bergstein erzählt Tanja, was er über Roberto, Raika und Eberhard erfahren hat. Tanja ist nicht erstaunt, was Eberhard betrifft. Sein Name tauche immer wieder im Umfeld von dubiosen Geschäften auf, er gehöre zu den Wett- und Spielernaturen, sein Ruf sei unter jedem Hund und immer, wenn es brenzlig werde, tauche er für Monate ab. Darum habe ihn auch niemand vermisst. Raika soll bereits im Südtirol bei ihren künftigen Schwiegereltern sein und Roberto arbeite nur noch wenige Tage im «Park Weggis».

«Du hast also Recht, Jakob. Bevor er abreist, sollte ich mir den Jungen noch mal so richtig vorknöpfen. Und du, Chef?»

«Ich? Ich untersuche immer noch Eberhards Zimmer. Irgendwas stimmt da nicht. Aber ich bleibe dran.»

Bergstein legt auf und überlegt sich seinen Tagesplan. Mit Schwimmen beginnen. Warum nicht.

Zwischen einem späten Frühstück und dem nachmittäglichen High Tea mit belegten Brötchen und Kuchen spricht er mit Angestellten und Gästen. Das Bild, das er von Eberhard hat, verfinstert sich. Aber es gibt auch ein paar Dinge, die er sich noch nicht erklären kann. Eberhard sei von einem Tag auf den anderen verschwunden. Die Koffer seien von einem Taxifahrer abgeholt worden, der auch die Rechnung beglichen habe. In bar. Eberhard habe immer alles bar bezahlt, auch grosse Rechnungen.

Ansonsten stösst Bergstein auf Fünf-Sterne-Diskretion. Aber er horcht auf Zwischentöne. Bergstein hat sich auch nicht nur mit den fünf Sternen unterhalten, sondern mit der ganzen Milchstrasse, von der hoteleigenen Floristin bis zur Kioskfrau im Dorf. Da kommt einiges zusammen. Über Personal und Gäste. Das will geordnet werden. Am besten bei einer tibetischen Massage. Danach im Spa Cottage, das Eberhard bevorzugt, und anschliessend im Ruheraum, wo er zufrieden vor sich hinschnarcht.

Beim Erwachen weiss er, was zu tun ist. Er nimmt ein paar Früchte mit aufs Zimmer und ruft Tanja an. Sie bestätigt ihm, dass Raika an dem Tag ins Südtirol gefahren sei, an dem Eberhard verschwunden sei. Sie bestätigt ihm auch, dass Raika im Südtirol nicht zu erreichen sei, weil sie dort nicht angekommen sei. Roberto habe nach langem Verhör schliesslich zugegeben, dass sie Hals über Kopf abgereist sei, weil es zwischen ihnen zu einem heftigen Streit gekommen sei.

«Wegen Eberhard?», fragt Bergstein.

«Wegen Eberhard», bestätigt Tanja. «Aber Roberto schwört, mit Eberhards Tod nichts zu tun zu haben. Sie seien zwar an jenem Abend auch aneinandergeraten, aber das sei alles. Ich behalte ihn über Nacht mal hier. Vielleicht fällt ihm noch was ein. Und du? Bist du in Eberhards Zimmer schon fündig geworden?»

«Nein. Aber in meinen Hirnzellen. Bis morgen.»

Bergstein würde sich gerne frisch einkleiden, doch er ist ohne Gepäck angereist. Er freut sich trotzdem auf das Abendessen und lässt sich mit Imbühl verbinden. Sie verabreden sich für ein gemeinsames Essen im hauseigenen «Sparks». Er lässt sich Rasierzeug hochschicken und greift zu verschiedenen Crèmes.

Erfrischt setzt er sich zu Imbühl an den Tisch. Imbühl ist ein angenehmer Unterhalter und ein aufmerksamer Zuhörer. Er ist auch ein geschickter Frager und lenkt die Unterhaltung immer wieder auf die Ermittlungen. Bergsteins Aufmerksamkeit gilt aber allein dem Essen, vom Amuse-bouche über die verschiedenen Vorspeisen und den Hauptgang bis zum Dessert. Er gibt nur preis, was er preisgeben will.

Nach dem Essen lotst Bergstein Imbühl und die angebrochene Flasche Rotwein in eine Ecke hinter der Lobby, wo sie ungestört sind. Sie sitzen sich lange schweigend gegenüber, bis Bergstein fragt, ob Imbühl Roberto den Mord an Eberhard zutrauen würde.

«War es denn ein Mord? Sie haben doch gesagt, es sei keine Gewalteinwirkung festzustellen?»

«Keine äussere Gewalteinwirkung.»

«Wurde er vergiftet?»

«Wenn es so wäre, würden Sie Roberto so etwas zutrauen?»

«Vergiften gehört eher zum weiblichen Repertoire. Aber nicht ausschliesslich. Nur, warum sollte Roberto so etwas tun?»

«Zum Beispiel, weil Raika am unerschütterlichen Werben von Eberhard langsam Gefallen fand und Roberto eröffnete, dass sie ihn verlassen werde?»

Imbühl spielt mit seinen Fingern am Ohrläppchen und blickt Bergstein direkt in die Augen. Beide verharren schweigend, bis Imbühl sagt: «Nein. Das passt nicht zu Raika.»

Bergstein lässt ein paar Sekunden verstreichen. «Dann vielleicht zu Irene?»

Imbühl hält dem Augenpoker stand und greift nach der Rotweinflasche, ohne seinen Blick abzuwenden. «Sie sind ja doch ein Fünf-Sterne-Kommissar. Sie wissen alles?»

«Keine Ahnung. Ich weiss nur, dass Sie vor Jahren mit einer wesentlich jüngeren Freundin hier abgestiegen sind, mit Irene. Ich weiss, dass damals auch Eberhard hier logiert hat. Ich weiss, dass Eberhard drei Tage vor Ihnen abgereist ist, und ich weiss, dass Sie laut Rechnungen die letzten drei Abende allein gespeist haben. Eberhard hat Ihnen Irene ausgespannt.»

Imbühl lässt sich Zeit, bevor er sich der Flasche in seiner Hand zuwendet und beiden sorgfältig nachschenkt.

«Es war erniedrigend, Herr Bergstein. Und verletzend. Ausgerechnet mit Eberhard, diesem unkultivierten Angeber, der gerne von Jean Nouvel und seiner grossartigen Leistung bei der Erbauung des Kultur- und Kongresszentrums Luzern schwärmte, ohne dass er auch nur eine Ahnung gehabt hätte, was die Leitideen Nouvels gewesen waren. Aber was Irene betrifft, hat er mir die Augen geöffnet. In diesem Sinne habe ich Eberhard etwas zu verdanken. Ich hatte also keinen Grund, ihn umzubringen. Aber ich hatte allen Grund, ihn zu provozieren oder blosszustellen.»

«Sie haben wahrscheinlich den einfacheren Weg gewählt? Einen Spieler wie Eberhard zu provozieren, ist nicht besonders schwer?»

Imbühl nickt und betrachtet sein Glas. «Die Benefizveranstaltung auf der Terrasse bot den richtigen Rahmen. Eberhard war schon vor Ende der Veranstaltung sturzbetrunken. Ich habe mir eine Flasche Vodka besorgt, mich zu ihm gesellt, mit ihm geplaudert, wir haben dem Personal beim Aufräumen zugeschaut und auch, wie sie die Kühltruhe ausgeräumt und in eine dunkle Ecke geschoben haben. Als wir alleine waren, habe ich ihm von den Saunawettbewerben erzählt, bei denen es darum geht, wer es am längsten in der Sauna aushält. Einer dieser Wettbewerbe ist ausser Kontrolle geraten und habe zu einem Todesopfer geführt. Saunawettbewerbe waren also nicht mehr zu toppen, da waren wir uns einig. Man müsste es mal mit Kühlräumen probieren, meinte ich. Oder mit Kühltruhen. Eberhard war sofort in seinem Element. Er bot mir als Wette an, dass er es in einer Kühltruhe länger aushalten würde als ich. Ich zierte mich natürlich, was ihn noch mehr anstachelte. Er schloss die Kühltruhe an den Strom an und stellte sie gleich auf maximale Kälte ein. Wenn schon, denn schon, lachte er, ein Immerhart gebe sich nicht mit halben Sachen ab. Er machte mir den Vorschlag, dass er zuerst reinsteige, und wenn er wieder rauskomme, könne ich immer noch überlegen, ob ich auch reinsteige oder die Wette verloren geben wolle. Ich schlug ein. Eberhard leerte einen riesigen Schluck Vodka in sich hinein, kletterte in die Kühltruhe, schloss den Deckel bis auf einen Spalt und am nächsten Morgen, als ich nachsah, war er erfroren. Ich habe nur noch den Deckel geschlossen, den Hausdienst beim Wegbringen der Kühltruhe beobachtet und die Kühltruhe anschliessend wieder eingeschaltet, damit der

Eber nicht zu stinken beginnt und man die Kühltruhe wegwerfen muss. Keine kriminelle Handlung erkennbar, Herr Kommissar.»

Bergstein lehnt sich zurück und faltet die Hände hinter seinem Kopf. Er atmet tief durch. «Sie haben wahrscheinlich Recht. Da kann ich Sie nicht belangen. Schade, dass das alles so schnell gegangen ist. Ich wäre gerne noch ein paar Tage geblieben.»

Imbühl lächelt. «Sie wissen noch nicht alles, Herr Kommissar. Nehmen wir an, der tiefgefrorene Eberhard hätte in seiner Brusttasche ein kleines schwarzes Notizbuch gehabt, das für die Polizei von grösstem Interesse wäre. Ein gewisser Frederik Imbühl wird Ihnen, sagen wir, in zwei oder drei Tagen, davon erzählen. Weil das Notizbuch aber bei der Leiche nicht gefunden wurde, werden Sie die ganze Truppe aufbieten, um Eberhards Zimmer auseinandernehmen zu lassen. Bis dahin bleibt dieser Teil der Geschichte unter uns.»

Bergstein beugt sich vor. «Ich nehme an, dieses Notizbuch gibt es tatsächlich?»

Imbühl nickt. «Wir müssen es nur noch gut im Zimmer verstecken.»

Bergstein streicht sich über sein frisch rasiertes Kinn. «Drei weitere Tage im ‹Park Weggis›. Da können wir ja noch eine Flasche bestellen.»

APPENZELL AUSSERRHODEN

SCHLAWAGGI
ALICE GABATHULER

«… beenden wir unser Schwerpunktthema Helikoptermütter.»

Der Newsmoderator geht zur nächsten Meldung über. Arthur bekommt davon nichts mehr mit. Ein Wort, das er bis vor wenigen Minuten nicht einmal kannte, hat ihn mitten in die jämmerliche Realität seines Lebens geschleudert. Helikoptermütter.

Mit der Präzision eines Skalpells dringt der Begriff unter Arthurs Schädeldecke, breitet sich über die Blutbahnen aus und brennt sich in sein Herz. Szene um Szene der eben gesendeten Reportage zieht noch einmal an ihm vorbei: Die Tochter, die das Handy mit der rosa Schutzhülle gewissenhaft in den Schulthek steckt und zu einem blinkenden Punkt auf dem Tablet ihrer Mutter wird. Die Frau, die, am Küchentisch sitzend, gebannt diesem Punkt folgt, bis er das Schulhaus auf der virtuellen Karte erreicht. Die Erklärung der Frau, dass sie froh um diese technische Hilfe sei, ohne die sie unsägliche Ängste um ihre Tochter haben müsste. Das verlegene Gesicht der Tochter bei der Frage, wie sie diese Überwachung durch ihre Mutter findet. «Gut», sagt das Mädchen und lächelt scheu. «Mama spioniert mir ja nicht hinterher. Sie tut es, weil sie mich beschützen will. Da ist doch nichts Schlimmes dabei.»

Der letzte Satz klingt wie eine Frage. Selbst jetzt, bei der mindestens dritten Wiederholung in Arthurs Kopf. Nur sagt ihn dort nicht das fremde Mädchen aus dem Fernsehen, sondern Jasmin, seine Tochter. Es zerfetzt Arthur das Herz. Und er hat jetzt ein Wort für das, was in seinem Leben schief läuft. Helikoptermutter!

Natürlich hat Arthur immer gewusst, dass Bettina eine Glucke ist. Aber «Glucke» klingt irgendwie warm, gut und richtig. «Helikoptermutter» tut das nicht. Es klingt weder warm, noch gut, noch richtig. Sondern kalt, hart und scharf. Vor allem falsch. Denn Helikoptermütter beschützen ihre Kinder nicht, sie kreisen über ihnen und um sie herum, überwachen sie, immer und überall, nehmen ihnen die Luft zum Atmen, rauben ihnen auch noch die kleinste Rille Freiraum und … An dieser Stelle wird es Arthur zu viel. Er weiss nicht, ob er seine Hände gegen den Kopf oder auf das Herz pressen soll.

Das Herz. Damit ist es so eine Sache. Nach Ansicht seiner Mutter ist Arthurs Herz zu weich und zu gross. Schon immer gewesen. Kein richtiges Männerherz halt. Arthur hat keine Ahnung, wieso jetzt zu allem Übel nebst Helikoptern auch noch seine Mutter in seinem Kopf herumkreist, von dem sie übrigens auch nicht viel hält. Weshalb sie ihm bei jeder Gelegenheit unter die Nase reibt, dass er gottenfroh sein könne, habe ihn eine so patente und vernünftige Frau wie die Bettina überhaupt genommen.

Genau das hat sich Arthur all die Jahre auch eingeredet. Aber jetzt sitzt er auf dem beigen Sofa, das er nie gemocht hat, weil ihm eine kräftigere Farbe viel besser gefallen hätte, und erinnert sich wehmütig an die Träume, die er als junger Kerl hatte. Kanada. Weite. Freiheit. Treibenlassen. Von einem Tag zum anderen leben. Den Augenblick geniessen. Aus all dem ist nichts geworden, denn an einem Grümpelturnier ist Arthur irgendwie an Bettina hängen geblieben und sie an ihm. Und bevor er sich versah, war er verheiratet. Damit war es fertig mit den überbordenden Festen und den ausgelassenen Abenden beim «Rössli»-Steff. Als Ehemann und werdender Vater stand Arthur in der Verantwortung, und er war bereit, sie zu übernehmen. Voller Vorfreude auf das Kind, mit dem Bettina schwanger war, schickte er sich klaglos in ein behäbigeres Dasein mit Geranienkisten auf dem Fenstersims statt kunstvollen Türmen aus leeren Bierdosen auf der Theke beim «Rössli»-Steff.

Jasmin entschädigte Arthur doppelt und dreifach für seine Entbehrungen. Sie löste in ihm Glücksgefühle aus, wie er sie nie zuvor erlebt hatte. Und sie machte aus seiner Frau eine Mutter. Bettina konzentrierte ihre ganze Liebe und Aufmerksamkeit auf ihre Tochter, liess sie praktisch keinen Augenblick aus den Augen, stand mehrmals pro Nacht auf, um zu schauen, ob sie noch zugedeckt war und vor allem, ob sie noch atmete. Arthur versuchte, Bettina zu unterstützen, aber er konnte ihr nichts recht machen. Als sie empört erklärte, er hätte Jasmins Windeln falsch gewickelt, tat er es danach nicht mehr. So wenig wie das Baden seiner Tochter, das Füttern mit dem Fläschchen, das Schieben des Kinderwagens. Er schwieg und zog sich zurück. Dem Frieden zuliebe. Obwohl er erkannte, wie erdrückend Bettinas Fürsorge war, hielt er nicht dagegen an. Selbst dann nicht, wenn Jasmin im Haus bleiben musste, während andere Kinder im Sandkasten spielten, um die Wette rannten oder mit ihren Fahrrädern durchs Quartier fuhren. Wegen der Gefahren im Allgemeinen und den Bakterien im Besonderen.

«Der Aeschbacher wird auch immer älter», hört Arthur seine Frau von weiter sagen. Benommen taucht er aus seinen Erinnerungen auf und merkt, dass sowohl das Leben als auch das Fernsehprogramm in der vergangenen Viertelstunde weitergegangen sind. Neben ihm sitzt Bettina mit verkniffenem Mund. Aus dem Bildschirm strahlt ihn Fernsehmann Kurt Aeschbacher so aufmunternd lächelnd an, als wolle er ihm sagen, es sei alles nur ein böser Traum gewesen. Doch das war es nicht. Arthur erkennt glasklar, was er ist: ein Schlawaggi, ein Schlappschwanz von einem Mann. Das Schlimmste daran ist: Er hat nicht nur sich selbst aufgegeben, er hat auch Jasmin im Stich gelassen. Arthur steht auf und wankt nach oben, in das Schlafzimmer mit den Geranien vor den Fenstern und der rot-weiss karierten Bettwäsche.

In dieser Nacht denkt er nach. Über viele Dinge. Sich. Sein Schweigen. Helikoptermütter. Bettina. Jasmin. Das Herz. Er wälzt sich vom Rücken auf die Seite, von der Seite auf den Bauch und dann wieder auf den Rücken. Zieht die Decke über den Kopf, schlägt sie zurück, nur um sie erneut hochzuziehen. Dabei kommt er sich vor wie auf einem turbulenten Langstreckenflug ohne Zwischenlandungen. Abgehoben an dem Tag, als er Bettina kennenlernte. Und jetzt direkt auf dem Sturzflug in die Scherben seiner Ehe.

Kurz vor dem Morgengrauen reisst Arthur das Höhenruder nach oben. Wenn er sich mit Bettina noch in irgendeiner Sache einig ist, dann darin, dass die Familie über alles geht. Klar, er hätte viel früher sagen sollen, was er nicht gut findet. Sein Fehler. Aber vielleicht ist die Sache ja gar nicht so verkachelt, wie sie in der Nacht ausgesehen hat.

Beim Frühstück scheint tatsächlich alles weniger schlimm, als es sich Arthur in seinen schlaflosen Stunden ausgemalt hat. Jasmin erzählt von einem geplanten Schulausflug auf dem Lillyweg. Ihre Begeisterung zaubert ein Lächeln auf Arthurs Lippen. Er mag die farbenfrohen Bilder der Bauernmalerin Lilly Langenegger genauso sehr wie seine Tochter. Für Bettina sind sie altmodischer Kitsch. Das Lächeln stiehlt sich aus Arthurs Gesicht.

«Ich weiss nicht, was sich die Frau dabei denkt», sagt Bettina, nur um die Antwort gleich selbst zu geben. «Vermutlich gar nichts. Der Weg ist viel zu gefährlich für Drittklässler.»

Mit «die Frau» meint sie wahrscheinlich Jasmins Lehrerin. So wie sie mit «der Halsabschneider» den Metzger Schläpfer meint und mit «der Idiot» den portugiesischen Erntehelfer auf Alder Heiris Hof.

Jasmins Kopf verschwindet beinahe zwischen den Schultern. Trotzdem wagt sie etwas, was sie viel zu selten tut. Sie widerspricht ihrer Mutter. «Mama, der Lillyweg ist doch für Kinder! Der ist nicht gefährlich!»

Bettina presst die Lippen zusammen. Dabei zieht es ihre Mundwinkel nach unten. Arthurs Herz hämmert hart gegen die Brust. Aber er sagt nichts. Er steht auf, fährt seiner Tochter liebevoll über die Haare und verabschiedet sich, ohne auch nur einmal den Blick seiner Frau gesucht zu haben. In einer knappen halben Stunde wird sie ihr Tablet hochfahren und jeden Schritt ihrer Tochter online verfolgen. Arthur schaut auf das Gerät auf dem Küchentisch und hat den beinahe unkontrollierbaren Wunsch, es mit einer heftigen Handbewegung auf den Boden zu fegen.

Noch am selben Abend tut er das, was er längst hätte tun sollen. Er spricht an, was seiner Meinung nach falsch läuft.

«Findest du nicht, dass du es mit deiner Fürsorge für Jasmin etwas übertreibst?», fragt er. Es soll nicht wie ein Vorwurf klingen, eher beiläufig und spontan. Deshalb lässt er den Satz mitten in der Sendung «Landfrauenküche» fallen, nicht in das unangenehme Schweigen, das sich jeweils zwischen ihn und Bettina legt, nachdem sie den Fernseher ausgeschaltet haben.

«Übertreiben?», zischt sie. «Was meinst du denn damit?»

Arthur lässt sich nicht entmutigen. Er ist entschlossen, die Sache zu Ende zu bringen, jetzt, wo er sie angefangen hat.

«Du siehst überall Gefahren. Sogar auf dem harmlosen Lillyweg. Und deshalb überwachst du Jasmin. Wie … Wie eine …» Im letzten Moment bremst er ab. Das Wort «Helikoptermutter» käme bei Bettina schlecht an.

Nun, auch so kommt Arthurs Bemerkung bei Bettina schlecht an. Ihr Gesicht färbt sich rot. Ihre Augen funkeln.

«Wie eine Glucke?» Sie richtet ihren Zeigefinger auf ihn. «Ich bin keine Glucke! Ich sehe die Welt, wie sie ist, und handle. Es können ja nicht alle so naiv sein wie du. Kriminalität gibt es längst nicht mehr nur in der Stadt.»

Das ist ein Argument, dem Arthur nicht viel entgegensetzen kann. Seine Lokalzeitung ist immer gut gefüllt mit Meldungen über Unglücksfälle und Verbrechen. Er würde diese Meldungen ja nicht lesen, aber Bettina versorgt ihn ungefragt bei jedem Mittagessen mit den neusten Nachrichten aus der Welt des Bösen.

«Das stimmt schon», gibt er zu. «Aber das sind doch meist Verkehrsunfälle und kleinere Einbrüche. Keine Kindsentführungen und schon gar keine Morde.»

«Und der Fall Ylenia?»

Arthur schluckt. Sein Speichel rinnt in einen schlagartig flau gewordenen Magen. Ylenia. Das tote Mädchen aus Appenzell. Gefunden in einem Wald, in dem es verscharrt worden war wie ein Tier.

«Aber ...»

«Kannst du nicht endlich still sein?», fällt ihm Bettina ins Wort und stellt den Fernseher lauter.

Zum flauen Gefühl in Arthurs Magen gesellt sich Bitterkeit. In der einen Minute ein ermordetes Kind erwähnen und in der nächsten den «Landfrauen» zuschauen, wie sie einen Braten aufschneiden und dekorativ auf einer Platte anrichten! So etwas ist doch nicht normal! Arthur hat das Gefühl zu ersticken, wenn er noch eine Sekunde länger in der Stube bleibt. Er steht auf und zieht sich in seine Werkstatt zurück. Aber dort, wo er sonst Ruhe findet, wüten Gedanken, Stimmen und Bilder in seinem Kopf. Er versucht, sie zu ordnen, so, wie er seine Werkzeuge ordnet. Es gelingt ihm nicht. Arthur findet keine Kriterien, nach denen er das Durcheinander sortieren kann. Er weiss nur, dass er jetzt nicht locker lassen darf. Er muss es noch einmal versuchen.

Ein paar Tage später ist er bereit dafür. Diesmal wählt er einen anderen Zeitpunkt. Er wartet, bis Bettina den Fernseher ausgeschaltet hat.

«Ich denke, du …», krächzt er und muss sich erst einmal den Kloss aus der Kehle räuspern, bevor er weiterreden kann. «Ich denke, es tut Jasmin nicht gut, sich ständig überwacht zu fühlen.»

Noch während er die Worte ausspricht, wünscht er sich, er hätte sein Anliegen anders formuliert. Nicht beinahe gleich wie beim letzten Mal. Kein Wunder reagiert Bettina wie eine gereizte Giftschlange. «Wer sagt denn, dass sie sich überwacht fühlt?»

Arthur ringt nach einer Antwort. Bevor er auf die sorgsam zurechtgelegten Begründungen in seinem völlig überforderten Kopf zurückgreifen kann, drängt ihn Bettina weiter in die Defensive. «Hat sich Jasmin etwa bei dir beschwert?»

Arthur schüttelt den Kopf.

«Wo ist dann das Problem?»

«Ich finde, du übertreibst es mit deiner … Fürsorge.»

Bettina verschränkt ungeduldig die Arme, doch Arthur gibt nicht klein bei. Nicht dieses Mal! «Diese ganze Sache mit dem Tablet … So viel Überwachung und Kontrolle ist nicht gut für ein Kind. Also, mir würde das nicht behagen.»

«Himmel noch mal, Arthur! Es geht hier nicht um dich!» Mit energischen Schlägen klopft Bettina die Kissen auf dem Sofa aus. «Das Tablet zeigt mir, wo Jasmin ist. Das gibt ihr und mir Sicherheit.»

«Aber so lernt sie nie …»

«Was wir machen, ist richtig», unterbricht ihn Bettina.

Arthur hätte sie gerne darauf hingewiesen, dass dieses «Wir» kein «Wir» ist, sondern ein «Ich». Er seufzt.

«Ich bin die Mutter», fährt ihn Bettina an. «Du hast keine Ahnung, wie das ist. Du bist ja den grössten Teil des Tages bei der Arbeit. Manchmal sogar am Samstag. Wann kümmerst du dich schon gross um unsere Tochter?»

Jeder Satz ist ein Pfeil mitten in Arthurs Herz. Verflucht noch mal! Es ist nicht so, dass er überhaupt nichts getan hat! Die Arbeit am Samstag? Für die Familie. Sein Einkommen reicht nicht für ein Leben, wie Bettina es sich wünscht. Deshalb verdient er sich mit Schwarzarbeit ein paar Franken dazu. Seine Bitte, Bettina möge sich doch eine Teilzeitstelle suchen, ist bei ihr auf taube Ohren gestossen. Nur zu gut erinnert sich Arthur, wie er das Thema angesprochen hat, als Jasmin in den Kindergarten gekommen ist. «Mit den Blockzeiten ist das doch kein Problem mehr», hat er argumentiert. Aber damit ist er bös abgeblitzt. Er habe ja keine Ahnung, was sie als Familienmanagerin alles leiste, ohne je Anerkennung oder gar Wertschätzung für diese anspruchsvolle Aufgabe zu erhalten, hat ihm Bettina an den Kopf geschleudert. Um dann das Killerargument zu bringen: «Wir haben es vor der Geburt so abgemacht.»

Das hatten sie tatsächlich. Arthur hätte auch nie von Bettina verlangt, sich eine Arbeit zu suchen, solange Jasmin klein war. Doch nun ist sie bereits in der dritten Klasse, verbringt den ganzen Morgen in der Schule und auch fast jeden Nachmittag. Andere Frauen im Dorf mit Kindern in Jasmins Alter arbeiten ein paar Stunden. Weder diese Mütter noch ihre Kinder kommen Arthur unglücklich vor. Im Gegenteil. Einige der Frauen sind richtig aufgeblüht und scheinen Arthur sogar schöner als früher. Das mit der Schönheit kann er Bettina nicht sagen. Aber das mit der Zufriedenheit hat er einmal erwähnt, was ihm einen giftigen Blick und eine spöttische Bemerkung eingebracht hat.

An all das muss Arthur denken, als Bettina die Kissen zurück auf das Sofa legt. Er starrt auf die beinahe millimetergenaue Ausrichtung der Kissen und ihm wird schlagartig klar, dass er ein weit grösseres Problem hat als eine Helikoptermutter mit einer krankhaften Kontrollwut. Er liebt seine Frau nicht mehr.

Nein, schlimmer!, durchfährt es ihn.

Er hasst diese Frau, die immer zu wissen glaubt, was für ihre Familie das Richtige und vor allem das Beste ist. Er hasst diese Frau, die ihre Tochter zu einem ängstlichen, unsicheren Kind ohne Freunde erzogen hat. Er hasst diese Frau, die ihn in ein Leben gedrängt hat, wie er es nie wollte. Er hasst diese Frau, von der er sich zum Schlawaggi machen lassen hat. Es ist eine Offenbarung der brutalsten Art. Arthur ringt nach Luft, das Herz hämmert im Hochfrequenzbereich. In ihm schreit eine Stimme so laut, dass es wehtut: Ich hasse sie, ich hasse sie, ich hasse sie. Er rennt ins Bad und übergibt sich.

Die Wucht, mit der ihn seine Gefühle überwältigt haben, jagt Arthur eine heillose Furcht ein. Nächtelang schläft er kaum noch. Das Wort «Scheidung» schleicht sich in seine Gedanken. Aber Arthur kann sich nicht scheiden lassen! Nach Abzug der Alimente bliebe ihm so wenig übrig, dass er sich genauso gut von einer Brücke stürzen könnte. Arthur will aber nicht von einer Brücke springen. Arthur will auch nicht allein in einer kleinen Wohnung hocken und Alimente bezahlen. Er will neu anfangen. Endlich wieder leben, wie es ihm gefällt. Zusammen mit Jasmin, ohne Bettina. Ihr ein guter Vater sein. Nachholen, was er versäumt hat. Doch da gibt es ein schier unlösbares Problem: Bettina würde ihm Jasmin nicht überlassen, und kein Gericht der Erde würde ihm seine Tochter zusprechen.

Irgendwann, in einer seiner unzähligen Albtraumnächte, erwacht Arthur pflotschnass geschwitzt, aufrecht im Bett sitzend, das Kissen in den Händen, bereit, es auf Bettinas Gesicht zu drücken. Ihr einfach die Luft abzuklemmen. Bis sie das Atmen einstellt. Seine Vernunft hält ihn im letzten Moment zurück. Er muss das Problem auf eine andere Art lösen.

Auf die rettende Idee bringt ihn ausgerechnet Bettina. Als Arthur mit einer schweren Erkältung zu Hause am Küchentisch sitzt und Tee trinkt, beobachtet er, wie sie gebannt dem roten Punkt auf dem Tablet folgt. In dem Augenblick, in dem sie «Warum nimmt sie nicht die Herrengasse?», murmelt, hat er eine Erleuchtung. Er muss sich zusammennehmen, um nicht auf der Stelle zu fragen, wie das mit den roten Punkten funktioniert, und wie man wissen kann, wo sich eine Person gerade aufhält.

Unter dem Vorwand, Ruhe zu brauchen, verkriecht er sich in sein Bett und versucht, sich an alles zu erinnern, was in der Reportage über Helikoptermütter gesagt worden ist. Das Wort «App» fällt ihm ein. Arthur besitzt zwar ein Geschäftshandy für die Arbeit, aber damit kann man nur telefonieren. Na gut, auch Kurznachrichten schreiben. Das jedoch nur theoretisch. Arthur hat noch nie in seinem Leben eine SMS geschrieben. Wenn er etwas vom Chef wissen will, ruft er ihn an. Umgekehrt gilt dasselbe, denn der Chef teilt Arthurs Abneigung gegen die moderne Technik, wenn auch aus anderen Gründen. Er braucht Arbeiter, die arbeiten, nicht solche, die im Internet surfen.

Arthur diagnostiziert sich zusätzlich zu der Erkältung eine zu unterwürfige Haltung gegenüber seinem Chef und eine technische Bildungslücke, die er schnellstmöglich zu füllen gedenkt. Jetzt gleich geht nicht. Zu auffällig. Während er schniefend und niesend unter der Decke liegt, arbeitet er in Gedanken einen Plan aus, der ihn anfangs erschreckt, ihm aber zunehmend als die einzig logische Konsequenz seiner Lage vorkommt. Nun braucht er nur noch die nötigen Informationen und das passende Gerät dazu.

Obwohl Arthur noch nicht wieder ganz auf dem Damm ist, erklärt er Bettina zwei Tage später, er fühle sich fit genug für die Arbeit. Dann belügt er zum ersten Mal in seinem Leben seinen Chef. Es gehe ihm zwar besser, doch es sei wohl gescheiter, wenn er einen weiteren Tag zu Hause bliebe. Erstaunt stellt er fest, wie leicht ihm diese Lügen fallen. Vielleicht liegt es daran, dass er in den vergangenen fiebrigen Stunden den perfekten Mord ausgeheckt hat. Beinahe rutscht Arthur ein Kichern über die Lippen. Im letzten Augenblick gelingt es ihm, aus dem Kichern einen veritablen Hustenanfall zu machen.

Er ist schon im Flur, als ihm siedend heiss ein Gedanke kommt. Was, wenn auch er auf Bettinas Tablet ein roter Punkt ist? Hastig zieht er sein Mobiltelefon aus der Hosentasche und steckt es in seine alte Helly-Hansen-Jacke, die er nur zum Holzfällen trägt. Dann geht er zielstrebig in die Garage, steigt in seinen Subaru fährt ohne einen Blick zurück Richtung St. Gallen. Das ist weit genug weg von zu Hause und vor allem auch anonym.

Trotz aller Vorsichtsmassnahmen betritt Arthur den Mobilfunkshop mit einem unangenehmen Ziehen im Bauch. All diese Technik! Wenn er sich bloss nicht blamiert und damit zu viel Aufmerksamkeit auf sich zieht! Zum Glück muss er warten. Er nutzt die Zeit, um sich die ausgestellten Tablets und Handys anzuschauen und anderen Kunden zuzuhören. So viele Wörter, die er nicht kennt! Kauderwelsch. Wäre Arthur nicht auf einer Mission mit klarem Ziel, würde er den Rückzug antreten. So aber geht er noch einmal die Strategie durch, die er sich zurechtgelegt hat. Ein Smartphone will er. Weil er nicht nur einen roten Punkt überwachen will, sondern auch telefonieren muss. Und zwar mit Menschen, deren Kontaktdaten auf seinem Arbeitshandy nichts verloren haben.

Zu seiner Überraschung ist alles viel einfacher, als er sich das vorgestellt hat. Eine freundliche Verkäuferin spricht ihn an. «Ellen» steht auf ihrem Namensschild. Nur Ellen, ohne Nachnamen. Sie beantwortet seine Fragen, ohne ihm das Gefühl zu geben, er sei ein bemitleidenswerter Dorftrottel. Arthur ist versucht, sich umzudrehen und zu schauen, ob Ellen mit jemandem hinter ihm spricht, doch dann wird ihm bewusst, dass er nicht mehr der Schlawaggi ist, zu dem er in den letzten Jahren geworden ist. Er ist Arthur, der verwegene Draufgänger. Der Mann mit einem tödlichen Geheimnis. Schon wieder überfällt ihn der Drang zu kichern. Er räuspert sich.

«Können Sie mir auch das mit den Apps erklären?»

Ellen lächelt ihn an.

«Natürlich.»

Schön ist sie. Mit kurzen dunkelbraunen Haaren, warmen Augen, einem rot geschminkten Mund und einem kleinen Piercing im linken Nasenflügel. Arthur staunt über die lackierten Fingernägel, die treffsicher auf diesen kleinen Feldern im Display landen. Noch mehr staunt er darüber, was passiert, wenn sich diese Felder öffnen. Apps, denkt er, sind eigentlich eine ziemlich spannende Sache. Ab und zu muss er dem Drang widerstehen, an Ellens Haaren zu riechen oder sich vorzustellen, wie sich ihre vollen Lippen bei einem Kuss anfühlen würden. Er weiss nicht, ob es an Ellen oder seiner Entschlossenheit liegt, dass er praktisch alles versteht, was sie ihm erklärt. Vielleicht sind diese Apps aber auch schlicht eine simple Sache.

Eine gute Stunde später verlässt Arthur den Laden, in der Einkaufstüte ein Smartphone, im Magen ein aufgeregtes Kribbeln. Bevor er in seinen Subaru steigt, riecht er unauffällig an der Tüte. Ein Hauch von Ellens Parfum steigt ihm in die Nase. Er startet den Motor. Auf FM1 läuft ein Song, der ihn an gute Tage in seiner Vergangenheit erinnert. «Yeah!», raunt er und fährt los.

Zu Hause versteckt er sein neues Smartphone in der Werkzeugkiste. Beim Nachtessen schneuzt er ein paarmal heftig.

Bettina schaut angeekelt weg und fragt nicht, wie es ihm geht. Es ist Jasmin, die sich erkundigt, ob es ihm wieder besser gehe.

«Es ist schon fast wieder gut», sagt Arthur.

Richtig gut wird es erst sein, wenn Bettina aus seinem Leben verschwunden ist.

Arthur lernt schnell. Für seine Recherchen im Internet benutzt er das Smartphone. Stundenlang sitzt er in der Werkstatt und ruft Seite um Seite auf. Was man da nicht alles findet, wenn man nur hartnäckig genug sucht! Sogar Auftragsmörder kann man für erstaunlich wenig Geld buchen. Arthur entscheidet sich für Karl. Den Albanern traut er nicht über den Weg, den Russen sowieso nicht. Ausserdem spricht er keine Fremdsprachen, und Karl kann Deutsch. Arthur tastet sich mit vorsichtigen Fragen an diesen selbsternannten Killer heran. Erst als er überzeugt ist, dass es sich bei Karl um einen Profi handelt, einigt er sich mit ihm und bestellt gleich noch ein paar Zusatzleistungen.

Dank einer App, die er mit Hilfe von Anleitungen aus dem Internet installiert hat, ist er jederzeit darüber informiert, wo sich seine Frau aufhält. Zufrieden stellt er fest, dass Bettinas Bewegungsraster mit den Einträgen im Kalender übereinstimmt, in den sie jeden noch so unwichtigen Termin einträgt, seit sie sich Familienmanagerin nennt. «Familienmanagerin» und «Helikoptermutter»: Ein Albtraum-Wortgespann, findet Arthur. In diesem Fall jedoch ist es ein Glückstreffer. Arthur weiss nämlich genau, wann Bettina plant, sich den Lillyweg anzusehen und ihn zur Kontrolle abzulaufen.

Er bestellt Kurt nach St. Gallen. Die geforderte Summe hinterlegt er in einem Schliessfach am St. Galler Hauptbahnhof. Den dazugehörigen Schlüssel gibt er in einem Umschlag am Empfang eines billigen Hotels für einen Gustav Fröhlicher ab. Einen Moment lang überlegt er, im Handyshop bei

Ellen vorbeischauen, doch das Risiko ist zu hoch. Leider, wie er sich seufzend eingestehen muss.

Am Morgen des Tages, der sein Leben für immer verändern wird, teert Arthur den Vorplatz vom «Rössli». Als sich der rote Punkt auf dem Display seines Handys in Bewegung setzt, sendet er eine Nachricht an Karl, der bereits auf der Lauer liegt: «Die Ladung ist unterwegs.» Dann lässt er das Smartphone, das seinen Dienst getan hat, unauffällig in der heissen Teermasse verschwinden. Während er mit der Dampfwalze darüberfährt, kichert er leise vor sich hin.

Kurz vor Mittag bestellt ihn sein Chef ins Büro. Dort warten zwei Polizisten mit einer traurigen Nachricht auf Arthur. Ein deutscher Tourist hat Bettina unter dem Rossfall gefunden. Ertrunken.

«Aber ... aber ...», stammelt er. «Das muss ein Irrtum sein. Meine Frau ist daheim. Sie kocht das Mittagessen für mich und Jasmin. Wie immer.»

Den Polizisten steht das Mitleid ins Gesicht geschrieben. «Geht Ihre Frau öfters alleine wandern?»

Arthur schüttelt den Kopf.

«Können Sie sich erklären, was sie an der Urnäsch wollte?»

Das könnte Arthur ganz genau. Aber er will nicht. Stattdessen verdrückt er ein paar Tränen. «Nein.» Er schluchzt auf. «Das ... das ist ... Meine Tochter ... Wo ... Wo ist meine Jasmin? Hat jemand? ... Um Himmels willen!»

Arthur schlägt die Hände vor die Augen und weint nun wirklich. So sehr, dass es ihn richtiggehend durchschüttelt. Die Polizisten nehmen ihn in ihre Mitte. Bettina ist nicht zu Hause. Auf dem Tisch fehlt das Tablet. Nie wieder wird es einen roten Punkt auf der Karte anzeigen, und keiner wird je erfahren, dass auch sie ein roter Punkt gewesen ist. Dafür hat Karl gesorgt.

Nach Bettinas Tod rollt eine Welle der Hilfsbereitschaft von allen Seiten her über Arthur hinweg und trägt ihn und seine Tochter durch die nächsten paar Tage. Offiziell spricht man von einem tragischen Unglücksfall. Als die Polizei Arthur fragt, ob es Anzeichen dafür gegeben habe, dass Bettina unglücklich gewesen sei, weiss er genau, worauf die Frage hinausläuft. «Meine Frau hat ihre Tochter über alles geliebt», antwortet er. «Sie hätte Jasmin nie freiwillig allein gelassen.»

Die Polizei hakt nicht weiter nach. Es bleibt bei der offiziellen Version. Bettina ist ausgerutscht, unglücklich in die Urnäsch gestürzt und bewusstlos ins Wasser gefallen.

Bei der Beerdigung fliegt ein Helikopter über den Friedhof. Arthur kann das aufsteigende Kichern nicht unterdrücken. Er tarnt es als Schluchzer. Die erste Schaufel Erde fällt auf Bettinas Sarg. Das Geräusch klingt wie ein gedämpftes «Schlawaggi».

NEUCHÂTEL

DIE KALTE SCHEUNE
ALESSIO RICCIUTI

Die Dame schien nett zu sein. Ihr Angebot, ihm einen Drink zu spendieren, kam ihm zwar etwas verdächtig vor, aber was hatte er schon zu verlieren? Es war kalt auf den Strassen, auf denen er lebte, und die Wärme eines netten Cafés würde ihm gut tun. Er war ausgesprochen vorsichtig, seitdem sein Freund Claude vor ein paar Wochen verschwunden war, aber diese Frau mit ihrem plötzlich aufblitzenden, überwältigenden Lächeln schien ihm gänzlich harmlos. Sie hatte sich als Yvette Dumont vorgestellt. Und er hatte seit ewigen Zeiten keinen ordentlichen Drink mehr genossen und war ganz wild darauf.

Maurice bestellte also ein Bier und einen Grand Marnier, den mit dem roten Band. Yvette entschied sich für ein Glas vom Hauswein, einen Beaujolais. Das hätte auch seine Wahl sein können, und er lobte sie dafür. Er war sehr hungrig, doch er schlug Yvettes Angebot aus, ihm ein Mittagessen zu spendieren. Er wollte die Situation nicht ausnützen. Stattdessen griff er sich vom Nachbartisch einen kleinen Korb mit Brot und ass davon.

Sie unterhielten sich. Yvettes Akzent war seltsam, sie erzählte ihm, dass sie aus Neuchâtel in der Schweiz käme und Krankenschwester sei, allerdings im Ruhestand. Dann fragte sie ihn über sein Leben auf den Strassen von Lyon aus und ob er nicht den Wunsch nach einem Heim habe und ob es da irgendeine Hoffnung gebe. Er antwortete ihr, dass er die Winter tatsächlich nicht mehr vertragen würde und fabulierte kurz von einem vagen Plan, wonach er sich ein Appartement besorgen wollte. Yvette sah beim Zuhören nicht so aus, als ob sie ihm glauben würde, und Maurice glaubte es selber nicht. Er spürte die mangelnde Überzeugung in seiner Stimme, ein Zeichen, dass er langsam die Begabung verlor, die Menschen zu täuschen.

«Ich will dir einen Vorschlag machen», sagte Yvette.

«Was?» Maurice kaute immer noch herzhaft auf dem Brot herum.

«Ich habe einen Bauernhof im Kanton Neuchâtel. Mein Ehemann ist vor Kurzem verstorben und ich bräuchte eine Hilfe in Haus und Hof. Nicht viel, nur jemand, der die Wände streicht und die sanitären Anlagen reparieren kann. Verstehst du, jemand, der sich mit dem Handwerk etwas auskennt.»

«Mir ist klar, dass Arbeit in der Schweiz mehr kostet als hier, aber Neuchâtel ist weit weg. Warum der ganze Weg, um mich anzustellen?»

«Ich sehe, dass du ein kluger Mann bist, also komme ich direkt zum Punkt.»

Ihr Lächeln wurde breiter, es hatte fast keinen Platz mehr auf ihrem kleinen, ehrlichen Gesicht.

«Ich bin hergekommen, um einen alten Freund zu besuchen und fuhr zufälligerweise hier entlang, als ich die Ähnlichkeit sah. Da habe ich angehalten», fuhr sie fort.

«Was für eine Ähnlichkeit?»

«Zu meinem Ehemann. Du siehst so aus wie er. Ich fühlte, dass … Ich weiss nicht, was ich sagen soll. Lass es mich so ausdrücken: Ich habe das Bedürfnis, dir zu helfen.»

«Weil ich wie dein Mann aussehe?»

«Ja, und im Austausch für deine Dienste biete ich dir ein hübsches Zuhause an, ein bequemes Bett in einem eigenen

Zimmer und regelmässige Mahlzeiten. Ich kann dir auch einen kleinen Lohn zahlen.»

Maurice hörte auf zu essen und sah sie etwas spöttisch an. Sein Gesicht verzog sich, er spürte, wie seine tiefen Falten Zeugnis vom harten Leben gaben, das er führte. Er musterte Yvette gründlich, aber er sah kein Anzeichen von Bösartigkeit. Sie hatte die unschuldigsten grüngrauen Augen, die er in seinem Leben gesehen hatte. Sie war eine hübsche Frau, auch wenn sie schon so alt zu sein schien wie er, um die 58 Jahre. Es war ihr Gesicht, ihr Lächeln, welches ihn überzeugte, ihr zu glauben. Sie hatte ein Engelsgesicht. Stille breitete sich zwischen ihnen aus, bis ihr Lächeln wieder aufschien.

«Madame, das klingt ein bisschen verrückt. Ich befürchte, das geht nicht. Ich kann nicht so weit weg von Lyon. Das hier ist mein Zuhause.»

«Aber du hast doch gar kein Zuhause! Schau, du kannst mit deiner Entscheidung noch etwas warten. Denk darüber nach, wenn du auf dem kalten, harten Strassenbelag schläfst. Ich werde in ein paar Tage zurück sein. Dann kannst du mir eine Antwort geben.»

Yvette überreichte Maurice 30 Euro und ging. Die nächsten Tage dachte er oft an ihren Vorschlag und wägte ihn ab. Es war ein besonders kalter Winter, und er stellte sich das Bauernhaus vor, mit einem offenen Kamin und einer eleganten Holztreppe, die ihn hoch zu einem eigenen, gut geheizten Zimmer brachte. Dazu einfache Arbeiten rund ums Haus, die ihn beschäftigten – so dass er nicht mehr so viel ans Trinken dachte. Vielleicht konnte er diese Gelegenheit nutzen, um sein Leben noch einmal umzukrempeln und das Saufen in den Griff zu kriegen. Ein neuer Ort, ein neues Land, die Schweiz, dort könnte das klappen.

All seine nagenden Zweifel schwanden, als er Yvettes süsses, offenes Gesicht und ihre kleinen Hände wieder sah. Sie brachte ihm eine teure Flasche Cognac, gut gealtert, so wie er es gern hatte. Der musste sie 40 Euro gekostet haben. Als er das kühle Glas der Flasche in seinen Händen spürte, entschloss er sich, mit ihr mitzugehen. Wenn es ihm dort nicht passte, konnte er jederzeit wieder verschwinden.

Sie sprachen nicht viel auf der langen Autofahrt, nur das Nötige, um die Grundregeln ihrer Beziehung festzulegen. Es war selbstverständlich Yvette, welche die Bedingungen diktierte. Sie erstellte ein striktes System von Leistung und Gegenleistung. Allerdings, so meinte sie, hätte sie nichts dagegen, wenn zwischen ihnen eine Freundschaft entstünde. Es war einsam auf dem Bauernhof, der eigentlich kein Hof mehr war. Es gab kein Vieh mehr, ausser einem einzigen Haustier, und die Felder waren von hohem Gras überwachsen. Es waren nur noch das Haus und eine Scheune zu unterhalten, und Maurice musste ihr bloss mit dem Wohnhaus helfen. Sie würde sich um die Scheune kümmern. Maurice fragte sie, ob sie etwas dagegen hätte, wenn er die Flasche mit dem Cognac gleich aufmachen würde. Er wollte den feinen, hochklassigen Weinbrand auf der Zunge spüren. Yvette meinte, er solle nur machen. Als Maurice aber einen Schluck nahm, spürte er keinerlei Genuss. Die Jahre des billigen Fusels mussten seine Geschmacksnerven desensibilisiert haben. Ja, es war gut, dass er von der Strasse wegkam, auch wenn es nur für kurze Zeit war.

Als sie in die Nähe der Grenze kamen, wurde Maurice etwas unruhig. Er versteckte den Cognac unter seinem Sitz, er hatte schon ein gutes Viertel der Flasche geleert. Aber Yvette stellte ihr Lächeln an, und die Grenzwächter winkten sie ohne Umstände durch. Nach einem weiteren Stück auf der Autobahn befuhren sie das nördliche Ufer des Neuenburger Sees. Maurice bewunderte die Weinberge entlang der Strasse, die Rebstöcke in ihrem skelettartigen Winterzustand. Er hatte von den Weinen der Romandie gehört, aber nie einen getrunken. Er meinte zu Yvette, dass er gerne die verschiedenen lokalen Angebote versuchen wolle, und sie lächelte und nickte. Sie fuhren fast den ganzen See entlang, bis sie die Stadt Neuchâtel erreichten. Sie waren am Ziel. Yvette fuhr zum Bahnhof und parkierte dort in der Tiefgarage. Sie wollte einkaufen und zugleich Maurice die Umgebung zeigen.

Als sie aus dem Bahnhof spazierten, bemerkte er Fresken an den Wänden: historische Szenen am Strand und Fischer, die ihre Netze ausbreiteten. Draussen nahmen sie einen steilen Pfad nach unten zum See und standen bald vor der Universität. Jetzt erst bemerkte Maurice die Farben. Die Lehrgebäude waren aus ockerfarbenem Stein gebaut, und er fragte Yvette, was es mit dem Farbton auf sich habe.

«Das ist der gelbe Sandstein, aus dem Neuchâtel gebaut ist. Aber jetzt gibt es hier keinen mehr, und wir müssen wegen der Steine über die Grenze und sie aus Frankreich holen», sagte sie.

Sie spazierten am See entlang zur Altstadt. Es war kalt, grau und windig, das Wasser war grüngrau. Die Farbe von Yvettes Augen. Doch Maurice mochte die andere Farbe lieber, jene der Gebäude, die ganz aus Sandstein gebaut waren. Diese goldene Stadt versprach ihm tatsächlich ein neues Leben!

Aber zuerst musste etwas wegen seiner Klamotten getan werden. Der zerfetzte Mantel, die lächerlichen Jogginghosen, die abgetretenen weissen Turnschuhe, das alles war doch sehr peinlich für Yvette. Sie führte ihn höflich, aber bestimmt in die Rue de l'Hôpital, wo sie ihre Einkäufe tätigten. Sie lud Maurice ein, sich umzusehen und das zu kaufen, was ihm gefiel, aber er überliess ihr die Entscheidung. Yvette kaufte ihm einen neuen Wintermantel, mehrere Paar Schuhe, darunter auch Schneestiefel, und eine ausgewählte Garderobe für alle Gelegenheiten.

Immer noch in der Fussgängerzone, die Einkaufstüten in der Hand, kamen sie an einer Weinhandlung vorbei. Yvette fragte Maurice, ob er nicht hineingehen wolle. Er packte die Gelegenheit am Schopf, auch wenn es ihm ein bisschen unangenehm war, so einfach an Alkohol heranzukommen. Sie traten ein, und er wählte ein paar Flaschen vom hiesigen Wein aus, den er probieren wollte: einen Pinot Noir von der Stadtkellerei, einen Œil de Perdrix – und Yvette kaufte sie ihm pflichtschuldigst. Zu müde, um zu Hause noch zu kochen, gingen sie in die Brasserie Le Jura und assen dort vorzüglich. Maurice genoss alles mit grosser Freude. Er fühlte sich daheim in der goldenen Stadt.

Yvettes alter Kombi, ein Volvo 850, kletterte unverdrossen die enge Strasse über dem See hinauf. Hier oben auf den Hügeln lag etwas Schnee, und die Kälte war beissend. Sie fuhren durch ein paar leer aussehende Ortschaften und kamen dann auf einen Pfad, in dem der Kies vom Gras überwachsen war. Hier beginne ihr Grundstück, und dieser kaum sichtbare Weg führe direkt vor ihr Haus, erklärte Yvette. Nach einigen Kurven um ein paar Baumgruppen war der Bauernhof zu sehen. Das Hauptgebäude war aus einfachem, grauem Stein mit einem rostroten Ziegeldach und einer breiten, braunen Tür, von der die Farbe abblätterte. Das Haus war nicht wirklich in schlechtem Zustand, nur die ehemals grünen Fensterläden hatten unbedingt einen Anstrich nötig.

Im Inneren war alles sauber und gut in Schuss. Als ihn Yvette in ihrem bescheidenen Anwesen herumführte, bemerkte Maurice den Schimmel an der Decke des Badezimmers. Das könne er leicht ausbessern, versicherte er sich selbst. Die Küche war ganz neu, und der Rest des Hauses war erst vor Kurzem frisch gestrichen worden. Das war eine Erleichterung für ihn, denn er hatte sich schon vorgestellt, in eine Ruine zu kommen, in der es viel zu viel Arbeit für ihn gab. Was in diesem Haus an Reparaturen anstand, würde er locker schaffen und das sagte er Yvette auch gleich. Sie schenkte ihm ihr wunderbares Lächeln und zeigte ihm das Wohnzimmer mit dem grossen, offenen Kamin. Dann führte sie ihn eine enge Wendeltreppe hoch zu seinen neuen Gemächern. Der Raum war klein, aber hell, das Bett hatte weisse Laken und eine gelbe Decke, ein kleiner Fernsehapparat stand auf einer Kommode.

«Ich hoffe, du wirst es hier bequem haben», sagte Yvette.

«Das werde ich ganz sicher!», erwiderte Maurice.

Er blieb in seinem neuen Zimmer, nachdem sie sich eine gute Nacht gewünscht hatten. Das Haus war gut geheizt, dafür war er dankbar. Er zog sich aus und wartete, bis Yvette ins Bett ging. Kaum war sie in ihrem Schlafzimmer verschwunden, schlich er sich nach unten und duschte. Er hatte seit geraumer Zeit nicht mehr gebadet und es tat ihm gut, er fühlte sich lebendig – und müde. Der Tag hatte ihn mehr oder weniger überwältigt. Zurück in seinem Zimmer, zog er ein frisches Unterhemd und neue Pyjamahosen an, dann kroch er unter die Bettdecke und schlief sofort ein.

Die Woche darauf brachte ziemlich viele Veränderungen im Leben von Maurice. Yvette schien richtig vernarrt in ihn zu sein und sorgte dafür, dass er es bequem hatte und glücklich war. Sie begleitete ihn sogar zu einem medizinischen Check up in einer Privatklinik, um abzuklären, ob er überhaupt fähig war zu arbeiten. Sie war sehr offen ihm gegenüber, auch wenn sie ab und zu in ihren Gemächern heimlich telefonierte. Aber ihr Privatleben ging Maurice nichts an. Bald merkte er, dass er bei diesem Leben mit den leichten Arbeiten im Haus nicht mehr ständig betrunken sein musste. Er begann, seinen Alkoholkonsum zu kontrollieren und beschränkte sich auf eine gewisse Menge pro Tag.

Und er begann, sich seinen Aufenthalt zu verdienen. Er erledigte die leichten Arbeiten im Haus. Er schwang den Staubsauger, er räumte auf und machte immer den Abwasch nach dem Essen. Als er ein dickes schwarzes Haar von sich im Abfluss der Badewanne entdeckte, bekam er ein schlechtes Gewissen. Yvette würde sich vor so etwas ekeln. Er fand eine Schere und eine Packung Plastikrasierer im Badezimmerkästchen. So wurde er seinen Bart los. Dann schnitt er sich die Haare so kurz wie möglich. Danach brauchte er fast eine Stunde, um alles wieder sauber zu machen und kein noch so kleines Zeugnis seiner Tätigkeit im Badezimmer zurückzulassen.

Am gleichen Abend sassen sie zusammen am Tisch und genossen das einfache Essen. Es gab Saucisson und Kartoffelstock. Normalerweise kochte Yvette. Nach dem Mahl richtete sie das Wort an Maurice in der gleichen direkten Art, mit der sie ihm von Anfang an all ihre Vorschläge unterbreitet hatte.

«Ich muss dir etwas sagen, Maurice.»

Er nickte.

«Mein Ehemann hatte eine gute Rente, eine grosszügige Rente. Nun, ich muss sagen, er hat diese gute Rente nach wie vor. Ohne dieses Geld müsste ich den Bauernhof verkaufen, obwohl der eigentlich nicht viel wert ist. Wohin sollte ich dann gehen? Was sollte ich tun? Du weisst, dass ich keine junge Frau mehr bin.»

«Ich weiss nicht, was du meinst», erwiderte Maurice.

«Ich bekomme die Rente meines Mannes immer noch. Ich habe seinen Tod nie gemeldet.»

«Wie hast du denn das geschafft?»

«Er fiel um, während er Holz hackte. Ich wusste nicht, was ich tun sollte.»

«Aber was hast du schlussendlich getan?»

«Er war tot, und ich stand unter Schock und tat so, als ob nichts geschehen wäre. Als ob er sich bloss auf eine Reise begeben hätte.»

«Wo ist er jetzt?»

«Wie soll ich dir das erklären?» Sie wand sich sichtlich, bevor sie wieder sprach: «Ich konnte ihn nicht beerdigen. Ich war zu schwach, und der Boden ist gefroren.»

«Was hast du mit ihm gemacht?»

«Ich hab ihn in die Tiefkühltruhe gelegt.»

«Was? Yvette! Was hast du dir dabei gedacht?»

«Ich hab dir doch gesagt, dass du wie mein Ehemann aussiehst. Ich dachte, du könntest dich für ihn ausgeben. Ich muss alle diese Ämter täuschen, damit ich seine Rente weiterhin bekomme. Du müsstest nur auf die Gemeindekanzlei mitkommen und dich als mein Mann ausgeben. Kannst du das für mich machen?»

Sie legte ihre Hand auf seine.

Am Esstisch zu sitzen, ein warmes, gesundes Mahl zu geniessen mit einer Frau mit einem Engelsgesicht gegenüber, ihre Hand auf der seinen auf einem karierten Tischtuch, alles war perfekt, dachte Maurice. Alles, nur nicht das Gespräch, das sie führten.

«Wo ist die Tiefkühltruhe?»

«In der Scheune. Wir sollten ihn hier begraben, respektvoll, anständig, auf der Farm. Hier ist er geboren, hier hat er gelebt, und hier ist er gestorben. Er war ein guter Mann und verdient den allergrössten Respekt.»

Maurice ging zu Bett und überlegte sich, ob er nicht einfach abhauen sollte. Aber wohin? Er beschloss, sich in der Scheune umzuschauen, wenn Yvette weg war.

Am nächsten Tag fuhr sie am Nachmittag zum Einkaufen. Maurice ging nicht mit, obwohl er es liebte, in die Stadt zu fahren. Stattdessen zog er den dicken Mantel an, den ihm

Yvette gekauft hatte, und ging zur Scheune. Der Schnee knirschte unter seinen neuen Winterstiefeln. In der Scheune war es noch kälter als draussen, und wenn er ausatmete, stand sein Atem als weisser Schleier in der Luft. Als er die Schiebetür hinter sich zuzog, hörte er ein leises Quieken. Er ging zu dem Verschlag, in den das Tier eingesperrt war. Es frass von dem Kohl, den ihm Yvette zweifellos am Morgen in den Pferch geworfen hatte. Auf einer Holztafel stand der Name der Kreatur: Willy. Maurice starrte das Schwein lange an, als ob er auf eine Art Erleuchtung wartete. Hinter ihm summte es laut. Er drehte sich um und sah die Tiefkühltruhe an der Wand, angeschlossen an eine Steckdose an einem Holzpfeiler. Das Ding hatte ein Schloss. Maurice sah sich um, aber er fand keinen Schlüssel.

Er kam an einem grossen Holzverschlag vorbei. Er öffnete ihn und fand staubige alte Werkzeuge darin sowie eine Menge medizinisches Zubehör, Schachteln mit chirurgischen Handschuhen, Bündeln von Gaze und einen schwarzen Lederkoffer. Maurice schüttelte den Kopf, schloss den Verschlag wieder, verliess die Scheune und zog die Schiebetür hinter sich zu. Er ging um das Gebäude herum zur Hinterseite. Da war klafterweise Holz an der Wand aufgestapelt. Der Boden war hart gefroren unter seinen Füssen. Er schaute in die Weite, da waren nur verschneite Felder und sonst nichts.

Er beschloss zu vergessen, was ihm Yvette erzählt hatte, wenigstens so lange er hier war. Er wollte sich um seine Aufgaben im Haus kümmern. Er trank immer weniger, und sein Verantwortungsbewusstsein und sein Ehrgeiz nahmen entsprechend zu. Bei einem ihrer wenigen Ausflüge kauften Yvette und er Malzubehör und Farben in einem Fachgeschäft in Neuchâtel. Ihre Ausflüge in die Stadt beschränkten sich auf Shoppingtouren. Maurice strich das Badezimmer neu. Dazu brauchte er nicht länger als einen Nachmittag, und danach fragte er sich, was er noch tun könnte.

Sein Wandel hatte nicht nur mit ihm zu tun, Yvettes Anwesenheit hatte genau so viel Einfluss darauf. Diese Frau hatte ihm ein Zuhause gegeben, diesen Platz weit weg von all den Orten, an denen er seine Sünden begangen hatte. Sie war gut zu ihm und hatte keine Scheu, ihn zu berühren. Sie tätschelte ihm liebevoll die Schulter, wenn sie an ihm vorbei zu ihrem Platz am Esstisch ging.

Eines Abends sassen sie beide gemütlich im Wohnzimmer. Maurice hatte ein Feuer gemacht, und er fühlte sich mutig genug, das heikle Thema anzusprechen.

«Wie hiess dein Ehemann?»

«Was fragst du?», erwiderte Yvette, die ihre Nase tief in einer Zeitung hatte, die sie in ihrem Lehnsessel las.

«Dein Ehemann, wie hiess er?»

«Oh … Bertrand.»

«Ich sehe hier nirgendwo Bilder von ihm. Warum das?»

«Ich möchte mich nicht der Nostalgie hingeben. Es ist zu schmerzhaft für mich. Ich ziehe es vor, in der Gegenwart zu leben», sagte sie hinter der Zeitung hervor.

Maurice schwieg und hörte dem Prasseln des Feuers zu. Als Yvette ihre Zeitung weglegte, studierte er wieder ihre Züge. Er musste sich vergewissern, dass sie ehrlich mit ihm war und ob sie wirklich ein guter Mensch war. Im gelben Schein des Feuers leuchtete ihr Gesicht, die Haut erschien glatt und sanft. Maurice sah, dass ihr Tränen die Wangen hinunterliefen wie Regentropfen an einer Windschutzscheibe.

«Wir wollen nicht mehr über die Vergangenheit reden», sagte sie.

Maurice fühlte sich schlecht, er hatte sie nicht aufregen wollen.

Es war an einem Freitagabend, als Yvette ihn ganz überraschend fragte, ob er Lust hätte auszugehen. Er freute sich auf die Gelegenheit, die goldene Stadt einmal bei Nacht zu sehen. Sie kehrten in der Brasserie Le Jura ein und tranken im kleinen, hell erleuchteten Schankraum aus grossen Bierkrügen. Sie redeten mit den Einheimischen und lachten bis Mitternacht. Bei dieser Gelegenheit löste sich Maurice von seiner Ein-Drink-Enthaltsamkeit, denn nichts sollte die Nähe zwischen ihm und Yvette stören. Sie war manchmal sehr distanziert, nicht abweisend, nur distanziert, doch sie hatte scheinbar nichts gegen ihre wachsende Freundschaft.

Maurice beschloss, mehr zu arbeiten. Sie fuhren wieder in das Fachgeschäft und kauften braune Farbe für die Eingangstür und ein leuchtendes Grün für die Fensterläden. So schwer hatte er zuletzt mit zwanzig Jahren gearbeitet, als er allerhand Gelegenheitsjobs hatte. Zum ersten Mal seit Jahren wurde er richtig müde. Er fror, wenn er sich aus dem Fenster lehnte, um die Läden zu streichen, aber er spürte, dass ihm die Kälte gut tat. Maurice war stolz auf sich, auch wenn er sich nach wie vor nicht als angemessenen Partner für Yvette betrachtete.

«Was willst du vom Leben?», fragte er sie eines Tages.

«Wie meinst du das?»

«Ich meine, du lebst hier auf dem Hof. Du hast mich angestellt. Versteh mich nicht falsch, du warst nett zu mir, und ich schätze das sehr. Aber ich habe das Gefühl, dass du dabei etwas versäumst.»

«Ich weiss nicht, was du meinst. Ich lebe hier. Ich versuche zu überleben. Ich will dieses Haus nicht verlieren. Das ist alles, wirklich. Was gäbe es sonst noch für eine Frau wie mich?»

«Aber du bist noch jung. Du bist klug und warmherzig. Du könntest jemanden finden. Jemanden, der dich glücklich macht.» Maurice redete schnell weiter: «Ich mag dich, Yvette.

Du hast mir ein Zuhause gegeben, eine Freundschaft. Aber du solltest jemanden finden, der gut für dich ist.»

«Ich glaube, dass du gut für mich bist, Maurice, du bist ein guter Freund und eine angenehme Gesellschaft. Ich brauche keinen Liebhaber, ich bin nicht mehr 25.»

Er liess es dabei bewenden. Er dachte, dass er vielleicht ein bisschen zu neugierig gewesen sei, aber als er den Kopf hob und Yvette beruhigend anlächeln wollte, leuchtete sie zurück mit ihrem Engelsgesicht. Dennoch war er froh, dass sie so intime Sachen angesprochen hatten. Und Yvette öffnete sich ihm immer mehr. Sie erzählte von der Zeit, als sie als Krankenschwester gearbeitet hatte und der Trauer, als sie akzeptieren musste, dass sie keine Kinder bekommen würde. In Maurice wuchs die Zuneigung und er begann, sich mehr von Yvette zu wünschen.

Ein paar Tage später läutete morgens die Türglocke. Yvette war in ihrem Zimmer und telefonierte. Es hatte bis jetzt noch nie geklingelt.

Einen kurzen Moment lang befiel ihn Panik, das Leben auf der Strasse und die ewige Angst steckten noch in ihm. Er rief nach Yvette, doch sie hörte ihn nicht. Dann beruhigte er sich, es gab keinen Grund, sich zu fürchten. Die Türglocke läutete noch einmal. Er ging hin und machte auf. Es war der Postbote.

«Hallo», sagte der Mann in der grauen Jacke mit den gelben Streifen.

Maurice zögerte einen Moment, dann fiel ihm ein, dass er ja ausgewählt worden war, hier eine Rolle zu spielen.

Der Postbote war etwas verwirrt: «Darf ich Sie fragen, wer Sie sind?»

«Ich bin Monsieur Dumont», antwortete Maurice.

«Oh ...», machte der Postbote und zog ein Gesicht: «Unterschreiben Sie bitte hier.»

Maurice bekam ein elektronisches Etwas mit einem kleinen

Bildschirm und einen schwarzen Plastikstift in die Hand gedrückt. Instinktiv unterschrieb er völlig unleserlich auf dem Display und gab alles zurück. Der Postbote zog einen Brief aus seiner Umhängetasche und gab ihn Maurice. Der nahm ihn, dankte, und der Briefträger verschwand wieder. Der Brief war für Yvette, vom Arbeitsamt.

Ein warmer Wind kam auf, dann folgte ein Spätwinterregen, und als der aufgehört hatte, war der Schnee verschwunden. Yvette wandte sich verdrossen an Maurice und sagte, dass es Zeit sei, Bertrand zu beerdigen. Irgendwo am Rande des Grundstücks, dort wo der Wald begann, meinte sie. Sie würden ihn in ein tiefes Grab legen und es gäbe viel zu tun. Der Tag war grau, und es nieselte leicht, als sie zusammen zur Scheune gingen. Yvette hatte die Schaufeln schon an die Tür gelehnt.

Drinnen nahm sie einen Schlüssel aus der Tasche ihres schwarzen Wintermantels und schloss die Tiefkühltruhe auf. Maurice war nicht so schockiert, wie er es sich vorgestellt hatte, es machte ihm nichts aus hinzusehen. Eis und Rauhreif überzogen die Kleider, die Haut und die Haare des toten Mannes, dennoch kam er Maurice bekannt vor.

Sie legten die gefrorene Leiche auf den Boden, und Yvette holte eine Schubkarre. Feierlich zogen sie mit dem Toten und den Schaufeln dorthin, wo die kargen Felder an den Wald grenzten. Sie begannen zu graben. Yvette sagte, dass es der Wunsch ihres Mannes gewesen sei, auf seinem Besitz begraben zu werden. Dazu gehörte auch dieses Wäldchen am Karrenweg, der Yvettes Hof vom angrenzenden Grundstück trennte. Das Graben dauerte, und mit der Zeit verschwanden Eis und Reif vom Gesicht des Toten. Als das Loch tief genug war, um den Verstorbenen hineinzulegen, erkannte Maurice das Gesicht. Es war nicht Bertrand, auch wenn er Bertrand noch nie gesehen hatte. Der Tote war sein Freund Claude.

«Was ist hier los?», schrie er auf. Er hatte noch nie seine Stimme gegen Yvette erhoben. Aber jetzt war er masslos wütend. Sie hatte ihn betrogen.

«Was meinst du?», fragte sie.

«Ich kenne diesen Mann. Das ist Claude. Ein Freund von mir. Was macht er hier?»

Yvette begann zu schluchzen. Sie liess ihre Schaufel fallen und senkte den Kopf.

«Bitte», sagte sie, «bitte, Maurice, ich brauche dich.»

«Du hast Claude umgebracht. Wo ist dein Ehemann?»

Yvette antwortete nicht.

Sie sah zu ihm auf, die Augen voller Tränen. Sie kam näher und ihr Gesicht berührte seines. Sie küsste ihn auf die Lippen, sanft, hilflos. Trotz seines Zorns durchlief es ihn heiss, als Yvette ihn berührte. Widersprüchliche Gefühle kämpften in ihm, Verlangen und Liebe gegen Zorn und Verwirrung. Hatte Yvette mit Claude dasselbe Spiel treiben wollen wie mit ihm, und als er nicht mitmachen wollte, brachte sie ihn um?

«Lass uns ins Haus gehen, und ich erkläre es dir», seufzte Yvette.

Maurice folgte ihr. Er wollte jetzt alles von ihr wissen.

In der Küche schenkte Yvette ihm ein Glas von seinem Lieblingscognac ein.

«Nimm einen Schluck», meinte sie.

«Nein, ich will mir das nüchtern anhören.»

Sie nahm seine Hand und legte sie auf ihre Brust.

«Ich werde völlig ehrlich zu dir sein», sagte sie: «Ich … ich habe gepfuscht, und er ist gestorben.»

«Ich verstehe kein Wort», erwiderte Maurice.

«Das wirst du noch, mein Liebling, das wirst du noch.»

Er nahm das Glas mit Cognac und trank es in einem Zug. Yvette küsste ihn leidenschaftlich auf die Lippen. Er konnte nicht widerstehen, über zwanzig Jahre lang hatte er nicht mehr mit einer Frau geschlafen. Sie nahm ihn an der Hand und führte ihn hoch in ihr Zimmer, wohin zu gehen er allein nie gewagt hätte. Yvette nahm den Cognac mit.

Maurice nahm einen Schluck und küsste sie heftig. Er trank mehr, und bevor er sich's versah, war er in dieser besonderen, durch den Alkohol angefeuerten sexuellen Ekstase. Er sah, wie Yvette sich entkleidete, sah ihre kleinen Füsse. Sie lag auf dem Bett und zog ihn zu sich herunter. Sie liebten sich. Danach drängte Yvette ihn, noch einen Drink mit ihr zu teilen. Maurice fühlte sich dazu verpflichtet. Sie drängte ihn weiter, und er verlor seine hart erworbene Zurückhaltung. Er trank sich ins Koma und wurde ohnmächtig.

Er erwachte in der Scheune, er war nackt. Er lag auf der Seite, auf einem Brett am Boden, seine Arme über dem Kopf ausgestreckt, an einen Pfosten gefesselt. Er fror und er sah seinen Atem wie Nebel. Als er versuchte, sich zu bewegen, konnte er es nicht. Die untere Hälfte seines Körpers war taub.

«Ich habe nicht das richtige Betäubungsmittel. Ich musste ein bisschen improvisieren, aber du wirst nichts spüren», hörte er Yvette sagen.

Vor sich sah er eine kleine Kühlbox und den schwarzen Koffer, den er im Verschlag entdeckt hatte. Er war offen und enthielt ganz offensichtlich medizinische Instrumente. Er sah auf zu Yvette, die sich in grüner Chirurgenkleidung ein paar Gummihandschuhe anzog.

«Es tut mir leid wegen deines Freunds Claude. Das war mein Fehler. Aber hab keine Angst, bei dir mache ich alles richtig.»

«Wovon redest du?», fragte Maurice.

«Ich werde dich wieder richtig zusammennähen. Du kannst ein paar Tage hierbleiben und dich erholen. Dann gebe ich dir ein bisschen Geld und fahre dich zurück nach Lyon.» Sie sprach in ihrer gewöhnlich sachlichen Weise und ihr Gesichtsausdruck war wie immer: «Siehst du, es hat nie einen Bertrand gegeben. Ich bestreite mein Leben damit, indem ich Nieren verkaufe.»

Maurice riss ungläubig die Augen auf.

«Das ist doch krank! Du kannst doch nicht meine Organe verkaufen. Wir sind hier in der Schweiz», schrie er hysterisch.

«Eben darum. Du kannst in der Schweiz alles kaufen und verkaufen.» Yvette hielt ein Skalpell in ihrer behandschuhten, kleinen Hand. «Du hast Glück, ich nehme dir nur eine Niere. Ich habe eine Menge Geld an Claude verdient, indem ich ihm beide genommen habe, unglücklicherweise.» Auf ihrem Gesicht erschien das Wunderlächeln und sie fuhr fort mit ihrer Tätigkeit. «Ausserdem tust du hier etwas Grossartiges. Du gibst jemandem sein Leben zurück. Vergiss das niemals.»

Maurice versuchte sich zu wehren, aber er hatte keine Chance. Seine Hände waren fest angebunden und sein halber Körper war gelähmt. In seinem Kopf rasten die Gedanken. Würde er das überleben? Falls ja, sollte er zur Polizei gehen? Würde man ihm dort glauben? Und er würde nicht hierbleiben können, in der Nähe der goldenen Stadt, was ihn merkwürdigerweise sehr enttäuschte. Maurice schloss die Augen. Es liess es geschehen, im Vertrauen auf Yvette.

Sie begann zu schneiden.

Aus dem Englischen von Wolfgang Bortlik

BASELLAND

AUF DIE LIEBE
KARIN BACHMANN

Heute ist es endlich so weit. Mit in die Hüfte gestemmten Händen betrachte ich meinen gepackten Koffer, die Reisetasche daneben. Wenn alles glatt läuft, bin ich bald wieder zu Hause.

Auf dem Tisch steht ein nostalgisch anmutendes, aus Weide geflochtenes Picknick-Köfferchen. Teller, Gläser und Besteck sind mit braunen Lederriemen befestigt, damit sie nicht herumrutschen. Ich habe den Wirt gebeten, für Rita und mich etwas Leckeres zurechtzumachen. Unter die Tartandecke hat er Brot, Käse und Leberpastete gelegt. Die Sauce Cumberland habe ich gekauft und den Deckel schon gestern präpariert.

Auch den Wein habe ich besorgt. Ein Châteauneuf-du-Pape Chapoutier «Croix de Bois», 2005. Für Rita ist mir nichts zu schade. Mit dem Taschenmesser öffne ich die Flasche, rieche am Korken. Fruchtige Noten steigen mir in die Nase, ein perfekter Anteil von Tannin. Ich nehme die Gläser aus dem Koffer und fülle ein Schlückchen in jedes, trinke beide aus, stecke sie in eine Plastiktüte, lege sie zuoberst in den Koffer, den ich sorgfältig schliesse. Aus meiner Reisetasche nehme ich zwei in Plastik verpackte Gläser und befestige die im Picknick-Koffer.

Nachdem ich ihn im Rucksack verstaut habe, hat die wieder verkorkte Weinflasche gerade noch Platz daneben. Ich ziehe mir die Sporthandschuhe über. Rucksack schulternd schnappe ich meine Walkingstöcke und gehe hinunter in den Speisesaal. Ein Platz am Fenster ist noch gedeckt, obwohl ich heute spät zum Frühstück erscheine.

«Buenos dias, Señora Gschwind. Que tal la noche?», grüsst mich Leonida, die Serviceangestellte.

«Muy bien. Gracias», antworte ich.

«Heute geht es also nach Hause? Wir werden Sie vermissen», fährt sie in der Mischung aus Basler Dialekt und spanischem Akzent fort, die mir so gefällt.

«Ich werde Sie auch vermissen. Es war nett, mit Ihnen Spanisch plaudern zu können.»

«Werden Sie wieder kommen?»

«Das bezweifle ich. Es ist fast alles erledigt. Ich muss mich nur noch von meiner Schwester verabschieden.»

Nach dem Frühstück, Rucksack und Walkingstöcke gesattelt, bleibe ich einen Moment vor dem Gasthof stehen. Reigoldswil – Reigetschwyl, wie wir hier sagen – musste sich nach dem Zusammenbruch der Seidenbandindustrie eine neue Einnahmequelle suchen und hat sie im Wandertourismus gefunden.

Wie wenig sich das Dorf in dreissig Jahren verändert hat! Ich sehe mich um, wie es nur jemand kann, der weiss, dass er nie mehr an einen Ort zurückkehren wird. Das mit Schmiereien bedeckte Wartehäuschen mit Toilette ist neu. Davor zielt eine klotzige Granit-Diana mit ihrem Bogen in den Himmel. Den Pfeil muss man sich denken. Die Hintere Frenke fliesst heute Morgen ganz friedlich in ihrem gemauerten Bett zwischen den altehrwürdigen Häusern hindurch. Er kann auch anders, dieser schmächtige Bach.

Es ist ein strahlender Aprilmorgen, doch mein Atem steigt in Wölkchen auf. An Ostern hat es noch einmal weit hinunter geschneit. Die Hügelkuppen rund herum sind verzuckert. Der Rucksack auf meinem Rücken drückt, aber ich werde zwei freie Hände brauchen. Aufgeregt wie ein Teenager vor dem ersten Date, breche ich auf.

Ich lasse den Dorfplatz hinter mir. Die ansteigende Strasse führt mich am Museum «Im Feld» vorbei. Ich bewundere die Schönheit des alten Bauernhauses. So etwas gibt es bei uns nicht.

Kurz darauf bin ich auf freiem Feld. Ich bleibe stehen, spähe nach links in die Senke. Dort steht es, unser Haus. Bis auf den Wintergarten, den die neuen Besitzer anbauen liessen, sieht es immer noch gleich aus. Ich habe das Gefühl, Rita müsse jeden Moment aus der Haustür treten, mir zuwinken, einen schönen Tag in der Schule wünschen.

Die Tür bleibt zu.

Am ersten Tag, hatte ich mit dem Gedanken gespielt zu klingeln, und zu fragen, ob ich das Haus besichtigen dürfe. Doch ich sah davon ab. Je weniger Leute wussten, wer ich war, desto besser.

Eine Gruppe Nordic-Walkerinnen kommt mir entgegen, grüsst. Ab dem Reiterhof wird die Strasse von einem gemergelten Weg abgelöst. Der Berner Sennenhund dort verbellt mich. Sogar das heimelt an. Die Wiesen strahlen in sattem Grün, aber die Obstbäume schlafen noch. Ein paar warme Tage, und die Knospen werden in eine weisse Blütenpracht explodieren.

Es war ein ebenso schöner Aprilmorgen gewesen, damals 1981, als Vater mir mit tränenerstickter Stimme zu erklären versuchte, dass Mutter gestorben sei. Eine Nachbarin hatte ihn in der Schreinerei angerufen, die Maja sei zusammengebrochen. Sie habe sie vor dem Briefkasten gefunden. Wir haben nie herausgefunden, ob der Herzinfarkt sie dort übermannte, oder ob sie sich noch so weit hatte schleppen können.

Ich begriff das nicht. Nur alte Menschen starben. In mir war alles taub. Im Dorf und in der Schule wollten mich alle trösten. Wozu? Ich war nicht traurig – dachte ich – nur wütend. Ich versuchte mit Vater darüber zu reden, wollte ihn fragen, was mit mir nicht stimmte. Jedes Mal brach er in Tränen aus. Zum Glück war da Rita. Sie erklärte, nahm mir die Wut und die Alpträume. Und später war sie es, die mich aufklärte, meine Teenagerlaunen ertrug, mir Schminktipps gab, dafür sorgte, dass ich ob all der rasenden Hormone und Schlange stehenden Jungs die Schule nicht vergass.

Rita hatte bei Mutters Tod gerade ihre KV-Lehre als Jahrgangsbeste abgeschlossen. Nach den Ferien sollte sie in einer Kanzlei in Liestal anfangen. Ihr zukünftiger Chef war verständnisvoll. Natürlich musste sie sich um die Familie, vor allem die zehn Jahre jüngere Schwester, kümmern. Sie solle sich melden, wenn alles wieder gewohnte Bahnen ging. Aber das tat sie nie.

Ein, zwei Jahre später lernte sie Marcel kennen. Der eroberte nicht nur sie, sondern auch Vater und mich im Sturm. Noch heute ist er für mich der Märchenprinz schlechthin. Gross, gutaussehend, charmant – ein Schatz von einem Mann. Das Einzige, was ich an ihm nie begriff, war sein Mangel an Ehrgeiz. Er hätte es weit bringen können. Aber ihm genügten seine Familie und die Stelle in der Autowerkstatt und später bei der Wasserfallenbahn.

Ich nähere mich dem Anfang des Sagenweges. Ab dort windet sich der schmale Pfad durch eine Minischlucht und den Wald zum Burgfelsen. Als Kinder verbrachten Rita und ich fast jede freie Minute auf der Ruine Rifenstein zwischen Reigoldswil und Titterten. Es gibt viele Sagen über das alte Gemäuer, das heute aus einem gewissen Winkel eher einem hohlen Zahn, als einer stattlichen Ritterburg gleicht. Schätze sollen dort vergraben sein, sagt man. In gewissen Nächten soll eine goldene Deichsel aus dem Felsen ragen. Wem es gelänge, den dazu gehörenden Wagen aus dem Berg zu ziehen, dürfe den Schatz behalten. Stoff genug, Kinderphantasien anzuregen.

Ich geniesse das Rauschen des Baches, wie die Sonne durch das spärliche Blätterdach scheint, wie meine Schritte im Laub vom Vorjahr rascheln, sogar wie Herz und Atem vor Anstrengung schneller gehen. Der Geruch von Bärlauch sticht mir in die Nase. Wie viele Kilo davon musste ich gepflückt und für den Salat nach Hause getragen haben? Mutter hackte ihn auch, legte ihn in Öl ein. Heute nennt man das Bärlauch-Pesto, für uns war es einfach Frühlingsöl.

Unten am Burgfelsen lasse ich meine Stöcke zurück. Eine schmale, bröckelige Treppe führt zur Burg. Schilder warnen: Betreten auf eigene Gefahr. Ich muss über den Widerspruch schmunzeln: Warnschilder, aber drei Grillstellen. Ich klammere mich ans Geländer. Als ich zum Rekognoszieren hierherkam, musste ich zu meiner Schande einsehen, dass ich nicht mehr so beweglich und schwindelfrei bin wie früher. Damals turnten wir wie die Gämsen in den Ruinen herum.

Im ersten Burghof angekommen, stelle ich meinen Rucksack ab und geniesse die Aussicht. Weit unten, auf der anderen Talseite, kurvt das Postauto vorbei. Erstaunlich, wie gut man den Motorenlärm hier oben hört. Die Bise braust über die Wipfel, eine Amsel singt. Um die Feuerstelle und über die Mauern huschen Eidechsen, rascheln im Laub und Efeu. Huflattich leuchtet golden im Gras und aus Mauerritzen. Eine rote Bank klebt an einem restaurierten Mauerteil.

Ich hoffe, Konrad wird nicht kneifen.

Ich stelle mir vor, wie er sein Auto unten beim Reiterhof abstellt, sich auf den Weg zur Burg macht, sich kopfschüttelnd fragt, warum ich ihn ausgerechnet hierher bitte.

Ich lehne den Rucksack an die Mauer, packe als Erstes den Wein aus und stelle ihn auf die Bank. Der Picknick-Korb verheddert sich im Rucksackstoff, und ich habe Mühe, ihn herauszuziehen. Die verpackten Gläser stelle ich vorerst neben die Weinflasche. Denen darf auf keinen Fall etwas passieren. Mit der ausgebreiteten Decke neben der Grillstelle sieht der Burghof richtig romantisch aus. Und dafür soll Konrad mich schliesslich halten, für eine hoffnungslos romantische, mit fünfundvierzig noch recht ansehnliche Witwe.

Lange wollte es bei Rita und Marcel mit dem Nachwuchs nicht klappen. Umso grösser war ihr Glück, als im September 2000 Evelyn zur Welt kam. 48 Zentimeter, 3320 Gramm. Meine kleine Nichte! Ich war so stolz, als mich Rita fragte, ob ich ihre Gotte sein wolle. Rita war bei Evelyns Geburt vierzig, die Entbindung schwierig. Es war klar, dass Evelyn ihr einziges Kind bleiben würde.

Ich war nie der hausbackene Typ. Dank Ritas Fürsorge und sanfter Gewalt kämpfte ich mich durch Gymnasium und Uni, absolvierte ein Praktikum in England. Obwohl ich keine Musterstudentin gewesen war und meine Zensuren entsprechend ausgefallen waren, bewarb ich mich um ein weiteres Praktikum im Bereich Umwelt/Biologie/Geografie/Forstwirtschaft der Universidad de los Andes in Bogota. Ich war überzeugt, dass Leidenschaft die durchschnittlichen Noten wettmachen konnte. Schliesslich war ich fast dreissig – höchste Zeit, sich aufzumachen, die Welt zu retten.

Vater erschrak, als ich ihm von meinem Vorhaben erzählte. Kolumbien war ein gefährliches Pflaster. Er tröstete sich mit dem Gedanken, dass A) sowieso ein begabterer Wissenschaftler den Platz bekommen würde und B), falls ich doch auserwählt würde, ich mich im tiefsten Dschungel aufhielte und deshalb wohl nicht Gefahr liefe, in einen Drogenkrieg verwickelt zu werden. Er war nicht der einzige, der über den Brief aus Bogota staunte.

Wie sich herausstellte, dauerte es länger als gedacht, die Welt zu retten. Wir untersuchten Lebensbedingungen und Bedrohungsgrad spezifischer Baumamphibien. Unser Camp befand sich nicht nur am Arsch der Welt, wo sich Raupen und Käfer gute Nacht sagten, sondern auch in einem Funkloch. Das Satellitentelefon funktionierte nur zu gewissen Zeiten auf einer Hügelkuppe drei Stunden Fussmarsch vom Lager entfernt. So erfuhr ich erst Wochen später bei einem Ausflug in die Zivilisation von Vaters und Marcels Tod. Eigentlich rief ich Rita an, um ihr mitzuteilen, dass wir die Feldarbeit bald abschliessen würden. Danach könnte ich zwei Wochen «Heimaturlaub» antreten, bevor ich für die Auswertung wieder nach Bogota fahren müsse. Am anderen Ende war es nach meinem Wortschwall verdächtig still. Etwas stimmte ganz und gar nicht.

Ein Autounfall, bestätigte Rita fast flüsternd, aber erstaunlich gefasst. Ich wollte den nächsten Flieger nehmen. Sie verbot es: «Ich habe dich nicht durch deine Ausbildung geprügelt, damit du kurz vor deinem bisher grössten Erfolg heimfliegst.»

So heftig hatte ich Rita noch nie erlebt. Also verschob ich meinen Heimflug um drei Wochen. Diese Zeit hätte die Hölle sein können, aber der Expeditionsleiter, Manuel Garcia Lopez, kümmerte sich rührend um mich, riss mich aus meinen dunklen Gedanken. Er brachte mich auch zum Flughafen. X-mal schärfte er mir beim Abschied ein, ich müsse bald wieder kommen. Er brauche mich.

Rita hatte stark abgenommen, als ich heimkam, bestand aber darauf, dass es ihr und Evelyn gut gehe.

Rita live.

Mit Hilfe der Bank schaffte sie es, das Elternhaus zu behalten. Sie war mit Evelyn dort eingezogen. Unser Zusammensein tat gut. Diesmal konnte ich weinen, sowohl mit Rita, als auch für sie. Aus zwei Wochen wurde ein Monat. Trotzdem hatte ich ein schlechtes Gewissen, als ich abreiste.

Wieder in Bogota ass ich kaum, schlief schlecht. Manuel tröstete mich. Offenbar schätzte er mich nicht nur als Forschungsassistentin. Regeln sich diese Dinge in tropischen Ländern schneller, oder war es mein neu entdecktes Verlangen nach Geborgenheit? Sechs Monate später luden wir Rita und Evelyn zu unserer Hochzeit mit anschliessenden Ferien ein. Danach brach unser Kontakt nicht mehr ab. Rita und ich telefonierten mindestens ein Mal pro Woche. Wenn Manuel und ich auf Vortragstour gingen oder Rita in Urlaub fuhr, meldeten wir uns ab.

Das Surren meines Handys reisst mich aus meinen Gedanken. SMS von Konrad. «Wo bestellst du mich nur hin, Schatz? Man kann Romantik übertreiben. Aber freue mich auf dich.»

Ich lächle, sehe auf. Das Picknick ist bereit. Auf der Bank funkeln die mitgebrachten Weingläser neben der Flasche Châteauneuf-du-Pape im Sonnenlicht. Da höre ich auch schon ein Schnaufen, und Konrad betritt den Burghof. Er ist eine stattliche Erscheinung, das muss man ihm lassen. Trotzdem werde ich nie begreifen, was Rita in ihm gesehen hat.

Wie immer ist er modisch und teuer angezogen. Die Sonne glänzt auf seinem dunklen Haar und der Ray-Ban-Sonnenbrille, die er gerade abnimmt. Lässig hängt er sie mit einem Bügel in den zwei Knöpfe weit geöffneten Kragen seines blassblauen Hemds. Darüber trägt er einen beigen Pullover mit V-Ausschnitt – wie ich ihn kenne beides Polo Ralph Lauren. Weisse Zähne blitzen im sonnengebräunten Gesicht. Es gibt solche Typen also auch ausserhalb einer Werbesendung, denke ich nicht zum ersten Mal.

«Da bist du ja.» Ich stehe auf und gehe ihm entgegen, lasse mich zur Begrüssung küssen. «Du hast meinen Lieblingsplatz also gefunden.»

Ich nehme seine Hand und führe ihn zur Decke. Er runzelt die Stirn bei dem Gedanken, sich auf den Boden setzen zu müssen, wo doch eine Bank zur Verfügung stünde. Aber er will etwas von mir und macht gute Miene zum bösen Spiel. Ich versuche, ihn mir im Dschungel vorzustellen, und pruste beinahe los. Stattdessen sage ich: «Ich weiss, wie sehr du Sauce Cumberland zur Pastete magst. Leider bekomme ich das Glas nicht auf.»

«Da muss eben ein starker Mann ran.»

Sein Grinsen dreht mir fast den Magen um. Aber ich schlucke Hass, Galle, alles, hinunter. Es wird ja nicht mehr lange dauern. Ich reiche ihm das Glas, und er macht sich ans Werk.

«Autsch!»

«Ach, herrjeh!» Geziert halte ich mir die Hand vor den Mund. Für ihn bin ich schliesslich die wohlerzogene Industriellenwitwe. «Armer Schatz. Hast du dich verletzt?»

Er hat sich bereits den blutenden Daumen und Zeigefinger in den Mund gesteckt.

«Ist nicht schlimm, Schatz», nuschelt er. «Da ist eine scharfe Kante am Deckel.»

Ich eile zum Rucksack und suche darin herum. Nach einer angemessenen Weile zucke ich die Schultern. «Ausgerechnet heute habe ich das Verbandszeug vergessen.»

«Ich werde überleben», strahlt er mich an. «Aber wir sollten das inwendig gut desinfizieren. Einen Spitzentropfen hast du mitgebracht. Aber Schatz», rügt er mich sanft, «du weisst doch, dass ich den Wein öffnen will. Das ist nichts für zarte Frauenhände.»

«Entschuldige. Ich wollte, dass alles perfekt ist, wenn du kommst.»

Er greift nach der Flasche, schenkt ein, nimmt die Gläser, reicht mir eins und setzt sich widerwillig auf die Decke.

Ich geselle mich zu ihm, proste ihm zu. Er stutzt, als ihm meine Handschuhe auffallen. Anstelle einer Bemerkung darüber sagt er: «Auf die Liebe.»

«Auf die Liebe», erwidere ich süss lächelnd.

Bevor er das Glas an die Lippen setzen kann, seufze ich theatralisch: «Ich bin so froh, dass du meine Laune erträgst und gekommen bist.»

Er strahlt mich über den Glasrand an. «Wenn es dich glücklich macht, Liebling.»

«Weisst du, ich bin früher immer mit meiner Schwester hierhergekommen. Wir waren die besten Freundinnen. Sie hat so viel für mich aufgegeben. Und deshalb wäre ich gestorben, wenn ich dir diesen Ort nicht hätte zeigen können.»

Er tastet mit seiner freien Hand nach der meinen, nickt verständnisvoll: «Ich bin glücklich, dass du diese Erinnerung mit mir teilst.»

Wieder ringe ich Übelkeit nieder. Mein Lächeln ist so kühl und glatt wie das Glas, das ich erneut hebe.

«Ich möchte auf sie trinken.»

«Eine wunderbare Idee», pflichtet er mir bei. «Trinken wir auf sie.»

«Auf Rita.»

Seine Hand zittert, dass der Wein schwappt. Alle Farbe weicht aus seinem Gesicht. «Rita?»

Ich stelle mein Glas betont sorgfältig auf die Decke. «Rita Wagner. Erinnerst du dich?»

Der Anruf war mitten in der Nacht gekommen. Manuel nahm ihn schlaftrunken entgegen, setzte sich aber sofort kerzengerade auf.

«Für dich, Querida.» Er reichte mir den Hörer. «Aus der Schweiz. Etwas ist mit deiner Schwester geschehen.»

Untertreibung des Jahrhunderts.

Rita hatte sich umgebracht.

Die immer sich aufopfernde, pragmatische, ausgeglichene, durch nichts zu erschütternde Rita? Ich konnte es nicht glauben. Der Pfarrer, der trotz der Distanz glasklar zu mir durchdrang, drückte mir sein Beileid aus. Es stimme. Rita hätte erdrückende Schulden gehabt, das Elternhaus verkaufen müssen. Ich sagte ihm, da müsse ein Fehler vorliegen. Rita hatte schon mit dem kleinen Gehalt meines Vaters meisterhaft gehaushaltet. Sie machte keine Schulden. Die Geschichte sei kompliziert, meinte der Pfarrer. Wenn ich es einrichten könnte, zur Beerdigung zu kommen, würde sich alles aufklären.

Doch auch ins Gesicht gesagt, konnte ich es nicht glauben. Der Besuch auf der Bank bestätigte es. Ritas Ersparnisse waren weg. Sie hatte ausserdem das verfügbare Pensionskassenkapital abgehoben, die Hypothek aufs Maximum erhöht. Oh doch, das sei zulässig, brachte mir der Bankfilialleiter so schonend wie möglich bei. Er habe Rita gewarnt, aber …

Evelyn stand unter Schock, wich meinen Fragen aus. Sie war noch minderjährig, hatte vorläufig einen Vormund bekommen. Das konnte nicht die Lösung sein. Rita hatte sich um mich gekümmert, als Mutter gestorben war, also würde ich dasselbe für Evelyn tun. Als ihre einzige Verwandte erwirkte ich die Erlaubnis, Evelyn auf einen Urlaub mit nach Kolumbien zu nehmen. Das stellte sich als schwierig heraus, aber dank Manuels guter Beziehungen zu den richtigen Leuten in der Regierung klappte es. Die Adoption wurde durch unseren Anwalt über die Botschaft abgewickelt.

In der ersten Zeit sprach Evelyn kaum. Ich nahm ihr das nicht übel. War es mir nach Mutters Tod nicht ähnlich ergangen? Ausserdem hatte ich mit meinem schlechten Gewissen genug zu tun. Ausgerechnet als Rita mich am meisten gebraucht hätte, waren Manuel und ich für sechs Wochen in den Staaten auf Vortragstour.

Als Evelyn dann mit Erzählen anfing, konnte sie kaum noch aufhören. Es hatte einen Mann gegeben. Konrad. Etwa in Ritas Alter. Evelyns Typ war er nicht, sie fand ihn zu schmierig. Aber sie hatte sich nichts anmerken lassen und sich gefreut, dass ihre Mutter endlich wieder einen Mann gefunden hatte. Nach dem Tod ihres Vaters hätte Rita wie eine Nonne gelebt. Evelyn hätte sich schon Sorgen gemacht. Und Konrad war romantisch, führte sie ins Theater und in teure Restaurants aus. Er besuchte mit ihr die Basler Museumsnacht und lud sie sogar für zwei Tage nach Mailand ein. Es war eine Wirbelwindbeziehung – schnell und zerstörerisch.

Er überredete Rita zu diesem bombensicheren Geschäft. Sie müsse nur 400 000 Franken investieren. Und das war die Stelle in der Geschichte, die ich nie begreifen würde. Nie! Und jetzt, nachdem ich Konrad seit einigen Wochen in seiner ganzen Pracht erlebt hatte, begriff ich es erst recht nicht. Aber Typen wie er wussten, welche Knöpfe sie zu drücken hatten. Dann war Konrad plötzlich verschwunden und – oh, Wunder! – mit ihm das Geld.

Das Erzählen tat Evelyn gut. Es heilte ihre Seele. Aber mir half es nicht. Mich machte es krank. Evelyns Alpträume nahmen in dem Mass ab wie meine zu. Bis zu dem Morgen, als ich aufschreckte und ganz genau wusste, was ich zu tun hatte.

Trotz der Hilfe von Computercracks, die mir ein Freund von Manuel vermittelte, dauerte es eineinhalb Jahre, Konrad zu finden. Wir stöberten ihn in Ascona auf, er entwischte uns. Als er in der Nordwestschweiz auftauchte, wusste ich, es gab ein gebrochenes Herz und ein leeres Bankkonto mehr auf der Welt. Ich musste schnell handeln.

Auftritt Margret Gschwind, reiche Witwe.

Überraschend schnell wollte er sich mit mir treffen. Seit dem Ableben meines geliebten Ehemanns hielte ich es im gemeinsamen Heim nicht mehr aus, behauptete ich, und wohnte im Grand Hotel Les Trois Rois in Basel, bis die Villa verkauft sei. Er könne mich an der Bar treffen, falls er es wünsche.

Ich muss gestehen, dass mich Konrad in den folgenden vier Wochen auf Händen trug. Er tröstete mich, führte mich aus, alles vom Feinsten. Dann säuselte ich ihm ins Ohr, ich müsse für einige Tage verreisen. Nein, ich sei nicht erreichbar und, nein danke, ich bräuchte seine Unterstützung nicht. Wenn ich zurück sei, wolle ich ihm einen ganz speziellen Platz zeigen und mit ihm unsere Zukunft besprechen. Dann bezog ich das Zimmer in Reigoldswil und bereitete alles vor. Als ich ihn wieder kontaktierte, schluckte er den Köder mitsamt Haken.

«Du warst nicht leicht zu finden, Konrad.»

Er stellt das Glas ab, ohne daran genippt zu haben. Aber das spielt keine Rolle mehr.

«Du kannst nicht Ritas Schwester sein. Ich habe dich gegoogelt. Du bist die Witwe des Industriellen Gschwind. Ich habe Bilder von euch auf Empfängen gefunden. Er hat dir Millionen hinterlassen.»

Das bringt mich nun wirklich zum Lachen: «Nein, Schätzchen. Mein Mann ist gesund und munter und einer der führenden Herpetologen Kolumbiens, Spezialgebiet Ranidae.»

Konrads Körpersprache drückt ein einziges «Häh?» aus. Ich gehe nicht darauf ein. «Wo ich herkomme, bekommst du einen einwandfreien Lebenslauf schon ab 3000 Dollar, inklusive elektronischer Spur auf den Social-Media-Plattformen. Und für nur 1000 Dollar zusätzlich kann ich mit einer SMS alles verschwinden lassen. Dazu benötigen die nur eine Tastenkombination. Solltest du auch mal versuchen.»

«Und was hast du jetzt vor?» Das höhnische Grinsen, das er aufsetzt, steht ihm gar nicht. Aber zumindest zeigt er mir so zum ersten Mal sein wahres Gesicht. Auf den Typen, der jetzt vor mir sitzt, wäre Rita nie und nimmer hereingefallen.

«Du kannst mir nichts anhaben. Ich werde alle Beweise vernichtet haben, lange bevor die Polizei bei mir auftaucht. Und nichts von dem, was du dank deiner kleinen Scharade herausgefunden haben könntest, lässt sich vor Gericht verwenden, da durch Täuschung erworben.»

«Mein lieber Schatz», flüstere ich und hauche ihm eine Kusshand zu. «Ich will dich doch nicht anzeigen.»

«Nicht?», stutzt er und sieht wieder ganz interessiert aus, als wittere er eine neue Geschäftsidee.

«Nein, Schatz. Ich werde dich umbringen.»

Er springt so hastig auf, dass er hintüber stolpert. Er fängt sich gerade noch auf, wischt seine Hände an der Hose ab – was jetzt auch keine Rolle mehr spielt – und leckt seine trockenen Lippen.

«Und wie willst du das anstellen?»

Genüsslich nippe ich an meinem Wein. «Der ist wirklich delikat. Du solltest kosten.»

«Du willst mich vergiften. Aber wenn du denkst, dass ich noch irgendetwas von diesem Teufelspicknick anrühre, hast du dich geschnitten.» Konrad dreht sich um und stürmt davon. Er spuckt fast, als er mir über die Schulter zuruft: «Lebwohl, Schatz.»

Ich lächle ihm hinterher. Dafür, dass er so viele Frauen um den Finger gewickelt hat, versteht er von uns eigentlich herzlich wenig. Ich hebe mein Glas.

«Das wäre geschafft, Rita. Du bist gerächt.»

Rita hätte mich wegen so viel Theatralik ausgelacht. Dieser Gedanke bringt mich zum Lachen. Ich lache und lache, bis ich schluchzen muss. Ich wische meine Tränen weg, sorgsam bemüht, mit den Handschuhen nicht zu nah an die Augen zu kommen. Dann trinke ich aus. Es ist wirklich ein gutes Tröpfchen. Ich leere noch Konrads Glas, dann verpacke ich beide wieder sorgfältig. Im Hotel werde ich die harmlosen zu den Picknickresten stellen. Diese hier werden im Altglas-Container beim Werkhof verschwinden, bevor ich das Postauto nehme.

Im Feuermachen bin ich schon immer gut gewesen. Bald lecken Flammen in der Grillstelle an den Handschuhen, reduzieren sie zu Asche. Ich reinige meine Hände sicherheitshalber mit Feuchttüchern, dann packe ich das Picknick zusammen. Hunger habe ich keinen, aber ich esse doch von allem etwas, um den Schein zu wahren.

Auf dem Weg nach unten, sehe ich Konrad zusammengekauert am Fuss des Burgfelsens liegen. Sein Atem geht schwer, Schweiss rinnt ihm über die Schläfen. Seine Lippen laufen bereits blau an.

«Keine Sorge, Konrad», tröste ich ihn, während ich die Schlaufen der Walkingstöcke überstreife. «Du musst nicht mehr lange leiden.»

«Ich … nicht getrunken …», keucht er.

«Natürlich nicht, Schatz. Es war am Glasstiel. Deshalb musste ich dafür sorgen, dass du dir die Haut ritzt. Sagte ich nicht, dass mein Mann Herpetologe mit Spezialgebiet Ranidae ist? Er erforscht Frösche. Pfeilgiftfrösche, um genau zu sein. Tolles Zeug, dieses Batrachotoxin. Es ist bereits in kleinsten Mengen, die in kaum sichtbare Hautritzen gelangen, tödlich. Für die Ärzte wirst du einem Herzversagen erlegen sein. Der Aufstieg hierher ist eben anstrengend. Aber hier stehe ich, plaudere und plaudere, dabei muss ich das Postauto erwischen.»

Die Sonne strahlt wärmer, das junge Laub duftet intensiver, als ich Richtung Dorf wandere. Vom Kirchturm schlägt es ein

Uhr. Wunderbar. Wenn mit den Anschlüssen alles klappt, bin ich morgen um diese Zeit zu Hause.

SOLOTHURN

DAS PERFEKTE VERBRECHEN
SILVIA GÖTSCHI

Kreuzackerbrücke, darunter die Aare. Die Nacht hatte sich wie ein schwarzes Laken über Solothurn gelegt. Dort, wo die Lichter noch nicht angegangen waren, flackerten sie jetzt auf und verwandelten die Stadt in ein nebliges Gemälde. Herbst war's. Die beste Zeit zum Morden.

Das überlegte sich Mechthilde Stampfli, die sich über die Brüstung lehnte und auf das dunkle Wasser sah. Sie war jetzt neunundvierzig; hatte die Lebensmitte längst erreicht. Sie konnte sich nicht vorstellen, hundert Jahre alt zu werden. Es genügte, wenn ihr Angetrauter in Riesenschritten darauf zuging.

Sie könnte ihn über das Geländer hieven. In den letzten Jahren hatte er an Gewicht verloren. Seine Beine waren dünner geworden, dafür der Bauchumfang grösser. Er kam ihr wie ein exotisches Insekt vor. Da vermochten auch die edlen Anzüge des Massschneiders optisch nichts zu verbessern.

Sie hasste ihren Mann.

Wenn er auf der Aare aufschlagen würde, gäbe es kein Zurück. Dumm nur, dass er als ehemaliger Schwimmlehrer eine richtige Wasserratte war. Auch mit seinen sechsundachtzig Jahren würde er es bis zum Ufer schaffen. Er hatte im letzten Sommer jeden Tag zehnmal die Länge eines Olympiabeckens zurückgelegt.

Das Problem war seine Gesundheit. Ihm fehlte einfach nichts.

Ihre biologische Uhr tickte wie der Herzschrittmacher, den sie sich unter seinem Brustkorb wünschte. Jeden Tag schickte sie diesen Gedanken ins Universum. Ohne Erfolg: Justus Stampfli lebte. Und er lebte gesund.

Den Tag startete er mit Joghurt, Birchermüesli und Tee.

Sie könnte dem Müesli Gift oder dem Tee Lauge beimischen. Wenn Frauen morden, tun sie das in der Regel mit Gift. Das war auch bei Agatha Christie so. Mechthilde sah davon ab, es hätte sie sofort entlarvt. Sie musste sich etwas ausdenken, das keine Spur zu ihr hinterliess.

Sie liebte die Nacht.

Die Dunkelheit war ihre Verbündete. Wenn es dämmrig wurde, schlich sie aus der gemeinsamen Villa am Hang in der Nähe des Schlosses Waldegg. Immer freitags. Justus schlief normalerweise vor dem Fernseher ein, nachdem er einen Liter Wein getrunken hatte. Er trank nur am Freitag.

Doch nicht einmal der Alkohol schickte ihn ins Nirwana. Im Gegenteil: Er weitete die Kapillaren, durchströmte das Gehirn und wusch den Kalk weg.

Wenigstens schlief er durch und erwachte jeweils erst wieder, nachdem sie nach Hause zurückgekehrt war. Wenn sie ihn ins Bett begleitete, sabberte er sie mit seinen Küssen voll. Manchmal roch sie den kalifornischen Roten, der ihm aufstiess. Ein Grund mehr, ihm endlich den Gnadenstoss zu geben.

Erschiessen käme auch in Frage.

Mechthilde hörte den Glockenschlag der Jesuitenkirche. Neunmal. Sie schaute die Brücke hinunter. Solothurn lag in diesigem Licht.

Er war immer pünktlich. Sie hätte die Uhr nach ihm richten können. Zielstrebig kam er auf sie zu. Sein jungenhaftes Gesicht erkannte sie erst, als er unter der Laterne stand, die sich wie ein gebeugter Nacken über die Brücke neigte.

Seinetwegen schlich sie aus der Villa.

Sie mochte seine Küsse. Denn diese schmeckten süss. Nach Verheissung.

Dass Ehemann und Geliebter den gleichen Namen trugen, war kein Zufall. Auch keine Vorsehung. Nein, rein familiärer Natur. Altbacken oder vielmehr ein Furz, den Stampfli senior schon früher von sich gegeben hatte – zwei gleiche Namen in der Familie, eine Tradition, die Mechthilde nervte.

Justus und Justus waren Vater und Sohn. Mit zwei Charakteren, die verschiedener nicht hätten sein können.

Mechthilde hätte die Zeit gerne zurückgedreht.

Aus einer Laune heraus hatte sie vor vier Jahren geheiratet. Sie hätte sich diesen Lapsus vielleicht verziehen, wäre sie selbst dreissig Jahre jünger gewesen. Es gab auch im Zeitalter der emanzipierten Frauen Zwanzigjährige, die sich einen Sugar-Daddy angelten, weil sie prinzipiell unter einen Vaterkomplex litten. Sie mussten nicht einmal aus der Ukraine stammen. Vielleicht zog sie auch der Luxus an, die Villa an Solothurns Nobelhang, der Urlaub in Martinique, der Porsche 911. Das Alter konnte kaum ausschlaggebend sein, dass sie sich von einem alten Sack umherkommandieren liessen.

Bei Mechthilde war das ein wenig anders gewesen.

Nach ihrer Scheidung von ihrem letzten Ehemann hatte sie sich eine Arbeit in einem Haushalt gesucht und war bei der Familie Stampfli fündig geworden. Er, ein reicher Ex-Fabrikant, sie seine Muse. Doch kaum angestellt, starb Stampflis Frau an Krebs. Stampfli war danach in ein Loch gefallen, depressiv geworden und hatte sich kaum mehr davon erholt. Mechthilde hatte ihn aus purem Mitleid geheiratet. Sie war schon fünfundvierzig gewesen, ohne wesentliche Perspektiven für eine Zukunft. Eine fidele Grossmutter würde sie niemals werden, denn Kinder waren ihr nicht vergönnt. Die Ehe mit Justus hatte sich zu einer Zweckehe entwickelt. Beide waren auf ihre Weise gut versorgt. Justus hatte die Lebensfreude wiedererlangt, Mechthilde die finanzielle Sicherheit.

Er war ihre Altersvorsorge, sie vielleicht schon bald seine Sterbebegleitung.

Wenn er nicht so verdammt zäh gewesen wäre.

«Darling!» Justus junior nahm sie zärtlich in die Arme. Sie nannte ihn Jusy.

Er war ein Galan, vierzig, gutaussehend. Und ihr Liebhaber – durch und durch.

Keine Freitagnacht ohne Erfüllung. Jede Woche das Friday-Night-Fever. Kein Tag danach ohne die Erinnerung an das Vorher. Unter der Woche zehrte sie davon. Mit Jusy hatte sie ihre überschüssigen Pfunde verloren, spürte sie das Kribbeln wieder, das sie sich früher nur in den wildesten Träumen ausgemalt hatte.

Sie fiel ihm um den Hals. Spürte, wie alles an ihr zu pulsieren begann. Und an ihm. Am liebsten hätte sie es gleich mit ihm auf der Kreuzackerbrücke getrieben. Im Nebel sah es niemand.

Sollte sie ihm heute endlich die Wahrheit sagen?

Du, ich werde deinen Vater umbringen. Ich halte ihn nicht mehr aus. Es war ein Fehler, dass ich ihn geheiratet habe. Ich möchte für dich frei sein.

Nein! Justus liebte Justus.

Ihr Mann hatte Jusy als verlorenen Sohn wieder aufgenommen, nachdem dieser mehrere Jahre auf einer Insel im Pazifik verschollen gewesen war. Manchmal hatte sie geglaubt, der Vater habe den Sohn in die Wüste geschickte, aus welchem Grund auch immer. Er hatte selten von Justus gesprochen, mit Ausnahme davon, dass er ein Taugenichts sei, dem Sinnlichen und den Künsten zugewandt.

Bedurfte es einer Relevanz?

«Was bedrückt dich, mein Darling?»

Bist du im Besitz einer Pistole? Eines Revolvers? Eines Luftgewehrs? Am besten mit Schalldämpfer.

Unmöglich, Jusy darauf anzusprechen. Er würde es nicht verstehen. Sie würde sich weiterhin eine Woche gedulden müssen, bis sie ihn wiedersah. Dabei hätte sie es sich so sehr gewünscht: jeden Tag mit ihrem Geliebten.

«Ich könnte mich scheiden lassen», sagte sie.

Jusy hielt den Finger auf ihre Lippen. «Sag so etwas nicht. Mein Vater liebt dich. Er würde es mir nie verzeihen, sollte ich ihm seine Frau ausspannen.»

Aber ich verachte ihn. «Er würde es verstehen. Er sieht doch, dass wir altersmässig besser zueinander passen als er und ich. Ich bin noch voller Saft und Lebenskraft.»

Jusy drückte sie an sich. «Ich habe eine Überraschung für dich.»

«Eine Überraschung?» Mechthilde küsste ihn auf die Wange. Sie fühlte sich fiebrig: «Wo? Im Hotel?»

«Nein, ausserhalb.»

«Du weisst, dass wir aufpassen müssen. Das war abgemacht: ins Hotel Baseltor und nicht weiter.» Sie stiess ihn sanft von sich. «Ich habe ein ungutes Gefühl.»

«Keine Bange. Uns wird niemand kennen. Solothurn hat über sechzehntausend Einwohner.»

«Ich bin die Frau von Justus Stampfli. Wenn man mich mit einem jungen Lover sieht, könnte die Gerüchteküche zu brodeln beginnen.»

«Sonst macht es dir doch auch nichts aus. Was ist denn in dich gefahren?» Jusy zog Mechthilde mit sich. «Komm. Mein Wagen steht im Parkhaus.»

Mechthilde blieb im Schein einer Brückenlaterne stehen. Es hatte ihr nie etwas ausgemacht, das sah Jusy schon richtig. Aber sie hatte sich auch noch nie so intensiv mit Mordgedanken beschäftigt. Sie musste alles verhindern, was später zu ihr führen würde.

«Du hast doch etwas», sagte Jusy besorgt. «Willst du, dass wir uns nicht mehr sehen?»

Sie schlang ihre Arme um seinen Hals. «Sag so was nicht. Ich liebe dich. Das weisst du. Ich kann ohne dich nicht mehr leben.»

«Die Zeit arbeitet für uns.»

Da war sie sich allerdings nicht sicher. Ihr Mann war putzmunter. Es konnte dauern, bis er das Zeitliche segnete. So lange wollte sie nicht warten, um mit Jusy eine Zukunft zu beginnen. In Stampflis piekfeiner Villa über Solothurn. Er hatte ihr verraten, dass er sein Vermögen ihr vermachen und sie bis an ihr Lebensende Wohnrecht haben würde. Seinen Sohn hatte er auf den Pflichtteil gesetzt, sollte Mechthilde bis zu seinem Tod bei ihm bleiben.

Sie musste ihn beseitigen. Die Art und Weise, wie sie dies bewerkstelligen wollte, war ihr noch unklar.

Sie fuhren jetzt Richtung Waldeggstrasse.

«Du bringst mich nach Hause?» Mechthilde war nicht wohl bei dem Gedanken.

Dann bemerkte sie, dass Jusy die Einfahrt zum Schloss Waldegg passierte.

«Dort sind Leute, die uns kennen könnten», befürchtete sie und sah von Weitem schon die beleuchteten Fassaden des Schlosses durch den Nebel schimmern.

«Und wenn schon. Sie würden denken, dass die schöne Gemahlin meines Herrn Papa mit ihrem Stiefsohn ausgeht. Da ist doch nichts dabei.»

Diese Unbeschwertheit hätte sie auch gern gehabt.

Sollte sie ihn in ihre Pläne einweihen? Wenn er sie wirklich liebte, würde er sie verstehen.

Der Nebel schien hier oben noch dichter, noch unwirtlicher. Graue Schlieren umwogten das Anwesen. Mechthilde erinnerte sich an die gespenstischen Schlösser in Schottland, die sie mit Justus besucht hatte. Sie hätte ihn schon zu jener Zeit um die Ecke bringen können. Er wäre dann einfach in einem Moor verschwunden. Damals hatte sie zwar gewusst, dass es Justus junior gab, aber nicht damit gerechnet, sich in ihn zu verlieben.

Sie liess sich von Jusy die Autotür öffnen und genoss es, wie er mit ihr umging. Sie war froh, dass sie das knielange schwarze Seidenkleid angezogen hatte. Hier würde es vollends zur Geltung kommen.

Sie betraten das Gebäude gegenüber des Schlosses. Früher hatte es als Scheune gedient. Heute fanden dort hauptsächlich Privatanlässe statt.

Nachdem sie ihre Mäntel an der Garderobe aufgehängt hatten, stiegen sie die Treppe hoch und erreichten einen geschmackvoll eingerichteten Raum, in dem sich das Odeur aus vergangenen Zeiten ausbreitete. Ockergelbes Kerzenlicht warf Schatten an die Steinmauern, die einen Kontrast zu den Holzstreben unter dem Dach bildeten. Ein Nicken links, ein Lächeln rechts. Man wollte ja nett sein mit all den Leuten, die Mechthilde Gott sei Dank noch nie zuvor gesehen hatte. Alle waren jünger als sie – in Jusys Alter. Mechthilde schob ihr beklemmendes Gefühl weg.

Sie liessen sich von einer Servierdame, die Jusy Irina nannte, zu einem runden Tisch führen, der bis auf den Boden mit einem weissen Damasttuch bedeckt war. Darauf Kerzen, schönes Geschirr, Silberbesteck, Rosenarrangements.

«Haben wir etwas zu feiern?» Mechthilde setzte sich und griff nach der Menükarte. Kaviar mit Blinis, Austern aus Charente-Maritime, ein Currycrèmesüppchen mit Zitronengras. Schon die Vorspeisen waren Verheissungen.

«Du magst Muscheln, nicht wahr?», fragte Jusy und studierte die Weinkarte.

«Das weisst du doch. Ich liebe subtiles Essen. Zudem hat die Auster eine aphrodisierende Wirkung.» Mechthilde dachte an die bevorstehende Nacht.

«Aphrodite ist ja auch einer Muschel entsprungen.» Jusy lächelte. «Und wusstest du, dass Casanova fünfzig Austern pro Tag schlürfte, um seine Manneskraft zu stärken?»

Austern! Das war das Schlüsselwort. Fünfzig davon würde es nicht brauchen, um Justus senior lahmzulegen. Er litt unter einer Meeresfrüchteallergie. Dass sie nicht schon eher darauf gekommen war!

Mechthilde verzehrte die Köstlichkeiten, die ihr aufgetischt wurden, voller Hingabe. Jeder Bissen bestärkte sie im Vorhaben, ihren Gemahl endlich ins Jenseits zu befördern.

«Du siehst glücklich aus», stellte Jusy fest, der sich ebenso lustvoll dem Muschelfleisch widmete. «Das heisst, dass mir die Überraschung gelungen ist.»

«Und wie!»

Wusstest du, dass dein Vater kollabiert, wenn er Meeresfrüchte isst?

Nein, sie fragte nicht. Auf Mahé war es gewesen, in einem sündhaft teuren Hotel direkt am Meer. Stampflis hatten bereits am ersten Abend eine ganze Platte voller Fische, Krebse, Seeigel und Muscheln bestellt. Kaum hatte Justus von den Schalentieren gegessen, schnappte er nach Luft, wurde kreideweiss im Gesicht, bekam Schweissausbrüche und klammerte sich an Mechthilde fest, die panisch nach einem Arzt schrie. Dieser kam, nachdem der Hoteldirektor die Ambulanz gerufen hatte. Sie fuhren Justus ins Krankenhaus, wo er die Diagnose bekam: Lebensmittelunverträglichkeit infolge Verzehrs von Meeresfrüchten. Der Arzt hatte erklärt, dass dies mit zunehmendem Alter dramatische Folgen haben könne. Justus war behandelt worden und durfte nach zwei Wochen das Krankenhaus verlassen.

Mechthilde würde kein Medikament zur Stelle haben. Ihr Mann würde es nicht überleben.

Sie griff nach der letzten Auster. «Ich liebe sie», schwärmte sie und träufelte etwas Zitrone auf das weisse Fleisch. «Sie schmeckt wie das Meer, fischig und salzig und …», sie dachte an Mahé und ihren Plan, «… nach Freiheit.»

Am nächsten Tag kehrte Mechthilde zurück, nachdem sie die Nacht mit Jusy im Hotel Baseltor verbracht hatte. Beschwingt war sie und summte vor sich hin, als sie für ihren Mann das Frühstück zubereitete. Sie würde gleich heute Morgen zum Markt fahren und ein paar Austern einkaufen oder, wenn es keine gab, irgendwelche anderen Meeresfrüchte. Seit dem Urlaub auf den Seychellen hatte sie nie mehr Fisch gekocht. Sie griff sich an den Kopf. «Was war ich für eine Närrin!»

«Was hast du gesagt?» Justus fixierte seine Frau mit starrem Blick.

Mechthilde überwand sich. «Ach, Liebster. Ich bin einfach sehr glücklich mit dir. Zur Feier des Tages werde ich uns am Abend ein Gala-Dinner zubereiten. Mit feinen Speisen und einem edlen Tropfen.»

«Heute ist aber nicht Freitag», intervenierte er.

Grosser Gott!

«Das habe ich ganz vergessen.» Mechthilde hauchte Justus angewidert einen Kuss auf das schüttere Haar. «Heute könntest du doch eine Ausnahme machen. Ich besorge uns die Speisen, und du suchst den Wein im Keller aus.»

Nach dem Frühstück fuhr Justus gleich weg. Er müsse noch ein Geschenk besorgen, sagte er. «Wenn wir unsere Liebe schon zelebrieren, möchte ich doch auch etwas dazu beitragen.»

Mechthilde sah ihm nach, wie er mit dem 911-er davonpreschte. Der Alte hatte absolut keine Skrupel. Wenn es nach

Mechthilde gegangen wäre, hätte er den Führerschein bereits im letzten Sommer abgeben müssen. Er war in den Gartenzaun gefahren, nachdem er einer jungen Frau auf dem Rad hinterhergesehen hatte. Zum Glück war es ihr eigener Zaun gewesen. Deshalb hatte Mechthilde davon abgesehen, die Polizei zu benachrichtigen.

Sie verschränkte die Arme und lehnte sich an die Küchenkombination an. Von hier aus hatte sie einen wunderbaren Blick ins grosszügig konzipierte Wohnzimmer mit den Designermöbeln, die sie allein ausgesucht hatte. Justus hatte ihr freie Hand gelassen. Vor den Fenstern schimmerte die Abdeckung des Pools, den auch Jusy im Sommer vorigen Jahres benutzt hatte. Im Garten ihres Ehemannes waren sie sich näher gekommen. Mechthilde hatte sofort gespürt, dass zwischen ihnen mehr als nur Sympathie war. Eine Woche später hatten sie sich zum ersten Mal heimlich im Hotel Baseltor getroffen. Seit damals war alles klar zwischen ihnen.

Über ein Jahr hatte sie sich immer wieder nach den Freitagabenden gesehnt. Viele waren es nicht, denn Jusy weilte oft im Ausland. Sie wäre ihm gern nachgereist, aber das wäre Justus nicht recht gewesen. Und zu riskant für sie.

Es war an der Zeit, das zu ändern.

Mechthilde beanspruchte Jusy für sich allein. Basta!

Der Zufall wollte es, dass Justus den ganzen Tag unterwegs war. Mehrmals schickte er eine SMS und beteuerte, dass er das passende Geschenk noch nicht gefunden habe. Mechthilde war es recht so. Dies ermöglichte ihr, das Abendessen in aller Ruhe vor- und zuzubereiten. Mit einem Problem war sie allerdings konfrontiert: Fisch, Krebs und Muscheln rochen nach Fisch, Krebs und Muscheln. Mechthilde verschaffte Abhilfe, indem sie die Teile klein zerhackte und sie zusammen mit einer Unmenge Zwiebeln in Olivenöl anbriet. Später gab sie Pilze dazu. Justus mochte Pilze. Diese schadeten ihm in der Regel nicht, wenn sie ohne böse Absicht zubereitet waren.

Während der tödliche Mix in der Pfanne köchelte, wallte Mechthilde den Teig aus und stach achtundvierzig gleichgrosse Rechtecke aus. Auf die Hälfe von ihnen verteilte sie die Meerfrüchtepilzmischung und deckte sie mit den restlichen Rechtecken zu. Sie bestrich sie dick mit Ei, bevor sie sie in den Ofen schob und bei 200 Grad buk.

Den Tisch schmückte sie festlich. Sie stellte Kerzen auf und arrangierte Trockenblumen. Mit dem Resultat war Mechthilde mehr als zufrieden. Justus würde nicht auffallen, dass er zu seiner Henkersmahlzeit geladen war.

Selbstverständlich schnüffelte er, kaum hatte er das Haus betreten. Trotz seines guten Riechers, kam er nicht auf die Idee, Mechthilde hätte Fisch gekocht. Die Zwiebeln übertünchten alles.

Justus setzte sich selig lächelnd an den Tisch und breitete die Serviette auf seinem Schoss aus. Mechthilde füllte die Gläser mit Rotwein und entdeckte auf ihrem Teller erst jetzt das kleine Päckchen, das ihr Mann offenbar hereingeschmuggelt und unbemerkt hingelegt hatte.

Sie verteilte die Teigtaschen und servierte eine Tomatensauce dazu.

«Ravioli?» Justus geiferte.

«Mit Pilzen gefüllte Eiermehlteigtaschen in Tomatentunke», korrigierte Mechthilde und sah ihrem Mann zu, wie er genüsslich mit der Gabel in die Speise stiess.

«Willst du das Päckchen nicht öffnen?» Der Raviolo schwebte vor seinem Mund.

Mechthilde starrte wie gebannt darauf. «Ja, ja, natürlich.» Sie durfte sich den Todesbiss nicht entgehen lassen. Ohne ihre Augen von Justus' Mund abzuwenden, griff sie nach dem Präsent auf ihrem Teller. Sie löste die Bändchen und riss das Papier weg. Das Logo des Juweliers am Klosterplatz stach ihr ins Auge, und sie ahnte, was gleich zum Vorschein kommen würde.

Da glitzerte er ihr bereits entgegen: ein Solitär. Der Ring mit dem wunderschönen Diamanten, den sie neulich bei Maegli gesehen hatte. Mechthilde steckte ihn sich an den Mittelfinger der rechten Hand. «Ganz bezaubernd.»

Justus schaufelte schmunzelnd die erste Teigtasche in den Mund.

Mechthilde sah abwechselnd den Ring und den mahlenden Unterkiefer an.

«Hmm ...» Justus verdrehte die Augen.

War es etwa schon so weit?

«Was ist das? Schmeckt irgendwie nach ...» Er hustete zum ersten Mal, erholte sich aber rasch.

«Ein Pilzragout. Im Supermarkt an der Brunngrabenstrasse hatten sie heute ein überzeugendes Angebot.»

«Hmm ... wirklich gut.» Justus beeilte sich. Er verschlang das Essen immer so, als könnte man es ihm wieder wegnehmen. Mechthilde lächelte zufrieden.

Komisch, eigentlich hätte er schon längst einen Anfall bekommen und das Bewusstsein verlieren sollen.

Wirkten die Zutaten nicht?

Mechthilde knetete ihre Fingerknöchel weiss und drehte angespannt den Solitär.

Das Bremskabel zu durchtrennen, wäre ebenfalls eine Option gewesen. Bereits in der ersten Kurve wäre der Porsche über die Böschung geschossen. Direkt in eine Tanne, die dem Nachbarn Müller sowieso ein Dorn im Auge war. Er hatte sie schon längst abholzen wollen, aber die Leute vom Heimatschutz waren dagegen. Zu kraftvoll, dieser Baum, fanden sie.

Es musste immer zuerst etwas geschehen, bevor man klug wurde.

Ein markerschütterndes Grunzen holte Mechthilde in die Gegenwart zurück. Justus würgte an einem Bissen. Seine Augen glubschten aus den Höhlen, Schaum trat aus seinem Mund. Röchelnd griff er sich an den Hals. Seine letzte Stunde hatte wohl geschlagen. Jetzt, an diesem Samstag im Herbst, der zu schön war zum Sterben. Aber perfekt, um sich zu befreien.

Mechthilde schaute ihrem Mann dabei zu, wie er sich erst verkrampfte, schüttelte, dann das Bewusstsein verlor. Ohne Eile ging sie zum Telefon, nahm den Hörer in die Hand und wählte die Nummer des Notfallarztes. Das Drama hatte sie zigmal vor dem Badezimmerspiegel geübt. Sie stotterte, schrie und weinte. Man musste es ihr abnehmen: Hier war eine Frau ausser sich vor Verzweiflung und Angst.

«Ich habe versucht, ihn zu reanimieren.» Sie sprach von doppelter Atemspende und den Brustkorb komprimieren. «… dreissig Mal habe ich es getan. Immer und immer wieder … Ich glaube, er ist … tot!»

Die Ambulanz brauchte keine zehn Minuten. Arzt und Pfleger stürmten ins Haus. Sie installierten den Defibrillator, versuchten, Justus Stampfli ins Leben zurückzuholen. Sie setzten Sauerstoff an, eine Kanüle, massen den Puls.

Doch da war keiner mehr.

Sie stellten nur noch den Tod fest.

Stampflis Leichnam wurde in die Rechtsmedizin nach Bern gefahren. Mechthilde stand am Fenster und starrte dem Leichenwagen nach, bis er verschwunden war. Später traf die Kantonspolizei ein und stellte Fragen. Das Wohnzimmer wurde inspiziert, die Küche, die Ravioli, die Abfälle. Nichts wurde ausgelassen.

Ein Polizist mit Namen Zähringer wollte in Erfahrung bringen, ob sie an diesem Abend etwas zu feiern hatten. Mechthilde zeigte ihm den Ring und weinte wieder. Sie bat

Zähringer, ihren Stiefsohn anzurufen und ihm die Hiobsbotschaft mitzuteilen. Sie selbst habe die Kraft nicht dazu. Ihr Leben sei jetzt zerstört. Sie habe ihren Justus doch so sehr geliebt.

Sie beherrschte ihre Rolle wie ein Profi.

Ein paar Tage, Wochen, vielleicht drei Monate, und über alles würde Gras wachsen. Dann würde sie endlich aufatmen können, wäre frei und reich. Vor allem reich. Sie würde sich Jusy in die Villa holen, wo er sowieso hingehörte – mit ihr, seiner Geliebten.

Nach einem Tag stand der Befund fest: Justus Stampfli war an den Folgen eines anaphylaktischen Schocks gestorben. Wie zu erwarten, tauchten die Polizisten mit neuen Fragen auf. Mechthilde behauptete, dass sie nichts über Justus' Allergie gewusst habe und schrie sich noch einmal die Seele aus dem Leib.

Auch Jusy kam vorbei. Wortlos nahm er Mechthilde in die Arme. Sie schluchzte erneut, während sie ihren Kopf an seine Schultern lehnte. Auf ihrem Gesicht zeichnete sich bereits Glückseligkeit ab.

Bald würden sie ein harmonisches Leben führen können. Nach der Beerdigung sollte er hier einziehen und für immer bei ihr bleiben.

«Ich habe einen wichtigen Termin in der Stadt», sagte Jusy. «Kommst du ohne mich klar? Zwei Stunden, vielleicht drei werde ich fort sein.»

Was für eine Frage! Was waren zwei oder drei Stunden angesichts ihres neuen Lebens?

Jusy verabschiedete sich. Wider Erwarten hatte er Vaters Tod gefasst hingenommen.

Mechthilde setzte sich ins Wohnzimmer. So fühlte es sich also an: kein schnarchendes Mannsbild mehr in ihrem Bett, keine Lügen, keine unglaubwürdigen Ausreden. Nicht mehr jeden Mittag und Abend kochen müssen, weil der Alte darauf bestand. Sie würde von nun an machen können, wonach ihr gerade war – und vor allem: Ihr Geliebter würde hier wohnen.

Mit einem warmen Gefühl in der Brust, jedoch erschöpft, schlief sie ein und erwachte erst wieder, als jemand die Glocke beim Eingang betätigte.

Mechthilde schüttelte irritiert den Kopf. Wer konnte das sein? Auf keinen Fall Jusy. Sie sah auf die Uhr. Bald fünf. Draussen dämmerte es bereits. Dieser verflixte Nebel hockte den ganzen Tag schon über der Stadt.

«Grüezi, Frau Stampfli.»

«Herr Zähringer.» Mechthildes Überraschung war nicht zu übersehen.

Was hatte die Polizei hier noch zu suchen? Hinter Zähringer tauchten zwei uniformierte Polizisten auf.

«Gegen Sie liegt ein Haftbefehl vor.»

«Was?» Sie spürte, wie sie rot wurde. Der Schweiss brach ihr aus den Poren.

Zähringer reichte ihr einen Wisch.

Sie sah flüchtig darauf. «Das muss ein Irrtum sein.»

«Ich verhafte Sie wegen des dringenden Verdachts, Ihren Mann Justus Stampfli umgebracht zu haben. Sie haben das Recht zu schweigen. Bitte kommen Sie mit.»

Mechthilde war noch nie in einem Streifenwagen gesessen. Als sie losfuhren, sah sie, wie Nachbar Müller den Hals über den Gartenzaun reckte. Morgen würde das ganze Quartier wissen, dass Stampflis Witwe von den Ordnungshütern abgeholt worden war.

Die Befragung fand in einem nüchternen Raum statt. Ein Tisch, an dem Zähringer und ein Protokollführer sassen. Mechthilde hatte sich ihnen gegenüber gesetzt. Nervös drehte sie an ihrem Ring herum, der plötzlich Symbol für ihre Tat zu sein schien.

Zähringer schlug ein Ringheft auf. «Wir haben hier ein Dokument, das Sie schwer belastet.»

Mechthilde senkte den Blick. Jetzt nur nichts Falsches sagen.

«Erinnern Sie sich an den Urlaub mit Ihrem Mann auf Mahé?»

Mechthilde schluckte leer.

«Ihr Mann wurde im Krankenhaus von Victoria behandelt. Sie unterschrieben damals den Arztbericht und bekundeten damit, dass Sie sehr wohl über die allergische Wirkung von Meeresfrüchten und Fisch wussten. Der Gerichtsmediziner hat Reste dieser Allergene im Magen des Verstorbenen gefunden. Sie haben ihn vorsätzlich vergiftet. Bis Ihnen der Prozess gemacht wird, kommen Sie in U-Haft.»

Im Schloss Waldegg stiess an diesem Abend ein junges Liebespaar mit Dom Perignon an.

«Die Mühe hat sich gelohnt», fand Justus junior. «Ich wusste, wie sie tickt. Es war einfach nur eine Frage der Zeit. Sie war eine ausgehungerte Frau, die mir nicht widerstehen konnte.»

«Und ich bin froh, dass ich dich endlich nicht mehr teilen muss. Es waren harte Freitagnächte für mich, an denen ich dich in Mechthildes Armen wähnte, vor allem auch der Besuch hier im Schloss Waldegg.»

«Jetzt steht unserem Glück nichts mehr im Weg.»

Irina lächelte. «Sozusagen zwei Liquidationen, eine Villa, ein Pool, ein Porsche, viel Geld – und das ohne Anstrengung.»

GRAUBÜNDEN

ABSEITS DER PISTEN
ATTILIO BIVETTI

Im Juli 1990 wird der Tierarztassistent auf die Alp Prasüra oberhalb von Sils Maria gerufen. In der überwaldeten Geröllhalde unter Marmorè liegt ein totes Rind verkeilt zwischen zwei haushohen Felsbrocken. Die Blutspuren am Rücken lassen vermuten, dass es in diesen Spalt gerutscht ist und dort auf dem Rücken liegend vergeblich versuchte, sich zu befreien. Das arme Tier hat wohl grosse Qualen ausgestanden und verendete mit den Klauen zum Himmel, der klassische Tod der Schildkröten. Die einfachste Art, den Kadaver verschwinden zu lassen, ist der Einsatz des Helikopters. So kann das Rind aus der Zwinge befreit und ins Tal transportiert werden. Doch beim Festzurren des Tiers fällt der Haken der Seilwinde in den Spalt zwischen den zwei Felsbrocken hinunter. Solange das Rind diesen steinernen Trichter versperrt, kann man den Haken unmöglich heraufholen. Es braucht einen zweiten.

Die Handgriffe für den Abtransport des Kadavers sind Routine und gelingen reibungslos. Etwas schwieriger gestaltet sich die Suche nach dem Haken, der zwischen den Felsbrocken verschwunden ist. Der Tierarzt zwängt sich in den Spalt hinein, der sich nach unten verjüngt. Mit Müh und Not und dank einer guten Lampe findet er endlich das kostbare Stück. Als er aber seine Hand nach dem Haken ausstreckt … berührt er Knochen. Von Berufs wegen neugierig, erwartet er Reste eines Tierkadavers. Er steckt einen Knochen in die Jackentasche, kriecht aus dem Spalt und übergibt den Haken dem Flughelfer.

Dann nimmt er den Knochen hervor und mustert ihn genauer. Es ist ein Wirbelknochen, aber komischerweise ist er eher flach und nicht dreieckig wie die Wirbel von Fuchs oder Reh. Der Assistent ist gut geschult und hat ein Elefantengedächtnis. Entsetzt schreit er auf: «Sakrament, das ist kein Tierknochen, das ist der Lendenwirbel eines Menschen! Ich muss die Polizei benachrichtigen.» Gesagt, getan.

Der Helikopter ist noch in der Nähe, und die Blauhemden der Kantonspolizei in Silvaplana sind allzeit einsatzbereit und werden direkt auf die Anhöhe von Marmorè geflogen. Aus Neugier und Berufsinteresse wartet der Assistent auf die Polizei, obwohl ihn wegen der Verspätung in Sils unten Vorwürfe seines strengen Chefs erwarten. Die Polizisten stellen fest, dass sich zuunterst in jener Felsspalte, fast wie in einem Grab, das Skelett eines Menschen befindet. Es liegt ganz sauber da, Würmer und Ameisen haben ihre Arbeit getan und die Knochen wie für ein Anatomiepraktikum präpariert! Daneben liegen Baumwollreste und ein paar Zähnchen eines weissen Reissverschlusses.

Die Polizisten rühren nichts an, fotografieren den Fundort und stecken ihn gut sichtbar ab. Das Häufchen Knochen braucht man nicht zu sichern: Der einzige mögliche Interessent wäre der Bartgeier und der wagt sich nicht in den tiefen Spalt hinein. In ein paar Tagen kommen die Spezialisten der Spurensicherung aus Zürich, um die ganze Situation zu untersuchen. Sie werden dann die Knochen zur genaueren Analyse mitnehmen. Die Polizisten und der junge Tierarzt sind sich einig, dass diese Leiche – oder was davon übrig ist – schon lange in diesem verborgenen Grab liegt.

Zurück in Silvaplana informieren die Polizisten Kommissar Nuot Nes über den Fund. Er hört aufmerksam zu, denkt kurz nach und sagt: «Bringt mir die Fotos und den einzelnen Wirbel. Zum Fundort gehe ich nicht. Nach so vielen Jahren gibt es sowieso keine Spuren mehr. Und das Studium abgenagter Knochen ist weder meine Leidenschaft noch meine Kompetenz.»

Nuot Nes und sein Assistent Marco Mangiù trinken gerade Kaffee, und Marco isst zwei Nussgipfel dazu. Nuot erklärt die Situation und beauftragt Marco, am nächsten Tag nach Vermisstmeldungen der letzten dreissig Jahre zu suchen, aufgegeben für Personen, die auf der rechten Talseite zwischen Sils und Silvaplana verschwunden sind. Dann sprechen die beiden noch über die Olympischen Spiele in Barcelona, die im nächsten Monat beginnen, und über den Umbau der Küche auf Marcos Maiensäss.

Vier Tage später kommen die Zürcher. Nuot Nes begleitet sie nun doch zum sonderbaren Fundort, aber eher anstandshalber als in der Hoffnung, etwas Neues zu entdecken. Und um sich etwas kompetenter zu fühlen, wenn er über die Situation in Marmorè spricht. Diesmal sind die Zürcher schneller als die Engadiner. Schon zwei Tage nach dem Augenschein bekommt Nuot Nes folgenden Rapport auf den Schreibtisch: Es handelt sich um die Knochen einer etwa 25-jährigen Frau. Schädel und Unterkiefer wurden den Zahnspezialisten übergeben. Anhand von Zahnarztakten könnte man bei konkreten Hinweisen auf die mögliche Identität der jungen Frau eindeutige Übereinstimmungen finden. Das fast vollständige Skelett habe man praktisch intakt vorgefunden. Es sei merkwürdig, dass das Rückgrat am ersten und zweiten Halswirbel einen deutlichen Knochendefekt aufweise. Möglicherweise habe sich die Frau an der Fundstelle das Genick gebrochen. Beim Einbruch einer morschen Schneebrücke wäre sie beispielsweise etwa fünf bis sechs Meter zwischen die Felsbrocken hinuntergefallen. Da wäre ein Genickbruch nicht ausgeschlossen oder sogar wahrscheinlich.

Marco Mangiù verbringt zwei anstrengende Tage in den Archiven und muss viel Staub schlucken. Aber am Abend des zweiten Tages weiss er schon einiges zu berichten: In der Region zwischen Sils und Silvaplana sind in den letzten dreissig Jahren nur zwei Personen verschwunden. Zuletzt ein über 70-jähriger Mann, der im Herbst 1987 an einem Tag mit sintflutartigem Regen wandern gegangen war. Welche Richtung er eingeschlagen hatte, erfuhr man nie. Die Spurensuche im grossen Gebiet war erfolglos gewesen.

Die zweite Person war eine 27-jährige Susi Blum aus Birmensdorf. Sie verschwand 1967, etwa Mitte Mai, nachdem sie mit der Corvatschbahn bis zur Mittelstation Murtèl gefahren war. Sie hatte beabsichtigt, auf dem gefrorenen Frühlingsschnee über den schattigen Hang unterhalb der Chastelets ins Tal hinunterzufahren. Die junge Frau war eine geübte Skifahrerin und verbrachte jeweils fast den ganzen Winter im Ferienhaus ihrer Familie. So war sie dem Personal der Luftseilbahn wohlbekannt. Ein Angestellter hatte es auch ermöglicht, dass sie bis zur Mittelstation fahren konnte, obwohl die Bahn offiziell ausser Betrieb war. Drei Tage später hatte ein Nachbar die Polizei alarmiert. Susi sei seit drei Tagen nicht aufgetaucht, und im Haus sei es immer dunkel gewesen. Auch im Unterland hatte man keine Nachricht von ihr. Die eingeleitete Suchaktion war vergebens, nach drei Tagen konnte man ihre Spuren im Schnee nicht mehr finden. Die ganze Gegend unter den Chastelets und auf den Alpweiden von Surlej war ohne Erfolg durchforstet worden.

Susi Blum würde den Schilderungen der Zürcher Forensiker recht gut entsprechen. In den sichergestellten Akten ihres damaligen Zahnarztes befinden sich Rapporte und Röntgenbilder. Marco schickt die Unterlagen sofort nach Zürich, um sie mit dem Kieferknochen der Unbekannten von Marmorè zu vergleichen. Schon am nächsten Tag kommt der Befund aus Zürich: Der unterhalb von Marmorè gefundene Schädel gehört zweifellos Susi Blum.

Nuot Nes studiert nun nochmals sorgfältig die umfangreichen Akten zu diesem Fall. Seine Vorgänger hatten 1967 ganze Arbeit geleistet, waren jeder Spur gefolgt. Wo waren wohl die Reste ihres gelben Skianzugs, die schwarzen Skischuhe der Marke Lange mit Spoilern, die bis hoch in die Waden reichten? Wo waren die Skistöcke geblieben und die gelben Attenhofer, die zu den ersten Kunststoffski gehörten? Trotz aufwändiger Recherchen war es nie gelungen, auch nur kleinste Indizien zur Klärung des Unfallhergangs an jenem Maitag 1967 zu sichern. Es folgt eine handschriftliche Beschreibung des ganzen Falls und aller Befragungen, angereichert mit Aussagen von Susis Freunden und Bekannten, welche die Polizei damals verhört hat. Beim Studium der faszinierenden Materie stösst der Kommissar auf folgende Geschichte:

Susi Blum, eine junge Schauspielerin aus gutem Haus, verbrachte winters ihre ganze Freizeit – und diese war beträchtlich – im Engadin. Die Blums hatten dort ein Ferienhaus, das der jungen Frau zur freien Verfügung stand. Jeden Tag fuhr Susi Ski auf dem Corvatsch. Sie hatte eine grosse Leidenschaft für Abfahrten abseits der Pisten auf dem Harschschnee im März und April. In jenem Jahr fuhr sie häufig in Gesellschaft von zwei verwegenen jungen Männern: Der erste war Alfredo Buonvivone, ein junger Ingenieur aus Bergamo, gut dreissig Jahre alt. Auch er stammte aus einer sogenannt besseren Familie und konnte sich deshalb über einen Monat Skiferien leisten. Der zweite war Martin Dutsch, ein junger Einheimischer, Agronomiestudent in Zürich. Wenn Wetter und Schneeverhältnisse gut waren, stahl er sich immer wieder für ein paar Tage zum Skifahren aus Zürich in seine Heimat davon.

Die drei pflegten morgens die erste Gondel zum Corvatsch zu nehmen. Bis sie auf der Bergstation waren, hatten sie meist bereits einen Bekannten oder einen Skilehrer gefunden, der den Betriebsleiter der Luftseilbahn, Herrn Mappin, in eine lange, häufig banale Diskussion verwickelte. So fand dieser überaus pedantische und gewissenhafte Mann weder Zeit noch Gelegenheit zu verhindern, dass sich die drei währenddessen über den steilen Couloir auf dem Harschschnee Richtung Sils davonmachten. Diese Route war strengstens verboten. Wenn immer Herr Mappin jemanden erwischte, der ohne Bergführer die Route über den Couloir einschlug, gab es ein regelrechtes Donnerwetter, und der Missetäter riskierte sogar, seine Saisonkarte abgeben zu müssen. Es war den dreien aber immer gelungen, ihn abzulenken. So hatten sie es nie mit dem grossen Manitu der Pisten und des SOS-Dienstes zu tun bekommen.

Wenn die Verhältnisse gut waren, reichte es für zwei oder manchmal sogar für drei Abfahrten, bevor der Schnee gegen Mittag nass und schwer wurde. Die jungen Leute kannten die Gefahren des Frühlingsschnees und brachen stets rechtzeitig ab. Dann kehrten sie in die Beiz des temperamentvollen Wirts mit dem schnellen, unruhigen Blick ein. Nach dem obligaten Bierchen, das nirgends so gut schmeckte wie hier, wurde noch ein Salat serviert. Zum einfachen, aber schmackhaften Mittagessen gönnten sie sich dann ein Glas Wein. Nach dem Essen ging jeder seines Weges, der Student und die Schauspielerin mussten lernen, der Ingenieur schrieb Offerten. So liessen es sich die drei Skifahrer gut gehen und freuten sich des Lebens.

Susi war eine schöne Frau und reizte gerne und manchmal fast gleichzeitig ihre beiden Begleiter etwas auf. Die jungen

Männer verhielten sich brav wie gut dressierte Hunde, die ihrer Herrin folgen und ihr jeden Wunsch von den Lippen lesen. Dem jungen, verlegenen Studenten, mit Mädchen wenig erfahren, machte Susi schöne Augen, streifte oder streichelte ihn wie zufällig, um ihn dann wieder ganz zu ignorieren und mit brennender Begierde allein zu lassen. Der etwas ältere Italiener, den Umgang mit Frauen gewohnter, ein Charmeur und gestandener Mann, liess sich natürlich nicht an der Nase herumführen und parierte Susis Spielchen mit Bravour. Susi und Alfredo versuchten, die gegenseitige Anziehung zu verbergen, um den armen Studenten nicht zu sehr leiden zu lassen.

Im April jenes Jahres herrschten grossartige Bedingungen. Die drei Skifahrer hatten an die zwanzig Tage das Variantenfahren geniessen können. Die Dreiecksbeziehung war gegen Ende Monat etwas aus den Fugen geraten, da der junge Student nach einer gewissen Zeit doch Lunte gerochen hatte: Susi und Alfredo trafen sich auch nach dem Mittagessen und sogar abends. Es hatte dann aber nie wirklich Streit gegeben, und den letzten gemeinsamen Abend der Saison begossen sie reichlich. Da Susi erst Ende Mai wieder ein Engagement hatte, konnte sie noch drei Wochen länger bleiben. Natürlich musste sie ihre Rolle üben, bei gutem Wetter wollte sie allerdings weiterhin skifahren. Anfang Mai stellte die Luftseilbahn den Betrieb für Revisionsarbeiten ein, und so war die Skisaison ein für allemal zu Ende. Nur ein einziges Mal hatte sie mit ihrem unwiderstehlichen Charme einen Angestellten dazu gebracht, sie mit der Gondel noch wenigstens bis zur Mittelstation fahren zu lassen. Von diesem Ausflug war die aktive und lebensfrohe junge Frau nie zurückgekehrt.

Zu den ersten Verhören waren natürlich auch Alfredo und Martin vorgeladen worden. Es ging nicht nur um Informationen. Sie wussten womöglich etwas mehr über die Hintergründe, vielleicht sogar zu viel? Die Möglichkeit, dass einer der beiden etwas mit Susis Verschwinden zu tun haben könnte, lag auf der Hand. Gemäss den Akten hatten sich die Alibis der beiden Männer jedoch als solid erwiesen: Alfredo konnte beweisen, dass er an jenem Tag ein wichtiges Gespräch beim Strassenamt in Bergamo gehabt hatte. Er hatte seinen Vater vertreten, den Inhaber und Direktor eines grossen, auf die Planung von Autobahnen spezialisierten Ingenieurbüros. Der Student war am Abend vor Susis Verschwinden an einem Konzert von Hank Jones im Zürcher Volkshaus gesehen worden und hatte am nächsten Vormittag an der ETH ein Seminar über die Intensivfütterung von Milchkühen besucht. Daran erinnerten sich Kommilitonen. In seinem Testatheft fand sich die Unterschrift des Assistenten, die man nur für die persönliche Abgabe einer obligatorischen Arbeit erhielt.

Die Alibis waren also hieb- und stichfest. Ein einziges Detail, das nicht ganz zu Martins Art passte, hatte ein Kommilitone zu Protokoll gegeben: Martin müsse an jenem Morgen etwas betrunken gewesen sein, denn er habe Zürcher statt Bündner Dialekt gesprochen. Unter dieses Protokoll hatte der damalige Kommissar von Hand eine kleine Bemerkung gemacht und mit einem Ausrufzeichen versehen: Er selbst habe die Schulen in Samedan besucht, aber nach vielen Jahren in einer anderen Gemeinde das dortige Lokalkolorit übernommen. Wenn er aber in Samedan länger als eine halbe Stunde am Stammtisch hängen bleibe, spreche er wieder wie anno dazumal.

Der Fall war ad acta gelegt worden. Einer der erfreulicherweise seltenen Fälle, die mit vielen Fragezeichen, aber ohne oder nur mit wenigen Antworten, in den Archiven verschwinden.

Nun wissen Nuot Nes und Marco Mangiù ein wenig mehr. Sie wissen, wo die junge Frau den Tod gefunden hat. Aber auch mit viel Phantasie lässt sich der reale Film des letzten Dramas und traurigen Schicksals von Susi Blum kaum rekonstruieren. Nuot Nes schickt sogleich ein Detachement nach Marmorè, um zwischen den Felsen nach weiteren Spuren zu suchen. Ihm fehlen insbesondere die Ski und Skischuhe aus synthetischem Material, das in der Natur Jahrtausende überlebt und von keinen Tieren gefressen wird. Diese Beweisstücke müssten noch zu finden sein.

Seine Trabanten kehren erst abends spät zurück und rapportieren: «Die Schuhe haben wir recht schnell gefunden. Der schlankste von uns ist in jenen Spalt hinuntergestiegen, hat ihn noch besser als das erste Mal abgesucht – und siehe da: beide Schuhe waren in der gleichen Ecke des Spalts, oder besser gesagt des Grabs der armen Susi. Aber die Ski schienen verschwunden. Eher zufällig als durch systematisches Suchen haben wir sie dann unter zwei grossen Steinplatten gefunden, in etwa achtzig Meter Entfernung. Auch die Skistöcke lagen neben den schwarz-gelben Attenhofer!»

Nuot Nes überlegt kurz und sagt seinem Assistenten Mangiù: «Das gute Kind hat wohl eine Rast gemacht, die Ski ausgezogen, auf den Felsbrocken gefrühstückt, ist dann dazwischen hinuntergefallen und hat sich das Genick gebrochen.» Betretenes Schweigen.

Dann meint Marco mit einem bösen Grinsen und natürlich mit vollem Mund: «Oder ein guter Freund hat beim Runterfallen etwas nachgeholfen.»

«Iss und schweig», antwortet Nuot, «wir haben keine Indizien für einen Mord. Die beiden einzigen, die für eine solche infame Tat in Frage kämen, haben wie in Granit gemeisselte Alibis. Wo willst du nun nach zwanzig Jahren anfangen zu buddeln? Ich wiederhole: Unsere Vorgänger haben ganze Arbeit geleistet. Wir könnten es heute nicht besser. Du weisst ganz genau, wie ungerne ich einen Fall ungelöst ablege, ohne die Gegebenheiten und den Hergang ganz kapiert zu haben. Aber hier wird uns nichts anderes übrig bleiben.»

Marco schluckt einen trockenen Bissen Puschlaver Ringbrot hinunter und sagt: «Setze doch wenigstens einen schönen Bericht der ganzen Geschichte in die Zeitung. Erstens hast du eine gute Schreibe, so dass der Staat auch einmal die Leser unterhalten könnte. Und zweitens habe ich ein Körnchen Hoffnung, dass du nach gut zwei Jahrzehnten einen Bären aus dem Winterschlaf wecken könntest.»

«Übertreibe nicht, ich bin kein Schriftsteller. Ich versuche höchstens, ein paar Buchstaben auf die Reihe zu kriegen. Und manchmal macht es sogar Sinn, was ich da so schwarz auf Weiss zu Papier bringe. Aber deine Idee ist gar nicht schlecht, besonders dein zweites Argument überzeugt mich.»

Zehn Tage später erscheint in der Posta Ladina die Geschichte über das Verschwinden von Susi Blum. Der Text gleicht demjenigen, der weiter oben steht. Um eine grössere Leserschaft zu erreichen, übersetzt Nuot Nes den Bericht ins Deutsche, so dass Susi nun zweisprachig verschwindet. Die deutsche Fassung wird sogar von der NZZ übernommen. Es ist gewiss das erste Mal in der Literaturgeschichte, dass ein einfacher, aber gut formulierter Polizeibericht zum Bestseller wird!

Es vergehen einige Wochen. Nuot Nes und Marco Mangiù müssen sich um neue Fälle kümmern. Eine Bande Krimineller treibt ihr Unwesen im Engadin. Sie manipulieren Geldautomaten in Läden, bei Tankstellen und vor den Banken und machen so grosse Geschäfte. Nuot hat eine Spezialeinheit eingesetzt, die im Verborgenen agiert und versucht, die Vögel in flagranti zu fassen.

Nuot und Marco warten gespannt auf einen Anruf des Chefs der Spezialeinheit, der anscheinend zwei Leithammel der Gang gefasst hat. Eher um die Nervosität zu überspielen, als um Arbeit zu erledigen, öffnet Marco die Post, welche die Sekretärin eben auf sein Pult gelegt hat. Als Philatelist sieht er sofort, dass einer der Briefe mit einer Briefmarke aus Neuseeland frankiert ist. Dieser Brief wird selbstverständlich als Erster geöffnet.

Ein gewisser Johannes Gauss, der seit fünfzehn Jahren in Wellington als Agronom arbeitet, schreibt, er habe Nuots Bericht in der NZZ gelesen. Als Studienkollege von Martin Dutsch habe er damals der Polizei gegenüber ausgesagt, Martin sei an jenem Vormittag beim Seminar über die Fütterung von Hochleistungskühen anwesend gewesen. Er sei sich zwar ganz sicher, Martin am Vorabend am Hank-Jones-Konzert gesehen zu haben. Aber er sei auch derjenige, der die Polizei auf Martins sonderbare Aussprache am nächsten Morgen hingewiesen habe. Er bereue es noch heute, nach zwanzig Jahren, nicht hartnäckiger auf dieser Tatsache beharrt zu haben. Im November komme er für einen Monat in die Schweiz. Wenn der Fall dann noch aktuell sei, unterhalte er sich gerne mit dem Kommissar und Schriftsteller Nuot Nes. Er sei schon eine Ewigkeit nicht mehr im Engadin gewesen.

Marco lacht laut auf. «Siehst du, dieses Mal hatte ich den guten Riecher.» – «Ruhig Blut, mein Freund, für Prahlerei ist's noch zu früh. Was uns Gauss schreibt, ist nicht viel wert und bedeutet rein gar nichts. Höchstens der ‹Blick› würde eine solche Geschichte zu einem Krimi voller Dramatik und mit viel Blut aufbauschen.»

Fünf Tage später kommt ein zweiter Brief mit einer exotischen Briefmarke, diesmal aus Bolivien. Marco öffnet ihn und liest laut vor:

Finca Sant'Assunta, Cochabamba, 18. August 1990

Sehr geehrter Herr Kommissar
Mit Freude und gossem Schmerz habe ich Ihren Bericht über Susi Blum in der NZZ gelesen. Die rätoromanische Originalfassung

habe ich erst eine Woche später erhalten und ebenso gründlich gelesen. Sie schreiben unsere Muttersprache wirklich mit grossem Talent! Für einen wie mich, der seit fast zwanzig Jahren gegen das Geschwür des Heimwehs nach dem Engadin kämpft, war diese Lektüre Balsam für die Seele.

Ich bin Martin Dutsch, ja, genau jener Dutsch. Nach Abschluss des Agronomiestudiums hatte ich die Möglichkeit, nach Bolivien zu gehen. Für einen jungen Agronomen, der vor lauter Arbeitseifer und Leistungswillen fast zerspringt, gibt es in Entwicklungsländern viel mehr Möglichkeiten und Raum, seinen Kräften freien Lauf zu lassen, als im engen alten Europa. Ich habe hier meine Berufung gefunden, meinen Traumberuf und volle Befriedigung bei der Arbeit. Ich weiss, dass dies alles Sie kaum interessiert. Umso mehr werden meine Erinnerungen Ihr Interesse wecken. Es könnte die Fortsetzung und Vervollständigung ihrer in der Zeitung veröffentlichten Reminiszenz sein. Die folgende Geschichte könnte den Titel tragen: «Martins Geständnis nach über zwanzig Jahren ...»

Susi Blum, Alfredo Buonvivone und ich waren wirklich ein tolles Dreiergespann – solange es ums Skifahren ging. Wir genossen die gemeinsame Zeit, fühlten uns stark, waren glückliche und gute Skifahrer. Susi war einige Jahre älter als ich. Ich armer Tropf hatte kaum Erfahrung mit Mädchen, und diese Schlange reizte mich dauernd mit verführerischem Lächeln, mit zufälligen Berührungen des Ellbogens oder gar der Brust, wenn sie an mir vorbeiging. Aber mehr war da nicht zu haben. Alfredo war immer dabei und bewachte Susi wie ein Bergamaskerhund seine Schafherde. Ich brannte, und Susi goss stets etwas Öl ins Feuer.

Gegen Ende April, an einem der letzten Tage unserer gemeinsamen Skiferien, habe ich durchschaut, dass Susi nicht wie vorgetäuscht, intensiv ihre nächsten Rollen übte. Bei Susi zu Hause wurde ein anderes Theater gespielt. Der Gespiele war Alfredo, die Handlung war: Liebe ohne Grenzen. Ich war darauf und daran durchzudrehen. Ich telefonierte Susi und erklärte ihr halb verzweifelt, ich müsse mit ihr sprechen. Susi wollte lieber noch etwas Wasser den Inn runterfliessen lassen. Sie glaubte wohl, mein Liebeswahn würde sich mit der Zeit etwas legen. «Komm, lass uns in etwa zehn Tagen zusammen nach Murtèl fahren und über die Hänge von Curtinellas hinunterkurven. Wenn das Wetter gut ist und die Nacht kalt, trägt uns der gefrorene Schnee bestimmt. Einen guten Geist, der uns mit der Gondel hochfahren lässt, werde ich bei der Luftseilbahn schon finden.»

Mir blieb nichts anderes übrig, als ihren Vorschlag anzunehmen. Drei Tage vor unserem Wiedersehen war meine Wut nur noch grösser. Ich teilte ihr mit, einem Freund versprochen zu haben, für ihn auf der Alp Margun (sie liegt unter der heutigen Bergstation von Furtschellas) den alten Holzkochherd zu reparieren. Dieser Freund durfte während der Jagd die Hütte der Gemeinde nutzen und musste dafür gewisse Reparationsarbeiten leisten. Susi kannte freilich jene Alp und war einverstanden, mich dort zu treffen.

Nach dem Jones-Konzert ging ich mit Freunden noch etwas trinken und fuhr dann etwa um zwei Uhr morgens ins Engadin. Zum Seminar am nächsten Morgen hatte ich meinen Freund Hansjörg delegiert, ein Archäologiestudent, der mir sehr glich. Er reichte meine Seminararbeit ein und nahm das Testat entgegen. Meinen Eltern im Engadin erzählte ich nicht, dass ich nach Hause fahren würde. Ich parkte mein Auto neben der alten Sägerei, buckelte den Rucksack und lief mit den Fellen an den Ski in etwa einer Stunde auf die Alp Margun. Nach ausgiebiger Rast und Stärkung kleidete ich den Holzherd in der Hütte, so gut ich konnte, mit Schamottsteinen aus. Gegen halb neun war die Arbeit erledigt. Ich wusch mich am Bach und setzte mich vor der Hütte an die Sonne. Es verging keine halbe Stunde, da hörte ich das Zischen von Ski auf dem Harschschnee und einen wohlbekannten Juchzer. Es war Susi. Ich war entschieden bereit zu einer Auseinandersetzung mit diesem sympathischen Teufelchen. Aber Susi war schneller und raffinierter. Ihr leuchtender Katzenblick, ihr süsses Lächeln, ein zärtliches Kosen *meiner Stirn liessen mich Kopf und Kontrolle verlieren. Alle zurechtgelegten Sätze waren vergessen, ich fühlte mich wie Wachs neben einem brennenden Kerzendocht. Diese Blicke, diese Händchen, diese Küsse, ich verging ...*

Zwei Stunden später erwachte ich aus einem tiefen Schlaf. Ich lag in der Hütte auf der Pritsche, fühlte mich glücklich und federleicht. Susi meinte, der Schnee sei bestimmt schon ganz morsch geworden, die Abfahrt sei wohl nur noch über den schattigen Hang unter Marmorè hindurch zu schaffen. Sie machte sich auf, ich folgte wie der Dackel seiner Herrin. Als wir unter Marmorè durchfuhren, hielt Susi an und sagte: «Hier kommen wir auf den Ski nicht mehr durch. Wir müssen aufpassen, auf dem Weg zur Sägerei hinunter nicht in einem Loch zu verschwinden. Wenigstens müssen wir keine Nasslawinen fürchten, dafür hat es hier zu viele Steine und Bäume.» Sie nahm die Ski ab, setzte sich auf einen Stein und machte mir ein Zeichen, neben ihr Platz zu nehmen.

Jetzt schaute sie mich ganz ernst an und sagte: «So, mein Junge, hier endet meine Lektion. Bei deinen ersten Schritten habe ich dir nun gehörig auf die Sprünge geholfen, auf deinem weiteren Weg mit den Frauen musst du nun selber gehen lernen! Es war ein vergnügliches Intermezzo, ein schönes Spiel. Ich lasse mir mein Leben aber nicht von altbackenen Moralvorstellungen diktieren. Deshalb brauchst du auf Alfredo nicht eifersüchtig zu sein. Auch er war nicht mehr als ein kleines, angenehmes Abenteuer für diese Tage im Engadin. Ihr zwei habt andere Erwartungen an eine Frau, als ich an die Männer. Befreie dich von deinen Gefühlen, zähme deine Wut, fasse dich und versuche zu lachen. In drei Wochen ist die Wunde geheilt, die dich jetzt noch ganz zu lähmen scheint. Nimm das Leben nicht zu ernst!»

Lange Zeit blieb ich ganz ruhig, dann musste ich weinen, wenig später schreien, Krämpfe durchzuckten den ganzen Körper. Ich stand auf, sprang herum und hatte plötzlich einen Ski in der Hand. Aus einem Impuls heraus, ohne zu überlegen, folgte ein perfekter

Schlag auf Susis Genick. Sie kippte, und ich wurde wohl ohnmächtig. Als ich wie aus einer Narkose aufwachte, realisierte ich erst, was ich getan hatte. Vielleicht würde Susi wieder aus ihrer Ohnmacht erwachen …? Aber sie wachte nie mehr aus ihrem Traum freier Liebe auf.

Wie in Trance liess ich Susis Körper zwischen den beiden Felsbrocken verschwinden, auf denen wir unsere letzte Rast gemacht hatten. Es schien mir ewig zu dauern, bis ich den Aufprall des Körpers auf dem Grund des Spalts hörte. Ich habe keine Ahnung, warum ich die Ski und Stöcke etwas weiter weg in ein anderes Loch geworfen habe. Ich weiss nicht mehr, wie ich bis zur Sägerei ins Tal hinuntergelangt und mit dem Auto bis nach Zürich gekommen bin. Ich muss die ganze Fahrt wie im Traum gemacht haben.

Erst in Zürich wurde mir bewusst, dass ich dank der Vertretung durch Hansjörg ein perfektes Alibi hatte. Ich war zum Mörder geworden, hatte das einzige Wesen getötet, das ich bewunderte und liebte. In den folgenden Monaten ging ich durch die Hölle. Ich veränderte mich vollkommen, wurde ganz hart und sehr vorsichtig. Zeitweilig litt ich sehr, konnte nicht schlafen, wandelte ganze Nächte lang ziellos durch die Stadt. Wie oft war ich entschieden, bei der Polizei eine Selbstanzeige zu erstatten! Aber mir fehlte der Mut. Eigentlich hoffte ich fast, dass sie mich eines Tages stellen würden.

Als ich das Studium abgeschlossen hatte, ergab sich die Möglichkeit, eine Stelle in Bolivien zu bekommen. Sie werden jetzt verstehen, dass es nicht Fernweh war, das mich zur Auswanderung trieb. Es waren das schlechte Gewissen und eine existentielle Angst. In Bolivien arbeitete ich wie ein Irrer. Die Arbeit befreite mich, in der Freizeit litt ich wie ein Hund. Am liebsten hätte ich vierundzwanzig Stunden gearbeitet, Tag und Nacht. Meine Kollegen und Mitarbeiter dachten, ich sei von Sinnen. Sie wussten, dass Schweizer viel arbeiten, aber so schuften wie Martin konnte nur ein Wahnsinniger! Ich hatte kein Bedürfnis nach Gesellschaft, lebte wie im Schneckenhaus, wie ein Mönch ohne Kloster. Meine grosse Liebe hatte mich im wahrsten Sinn kastriert.

Nun, nach über zwanzig Jahren, habe ich genug gelitten. Vielleicht waren die Jahre in Bolivien härter als eine Gefängnisstrafe in der Schweiz. Es ist eigenartig: Nachdem ich Ihren Artikel gelesen hatte, Herr Nuot Nes, fühlte ich mich erlöst und brachte sofort die Fortsetzung von Susi Blums Geschichte zu Papier.

Was jetzt noch folgt, ist nicht als Entschuldigung gemeint. Es soll nur Aufschluss geben über die klägliche Lage eines Mannes, der gelitten hat, der sehr viel Zeit hatte, über seine Fehler nachzudenken und mit den schrecklichen Folgen eines verhängnisvollen Augenblicks zu leben, der sein ganzes Leben zerstört hat.

Die Schweiz hat kein Auslieferungsabkommen mit Bolivien. Mord verjährt in der Schweiz nach 25 Jahren. So könnte ich in drei Jahren ohne Risiko in meine Heimat zurückkehren, die ich gezwungenermassen verlassen musste. Ihr Juristen werdet meine Tat wohl eher als Totschlag bewerten, von einem jungen Mann im Affekt begangen, der seine Gefühle nicht unter Kontrolle hatte. Ich habe bereits erwähnt, dass ich nun seit über zwanzig Jahren im Fegefeuer lebe. Meine Untat kann ich mir nicht verzeihen. Ich habe das Leben der einzigen Frau auf dem Gewissen, die ich je geliebt habe. Diese Tatsache ist eine lebenslange Strafe! Die zweite Strafe ist – und diese können nur wahre Engadiner in erzwungenem Exil beurteilen – in der Fremde leben zu müssen, ohne das Engadin je wiederzusehen.

Mit Hochachtung
Martin Dutsch

Nuot Nes, zwar Kriminalkommissar, aber auch ein grosser Menschenfreund, antwortet mit einer Postkarte, die den Silvaplanersee mit dem Marmorè zeigt: Als Kommissar bedaure er, den Schuldigen nicht zur Rechenschaft ziehen zu können.

Als Mensch fühle er Mitleid oder könne wenigstens nachvollziehen, dass Martins schweres Schicksal wohl Strafe genug sei, um seine Tat zu sühnen. Er unterschreibt mit «Nuot Nes, Engadiner».

Aus dem Rätoromanischen von Rico Valär

BERN

DER BELPBERG IN ROT UND BLAU
SUSY SCHMID

Evi Gygax hob die Klappe des Briefeinwurfs am Postgebäude an und schob eine Plastikpackung mit 150 Gramm Bündnerfleisch durch den Schlitz. Erst fünf Minuten später, in der Küche ihres Elternhauses am Kirchweg, merkte Evi, dass sie statt zweier Briefe ihr Mittagessen aufgegeben hatte. Sie seufzte und brach zu einer zweiten Runde durchs Dorf auf.

Vor der Käserei blieb sie stehen. Ein Stück Morbier würde ihren Lunch perfekt ergänzen. Allerdings hatte sie das Geschäft seit Jahren nicht mehr betreten – zu ungut (um nicht zu sagen katastrophal) – waren Evis Erinnerungen an seine ehemalige Besitzerin. Und desaströse Geschehnisse, ob aktuell oder lange vergangen, hatte sie im Moment genug zu bewältigen, also verkniff sie sich den Morbier und kaufte stattdessen im Dorfladen ein Netzli jener amüsanten kleinen Käselaibe, welche einzeln mit einer roten Wachsschicht umhüllt sind. Und einen Bio-Apfel, ohne Wachsschicht. Und nochmals Bündnerfleisch.

Zurück am Kirchweg in Hölibach erledigte Evi zuerst einmal alles, was ihre Eltern ihr aufgetragen hatten. Sie waren für drei Wochen in die Ferien nach Süditalien gefahren, was sich als kluge Entscheidung zu erweisen begann. Zwei Tage zuvor hatte Mariette ihrer Tochter nämlich am Telefon begeistert berichtet, man habe die Hochzeit, die der eigentliche Anlass ihrer Reise gewesen war, bis in die Morgenstunden im Freien gefeiert mit Spanferkel und Zuckermandeln. In der Schweiz hatte sich derweilen eine stabile Hochnebellage installiert und die allgemeine Hoffnung auf einen Altweibersommer löste sich allmählich in Missvergnügen auf.

Wenigstens, dachte Evi, passte das Wetter zu ihrer gedrückten Stimmung. Strahlender Sonnenschein wäre ihr wie der schiere Hohn vorgekommen. Sie war traurig, konfus und zerstreut. Sollte sie tatsächlich hier zu Mittag essen, in diesem ungewohnt stillen Haus, wo sie nicht mehr wirklich daheim war?

Der Fahrplan der Regionalen Verkehrsbetriebe hinter der Küchentür machte ihr die Entscheidung leicht: Wenn sie sofort aufbrach, würde sie gerade noch den nächsten Bus nach Baden erwischen mit Anschluss nach Wettingen.

Evi hatte es immer bedauert, dass sie im Bus nicht lesen konnte; jedenfalls nicht im Schweizer Regionalverkehr, wo kurvige Strecken zahllose Haltestellen miteinander verbinden. In einem Reisecar auf der Autobahn sah die Sache anders aus, und erst recht auf der Ladebrücke eines Expeditionslastwagens, unterwegs auf einer schnurgeraden Wüstenpiste.

Trotzdem griff Evi, nachdem sie am Bahnhof Baden Ost in den Anschlussbus eingestiegen war, in ihre Umhängetasche und nahm den grossen, gelben Briefumschlag hervor, dessen Inhalt sie so beschäftigte.

Das Couvert war korrekt frankiert, auf der Marke war eine Katze abgebildet. Evis Tante Hedy liebte Katzen und war daher einfach zu beschenken. Evi hatte schon als Kind registriert, dass jeder Gebrauchsgegenstand mit vage kätzischer Dekoration Hedy in Entzücken ausbrechen liess. Es war auch Hedys Handschrift, welche die Rumpfadresse «Evi Gygax, Hölibach» durch «bei Heinz und Mariette Gygax, Kirchweg 6, 5411» vervollständigt hatte.

Die andere, ursprüngliche Schrift gehörte Hedys Tochter Doris, Evis Cousine. Oder hatte ihr gehört. Doris war vor etwa einem Monat gestorben. Nach ihrer Beerdigung, beim Leidmahl im «Löwen» im bernischen Wichtrach, hatte Hedy eine in Packpapier eingeschlagene Schachtel vor Evi auf den Tisch gestellt. «Doris hat gesagt, ich solle dir das hier geben.» Hedy hatte ziemlich missbilligend geklungen. «Ich weiss auch nicht, warum. Es ist ihre Nähschachtel. Ein Brief war auch noch dabei, aber ich habe ihn grad nicht mehr gefunden. Ich schicke ihn dir per Post, sobald er zum Vorschein kommt.»

Damit hatte sich Hedy also Zeit gelassen, wahrscheinlich, weil sie darüber verstimmt war, dass ihre Tochter den Briefumschlag hinten mit einem langen Streifen durchsichtigen Klebebands verschlossen und quer darüber unterschrieben hatte. Offenbar war es Doris wichtig gewesen, dass niemand ausser der Adressatin den Brief öffnete.

Evi fragte sich, ob ihrer Tante klar war, dass sie, Evi, seit rund zwanzig Jahren nicht mehr bei ihren Eltern wohnte. Wahrscheinlich war es ihr einfach egal. Und schliesslich hatte der Brief Evi ja erreicht, jetzt, acht Wochen, nachdem er geschrieben, und vier, nachdem seine Verfasserin begraben worden war. Er hatte am Kirchweg auf sie gewartet, und Evi hatte die beiden ersten Seiten gelesen, bevor sie – einigermassen abgelenkt – zu ihrer ersten Einkaufstour aufgebrochen war.

Liebe Evi,
lange Zeit bin ich früh schlafen gegangen.
Ich hoffe, mit diesem literarischen Einstieg Dein Interesse geweckt zu haben, wo Du mich doch während unserer gesamten Kindheit und Jugend mit klugen Zitaten genervt hast. Aber eigentlich möchte ich Dir etwas anderes erzählen.
Eine Zeitlang, vom Frühling bis zum Spätherbst 1973, als ich in der dritten Klasse war, habe ich in den Nächten vom Sonntag auf den Montag praktisch gar nicht geschlafen. Am Montag von zehn bis zwölf hatten wir Arbeitsschule, Handarbeitsunterricht; Hand-

sche, wie wir das Fach nannten. Ich hasste es und fürchtete mich davor.

Ernsthafte Probleme in der Schule waren damals für mich ein neues Phänomen. Zwei Jahre lang war ich bestens zurechtgekommen. Dass ich beim Schuleintritt bereits hatte lesen können, hatte mir bestimmt geholfen, und der Moment, wo mir Rechnen zu abstrakt würde, lag in ferner Zukunft.

In der ersten und zweiten Klasse hatte ich unsere Lehrerin sehr geliebt. Sie hatte uns selbst in Handarbeit unterrichtet, und, obwohl ich absolut bar jeden Talents dafür war, hatte ich unter ihrer nachsichtigen Anleitung schlecht und recht stricken gelernt. Mit der Fünf, die jeweils im Zeugnis stand, wurden wohl eher mein Eifer und guter Wille benotet als deren Ergebnisse, zum Beispiel mein erstes Paar selbst gestrickter Socken, das einigermassen zerrupft aussah.

Auch der neue Lehrer, der uns die kommenden zwei Jahre lang unterrichten würde, hatte an jenem Frühlingsmorgen, als wir die dritte Klasse begannen, einen freundlichen Eindruck gemacht. Ihm als Mann war es natürlich nicht zuzumuten, uns den Kreuzstich beizubringen, also erklärte er, wir müssten uns nach der grossen Pause im Handarbeitszimmer zuoberst im Schulhaus einfinden.

Alle nahmen wir die Nähschachteln unter den Arm, die uns unsere weitblickenden Eltern zur vergangenen Weihnacht geschenkt hatten. Du hast meine gesehen, hässlich ist sie nicht mit ihrem Büsimuster. Verschiedene Mädchen aus meiner Klasse beneideten mich und wollten mit mir tauschen. Ich habe sie abgewimmelt und es auch später nie fertig gebracht, die Schachtel zu entsorgen. Aber jedes Mal, wenn sie mir in die Hände kommt, wird mir elend, und ich erinnere mich daran, dass man als Kind recht oft ein Grauen empfindet, für welches es im Erwachsenenalter keine Entsprechung mehr gibt. Irgendwann zwischen zwölf und achtzehn wird einem klar, dass nichts im Leben ein so abgrundtiefes Entsetzen rechtfertigt.

Wenn man Glück hat.

Unfähig, Geschriebenem zu widerstehen, hatte Evi die zwei ersten Seiten noch einmal überflogen. Entsprechend blümerant fühlte sie sich nun, als sie aus dem Bus stieg. Zu der leichten Übelkeit kam ein weiteres unangenehmes Gefühl hinzu: Evi schwante, dass ihr ihre Cousine Doris, hätte sie deren Brief erst einmal fertig gelesen, wesentlich unsympathischer, eventuell auch unheimlicher, sein würde als bisher.

Evi war froh, nach Hause zu kommen, in ihre Wohnung an der Haferstrasse in Wettingen, die sie mit ihrem Partner Adrian teilte. Er war an der Arbeit, und sie erwartete ihn nicht vor dem späten Nachmittag zurück.

Sie drehte die Radiatoren auf, zündete Kerzen an und kochte einen Krug Kräutertee, dem sie aus einem klebrigen Vorratsglas zwei Löffel eingelegter Ingwerwurzel beifügte. Sie arrangierte ihr Mittagessen auf einem Teller, liess ihn aber noch in der Küche stehen.

Sie hatte die büsigemusterte Nähschachtel nach der Beerdigung ausgepackt und sie in ihrem Schlafzimmer vorläufig in ein Regal gestellt, wo sie nach und nach zu einem nicht mehr hinterfragten Bestandteil der Einrichtung geworden war. Jetzt setzte sich Evi aufs Bett und nahm ihr Erbstück auf den Schoss.

Sie besass selber eine Schnurpfitrucke, ein chic mit Jeansstoff bezogenes Modell, das seit Jahrzehnten irgendwo auf dem Estrich in Hölibach versorgt war. Sie klappte Doris' Schachtel auf.

Auf der Innenseite des Deckels klebte eine Etikette: «Doris Gygax».

Gut, dass ich dieses Nadelkissen als Kind nie gesehen habe. Ich hätte es Doris sonst womöglich klauen müssen, dachte Evi. Das Kissen war allerliebst, ein rundes Polster, umgeben von einem Kreis kleiner, Ringelreihen tanzender Püppchen, die einander an den Händen hielten. Ihre winzigen Gesichtszüge schienen chinesisch, und das Ganze war mit einfachsten Mitteln aus Faden und Holzperlen gefertigt, dabei aber so ausdrucksvoll und fröhlich, dass Evi einen Augenblick reinsten Besitzerinnenstolzes erlebte. Sie hob das Nadelkissen heraus und legte es auf ihren Nachttisch.

Im Weiteren enthielt die Schachtel zwei Rollen blau melierten Garns, die eine maschinell, die andere von Hand gewickelt, sowie eine mit Doris' Namen gravierte Schere. Evi hob den Einsatz für die kleineren Utensilien heraus. Darunter befand sich ein Fach für eine angefangene Handarbeit, aber es war leer. Evi räumte die Schachtel wieder ein und stellte sie zurück ins Regal.

Dann setzte sie sich mit Brief, Tee und einer Wolldecke mit Schottenmuster aufs Sofa. Gewiss empfahl es sich, Doris' postume Botschaft in einer sicheren Umgebung zu lesen, um weitere Fehlleistungen wie jene mit dem Bündnerfleisch zu vermeiden.

Unsere Handarbeitslehrerin erwartete uns. Sie hiess Leber und sah aus, als litte sie an dieser: Fräulein Leber war von deutlich gelber Gesichtsfarbe. Sie legte grossen Wert darauf, «Fräulein» genannt zu werden, eine Anrede, die Gott sei Dank endgültig in die Grube gefahren zu sein scheint. Ich kann mich nicht an ihren Vornamen erinnern. Irgendetwas Frommes, Agnes oder Johanna.

Fräulein Leber sollte bald pensioniert werden und war in unseren Kinderaugen uralt, auch weil sechzigjährige Frauen vor vierzig Jahren tatsächlich noch viel älter wirkten als heute. Ich kann mir nicht vorstellen, dass sie irgendeine pädagogische Ausbildung hatte. Oder wenn, dann hatte sie zu einer Zeit stattgefunden, als man Lehrpersonen noch im Gebrauch des Rohrstocks instruierte. Bei allem, was sie als gröberes Fehlverhalten ansah (zum Beispiel Kaugummikauen) wurden wir vom Fräulein gnadenlos an den Schlä-

fenhaaren gerupft. Sicher waren Körperstrafen damals, 1973, beim grössten Teil der Lehrerschaft verpönt; möglicherweise sogar explizit verboten. Aber woher hätten wir Schülerinnen das wissen sollen? Schliesslich wurden wir zu Hause auch geohrfeigt und erhielten Schläge auf den Hintern.

Fräulein Leber war sehr gross, hager, trug Jupes aus Tweed und klobige Schuhe. Sie lutschte Anispastillen, was es mir bis an mein baldiges Lebensende verunmöglichen wird, Pastis oder Badener Chräbeli zu mögen.

In der ersten Unterrichtsstunde nun zeigte sie uns den Schrank, in dem wir unsere Nähschachteln aufbewahren konnten, und verkündete im Tonfall einer Frau, die ein grosses und feierliches Geheimnis zu enthüllen hat, dass unsere erste Handarbeit ein Springseil sein würde.

Mit der mir eigenen Altklugheit fand ich diese Entscheidung sinnvoll und kindgerecht, obwohl wir uns auf dem Pausenplatz mehr dem Gummitwist und Fadenspielen widmeten. Fräulein Leber demonstrierte uns mittels einer ins Riesenhafte vergrösserten Häkelnadel aus Holz, wie eine Luftmasche zu fabrizieren sei und verteilte maisgelbe Garnstränge.

Luftmaschen zu häkeln, ist nicht schwierig und machte mir sogar Spass. Ich sass neben meiner Freundin Isa, hinter meiner anderen Freundin Malou und werkelte vor mich hin, stolz, dass ich nun Drittklässlerin war und schon am ersten Tag eine neue Fertigkeit gelernt hatte.

Sollten wider Erwarten Probleme auftauchen, konnte man sich an Fräulein Leber wenden, die am Lehrerpult sass und mit mehreren dünnen Nadeln etwas teuflisch Kompliziertes, wahrscheinlich einem Baby Zugedachtes, strickte.

Meiner kleingläubigen Mutter, die allerhand über Fräulein Lebers Unterrichtsstil vernommen hatte, erklärte ich am Abend selbstbewusst, Handarbeit sei kein Problem. Der nächsten Doppellektion am Dienstagnachmittag schaute ich gelassen entgegen.

Isa wurde als erste der Klasse mit ihrer gelben Springseilschnur fertig und fing eine zweite, grüne an. Die Lehrerin lobte sie für ihr flottes Arbeitstempo. Ich hätte hellhörig werden sollen.

Als die Pausenglocke am frühen Dienstagabend zum Schulschluss läutete, häkelte schon die ganze Klasse mit grünem Garn. Ausser mir. Ich holte mir den neuen Strang erst am kommenden Montag. «Pressier ein bisschen!», sagte Fräulein Leber, noch einigermassen wohlwollend.

Dieses «noch» gefiel Evi gar nicht. Sie legte den Brief beiseite und wickelte sich aus ihrem Plaid, weil sich ausserdem der viele Tee, den sie getrunken hatte, bemerkbar machte.

Evi wusch sich die Hände und holte zur Abwechslung ein Mineralwasser aus dem Kühlschrank, während sie sich fragte, warum sie zum Lesen dieses Briefes, Sternesiech, mittlerweile bald drei Stunden gebraucht und erst knapp die Hälfte geschafft hatte. Es musste damit zu tun haben, wurde ihr halb bewusst, dass sie das Lesen immer wieder unterbrach, um viertelstundenweise ins Leere zu starren und mit selbsthypnotischer Klarheit Szenen aus ihrer Kindheit noch einmal zu durchleben. Meistens hatten die Erlebnisse mit Evis eigener Handarbeitslehrerin an der Bezirksschule zum Inhalt, manchmal auch Erinnerungen an Schulferien, die sie bei Doris und deren Eltern in Wichtrach verbracht hatte.

Der Haustürschlüssel wurde im Schloss gedreht, dann hörte man im Gang jemanden sich seines Mantels und der Schuhe entledigen, und schliesslich war ein Gramseln und Klimpern zu vernehmen, als der Inhalt verschiedener Hosentaschen auf der Kommode deponiert wurde; eine putzige männliche Verhaltensweise, die interessanterweise auch eine Frauen liebende Frau aus Evis Freundeskreis übernommen hatte.

«So toll!», tönte es dann aus der Küche. «Du hast mir ein Zvieriplättli parat gemacht?»

Im Türrahmen erschien ein kauender Mann mit einem attraktiven Siebzehn-Uhr-Bartschatten und etwas zu viel Kajal um die Augen.

«Das wäre eigentlich mein Mittagessen gewesen», bemerkte Evi, nicht unfreundlich, als Adrian sich nun mit dem Teller neben sie auf die Couch setzte, ihr mit der freien Hand durch die Haare wuschelte und nacheinander alle vier Backen tätschelte.

«Hast du gewusst», fragte er, «dass man aus der Wachshülle eines dieser Käslein eine Kerze herstellen könnte, die fünfzehn Minuten lang brennt? Was liest du denn da?»

Evi erklärte es ihm. «Der Brief nimmt mich ziemlich mit, und ich brauche noch eine Weile, um ihn fertig zu lesen», schloss sie.

«Kein Problem. Ich komme eigentlich nur, um mich umzuziehen, und muss gleich wieder gehen. Ich habe doch Silvan versprochen, ihn vom Eishockeytraining abzuholen. Dann gehen wir essen. Er hatte letzte Woche Geburi.»

«Schmink dich ab und rasier dich nicht», grinste Evi. «Sonst ziehen sie nachher Silvan mit seinem metrosexuellen Götti auf.»

«Im Alter von dreizehn müssen Buben langsam lernen, dass es dreierlei Leute gibt, okay? Lies jetzt weiter.» Adrian verschwand in seinem Zimmer.

Wenn Doris jemanden wie Adrian in ihrem Leben gehabt hätte, dachte Evi, wäre vielleicht alles anders gekommen. Evis stabile Partnerschaft trug jedenfalls enorm zu ihrer geistigen Gesundheit bei, soviel war ihr selber klar. Sie las weiter.

Ich gab mir also alle Mühe, häkelte mir sozusagen einen ab, war aber so weit im Hintertreffen, dass Isa als erste der Klasse mit ihrer dritten, roten Schnur fertig war, bevor ich meine auch nur begonnen hatte. «Sehr schön, Isabelle», sagte die Leber und gab ihr eine Sechs.

Mein roter Häkelstrang musste perfekt werden. Vier von zehn Maschen löste ich laufend wieder auf, weil sie nicht regelmässig genug waren.

Malou wurde fertig und kriegte eine Fünf-bis-Sechs.

Endlich, endlich, als alle andern schon halbe Topflappen in knalligen Siebziger-Jahre-Farbkombinationen in Händen hielten, ging ich nach vorne und legte mein schweissiges, rotes Schnürchen auf das Lehrerpult. Fräulein Leber hob es mit einem Bleistift an.

«Das gäbe eine Fünf, aber weil es so lange gedauert hat, bekommst du eine Vier-bis-Fünf.»

Ich war völlig konsterniert. Nie zuvor hatte ich in irgendeinem Fach eine Note unter fünf erhalten. Fräulein Leber gab mir nichts Neues zu tun, und bis zum Ende der Lektion sass ich bloss weinend in meiner Schulbank. Nachher getraute ich mich kaum nach Hause, obwohl meine Mutter die Viereinhalb erstaunlich gelassen zur Kenntnis nahm.

Fortan litt ich im Handarbeitsunterricht nur noch. Die Leber plagte mich, nannte mich «dummes Huhn» und benutzte mich als schlechtes Beispiel. Wenn ich nach vorne ging, um mir helfen zu lassen, redete sie in Babysprache mit mir. Die Solidarität meiner Klassenkameradinnen liess sehr zu wünschen übrig – sie waren froh, wenn das Fräulein auf mir und nicht auf ihnen herumhackte, und manchen ging ich als Klassenbeste in den meisten anderen Fächern sowieso auf die Nerven.

Meine persönliche Tagesverfassung passte sich vollständig unserem Stundenplan an. Am Dienstagabend war ich wunderbar erleichtert und in Hochform. Ging es aufs Wochenende zu, trübte sich meine seelische Wetterlage langsam ein, und etwa ab Sonntagmittag befand ich mich in einem fiebrigen Panikzustand. Ich überlegte mir ernsthaft, wie ich es bewerkstelligen könnte, mir möglichst schmerzfrei und unverdächtig einen Arm zu brechen, was mich auf Monate hinaus von der Handsche befreit hätte. Ausserdem machte ich mir Gedanken über die Aare, den Gerzensee oder den Schnellzug, wel-

cher (der schnurgeraden Strecke wegen) immer in horrendem Tempo am Wichtracher Bahnhof vorbeidonnert.

Frühling und Sommer 1973 gingen so vorüber, ich serbelte hoffnungslos vor mich hin, und im Herbst begann uns Fräulein Leber mit ständigen Hinweisen auf die Handarbeitsausstellung im November zu drangsalieren. Unsere gesammelten Werke würden auf Tischen und an Stellwänden im Zimmer arrangiert, es gäbe Kaffee und Kuchen und halb Wichtrach fände sich ein.

Natürlich war ich mit meiner Handarbeit wieder im Verzug. Wie drei, vier andere arme Seelen laborierte ich an einem königsblauen Stück Stoff herum, das mit Stickerei zu verzieren und zuletzt zu einem Turnsack zusammenzunähen war. Der Rest der Klasse war mit einer Zwischenarbeit beschäftigt, einem eminent hässlichen Teddybären in Dreckgelb. Ich hätte keinen solchen Bären geschenkt gewollt, sehnte mich aber verzweifelt danach, auch einmal eine Zwischenarbeit anfangen zu dürfen.

Inzwischen ass und schlief ich zwischen Sonntagmittag und Dienstagabend kaum noch, was zu Hause als Laune abgetan wurde.

Im Schulhaus an der Kirchstrasse in Wichtrach sind im ersten Stock je eine rote und eine blaue Glasscheibe Teil des Fensters, auf Kinderaugenhöhe, ein schönes Detail aus alten Zeiten. Die Pausen vor dem Handarbeitsunterricht verbrachte ich jeweils damit, pausenlos auf Fussballen und Fersen vor- und zurückzuwippen und abwechselnd durch die rote und die blaue Scheibe nach Kirchdorf am Belpberg hinüberzustarren.

An einem Montag Mitte November sagte Fräulein Leber: «Doris! Morgen und am nächsten Dienstag bleibst du am Abend eine halbe Stunde länger und arbeitest an deinem Turnsack. Ich werde ihn am Schluss für dich zusammennähen, damit es schneller geht, aber mit der Stickerei helfe ich dir nicht auch noch.»

Ihr Ton vermittelte mir deutlich, dass ich das Nachsitzen als Gnade und grosses Zugeständnis an meine mangelnden Fähigkeiten zu verstehen hatte. Mich dafür zu bedanken brachte ich nicht über mich, aber ich versuchte immerhin, beim Sticken einen Zahn zuzulegen. Und am zweiten langen Dienstag, zehn Minuten vor Ultimo, tat ich den letzten Stich und vernähte den letzten Faden.

Das überheizte Zimmer roch nach Schulhaus, nach Anis und nach den ersten Mandarinen der Saison. Die Abwartin war im unteren Stockwerk unterwegs, ab und zu hörte man das Pfeifen der Leitungen, wenn ein Kübel mit Wasser gefüllt wurde. Aber als ich aus meiner Bank aufstand, war es so still, dass ich hörte, wie Fräulein Lebers Nähnadel auf den Linoleumboden fiel.

Das Fräulein, statt sich nach der Nadel zu bücken, stand auf, starrte kurz introspektiv vor sich hin, wankte und stürzte der Länge nach zu Boden, was ganz ähnlich klang wie ein Babeli beim Kegeln.

Dass mir ein solcher Vergleich überhaupt in den Sinn kam, zeigt, dass mir die Tragweite der Situation im ersten Augenblick völlig entging. Fräulein Leber hingegen muss ganz genau gewusst haben, was mit ihr geschah. Bäuchlings auf dem Linoleum ausgestreckt, wandte sie langsam den Kopf zu mir und streckte gleichzeitig einen Arm in die entgegengesetzte Richtung, wo ihr Mantel und ihre grosse, quadratische Handtasche an einem Kleiderhaken in der Zimmerecke hingen.

«Gib Tasche.»

Es wäre zwecklos zu behaupten, ich hätte noch immer nicht begriffen, was passierte. Ich schaute auf meine Lehrerin hinunter, einen aus aller Zeit gefallenen Moment lang. Dann machte ich einen Schritt retour und noch einen, weg von Fräulein Leber und ihrer Tasche. Rückwärts ging ich langsam durch den Gang zwischen den Bankreihen, bis ich so weit von der sterbenden Frau entfernt war wie nur möglich. Ich drückte mich mit dem Rücken an die Wand, kniff die Augen zu, presste die Hände auf die Ohren und zählte stumm bis fünfhundert. Anschliessend dauert es ziemlich lange, bis ich mich selber dazu überreden konnte, die Augen zu öffnen, weil ich überzeugt war, die Leber stünde vor mir. Aber sie lag, wo sie hinge-

fallen war; rührte sich auch nicht, als ich mit abgewandtem Gesicht an ihr vorüberhastete, um die Handtasche vom Haken zu nehmen und nachzuschauen, was Fräulein Leber denn so dringend gebraucht hätte.

Als ich Minuten später erst einmal die Türe zum Treppenhaus aufgerissen und nach der Abwartin geschrien hatte, war ich bis zum späten Ende jenes Tages keine Sekunde mehr allein. Und die Polizei – nach einer Unterredung mit dem Hausarzt der Verstorbenen – war unerwartet gründlich und durchsuchte nicht nur mich und das Handarbeitszimmer, sondern hühnerte sogar mit Scheinwerfern unter dessen Fenstern auf dem Pausenplatz herum.

Sorry, Evi, aber ich konnte nicht mehr, und diese Geschichte musste heraus. Wir haben einander seit Jahren nicht mehr gesehen, aber ich habe gehört, Du hättest auch schon einiges erlebt und traue Dir daher zu, dass Du, wenn schon nicht Verständnis, so doch immerhin ein wenig Interesse hierfür aufbringst.

Mach's gut.
Deine Doris

Evi hatte das chinesische Nadelkissen schon ein halbes Dutzend Mal mit einer Hutnadel durchbohrt, bevor ihr bewusst wurde, dass sie nicht mehr mit Doris' Brief auf dem Sofa sass.

Das Kissen enthielt definitiv nichts als Füllmaterial.

Warum hatte ihr Doris nebst dem Brief ihre Schnurpfitrucke vermacht?

Sie rupfte sie aus dem Regal, stellte sie aufs Bett, warf den Deckel zurück.

Evi nahm die beiden blauen Garnknäuel aus der Schachtel. Das von Hand aufgewickelte war deutlich schwerer.

Adrian, der um neun Uhr nach Hause kam, fand Evi im Schneidersitz auf ihrem Bett vor, mit einem dicken Strang blauer Wolle um die Finger der rechten Hand gewickelt, in der

Linken ein braunes Fläschchen aus Rippglas. Sie streckte es ihm hin.

Th. Leber, geb. 14.9.1913
Nitroglycerin
Vasodilator
1 Kapsel bei Bedarf

Die Etikette war mit der Schreibmaschine beschriftet worden.

«Jesses Gott, Evi, ist das nicht explosiv?»

Sie schüttelte den Kopf. «Nein. Es ist ein Medikament, das einem das Leben retten kann. Wenn man es rechtzeitig nimmt. Wenn es einem nicht vorenthalten wird.»

Adrian schraubte die kleine Flasche auf und versuchte, etwas vom Inhalt herauszuschütteln. Ohne Erfolg.

«Ich glaube, das ist mittlerweile ein einziger Klumpen. Riecht ein bisschen nach Pfefferminz», bemerkte er.

Evi weinte die halbe Nacht um ihre Cousine, die das Leben schon früh nur noch unter Drogen aller Art ausgehalten hatte und der auf ihrem Weg vom Strassenstrich an den Platzspitz und durch diverse psychiatrische Kliniken eine Rotte von Dämonen auf den Fersen geblieben war, angeführt mit Sicherheit von einer grossen, dünnen Furie im Tweedrock. Gestorben war Doris an den Spätfolgen von Hepatitis C.

AARGAU

RÜEBLISCHWUR
THOMAS KOWA

Ich schlief den Schlaf des Gerechten, als ich vom Klopfen an meiner Bürotür geweckt wurde. Hastig nahm ich die Füsse vom Schreibtisch und räumte dabei mein Kugelschreibermikado, ein Kastanienmännchen und die Kaffeemaschine ab. Letztere war zwar lebensnotwendig, denn der Kaffee aus dem Automaten erfüllte den Straftatbestand der vorsätzlichen Körperverletzung, aber das geköpfte Kastanienmännchen reute mich noch mehr, denn ich hatte es mühsam während der Arbeit zusammengebaut.

Gerade als ich mich bückte, um den Kaffee aufzuwischen, öffnete sich die Tür.

Meine ebenso junge wie clevere Kollegin Sandra blickte erst auf mich, dann auf die Kaffeelache samt Maschine und schliesslich auf das geköpfte Kastanienmännchen. «Sorry, dass ich so ins Büro platze», sagte sie. «Aber wir haben einen Einsatz.»

Vor vier Wochen war ich aus dem Kanton Bern in den Aargau versetzt worden, und bisher hatte es an meinem neuen Dienstort nicht eine einzige Mordermittlung gegeben. Kein Wunder, bei lediglich elf Tötungsdelikten im gesamten letzten Jahr mussten wir laut Aargauer Kriminalitätsstatistik im Schnitt 33 Tage, 4 Stunden, 21 Minuten und 49 Sekunden auf einen Einsatz warten. Jetzt war es endlich so weit, und ich kniete hier auf dem Boden in einer Kaffeepfütze.

«Kommst du mit, oder willst du lieber Putzfrau spielen?», fragte Sandra.

«Wo geht's denn hin?»

«Erkläre ich dir unterwegs. Es ist jedenfalls ein sehr merkwürdiger Fall.»

Ich wartete, bis Sandra sich umgedreht hatte, dann steckte ich heimlich das Kastanienmännchen in meine Manteltasche und folgte meiner Kollegin zum Dienstwagen.

Nun gehörte es zu meinen unverrückbaren Gewohnheiten, dass ich nicht nur die Kriminalitätsstatistik auswendig lernte, sondern auch jene der Verkehrsunfälle, und zwar weltweit. Daher konnte ich die seit Jahrzehnten strittige Frage, ob Frauen oder Männer die besseren Autofahrer waren, eindeutig und endgültig beantworten.

Bekanntermassen war Frauen das Autofahren in Saudi-Arabien verboten, trotzdem hatte Saudi-Arabien eine der höchsten Verkehrsunfallquoten der Welt. Ergo stieg ich auf der Beifahrerseite ein, denn obwohl ich alle Sicherheitstrainings des TCS besucht hatte, war ich nun mal ein Mann.

Allerdings fragte ich mich schon nach wenigen hundert Metern und drei bei rot überfahrenen Ampeln, ob Sandra sich während ihrer Ausbildung einer Geschlechtsumwandlung unterzogen hatte, jedenfalls fuhr sie wie ein Formel-1-Rennfahrer kurz vor dem Crash.

Liebend gern hätte ich den Gurt enger gezogen, aber ich traute mich nicht, den Haltegriff loszulassen. Die Wahrscheinlichkeit, dass der Dienstwagen oder mein Darm diese Fahrt nicht länger als fünf Minuten überstehen würden, schätzte ich mit 93,7 Prozent ein.

«Sind wir bald da?», fragte ich.

«Du weisst schon, dass wir für den gesamten Aargau zuständig sind?», antwortete Sandra, passierte die nächsten beiden Ampeln aber immerhin bei dunkelgelb.

«Der Kanton Aargau umfasst 1403,81 Quadratkilometer», entgegnete ich. «In welchen davon fahren wir?»

«Ich glaube nicht, dass die Quadratkilometer im Aargau einzeln nummeriert sind», antwortete Sandra und blickte mich so durchdringend an, als würde sie in meinem Hirn nachschauen wollen, was darin vorging. Das wüsste ich manchmal auch gerne, zumal ich ihren Blick nur zu gut von den ehemaligen Kollegen in Bern kannte.

Das erinnerte mich daran, warum ich in den Aargau versetzt worden war. Angeblich wegen wiederholtem Tragen weisser Socken im Dienst, doch ich vermutete eher, dass meine akkurate Arbeitsweise in Bern auf Widerstand gestossen war. Die Berner sind zwar dafür bekannt, in der Schweiz nicht unbedingt der Motor, sondern die Bremse zu sein, doch wenn sie die Bremse waren, dann war ich der 20-Kilometer-Stau.

Denn Gründlichkeit, vollständige Daten und statistisch relevante Beweise waren schon immer meine Passion. Schliesslich wollte ich niemanden unschuldig hinter Gittern bringen und dazu benötigte man Indizien, nicht nur ein Bauchgefühl. Dass ich trotzdem regelmässig im Büro einschlief, lag nur an der mangelnden Beschäftigung und daran, dass ich mich abends nicht von den spannendsten aller spannenden Statistiken lösen konnte.

«Der Todesfall hat sich übrigens auf einem Gourmet-Wettessen ereignet», sagte Sandra.

Ein Gourmet-Wettessen! Das klang schwer nach einem Oxymoron, einer Kombination sinnfremder Wörter, so wie ehrlicher Investmentbanker, unbestechlicher Fifa-Funktionär oder intelligenter Neonazi.

Doch der Einsatz verhiess auch etwas Positives. Denn nach meiner Versetzung in den Aargau hatte ich sämtliche relevanten Statistiken über den Kanton auswendig gelernt und dabei auch den Gault-Millau-Restaurantführer berücksichtigt, selbst wenn das keine Statistik war. Aber ich ass für mein Leben gern und zwar viel und gut, wie man an meinem dicken Bauch sehen konnte und an meinem dünnen Portemonnaie. Ausserdem hatte ich noch nichts zu Mittag gegessen und ziemlichen Hunger. «Lass mich raten», sagte ich. «Wir fahren nach Widen in das Ryokan Hasenberg.»

«Was soll das denn sein?»

«Das beste japanische Restaurant der Schweiz», antwortete ich.

«Knapp daneben.» Sandra lächelte amüsiert und fuhr in Richtung Autobahn. Das war einerseits eine gute Nachricht, denn dort gab es keine Ampeln, andererseits eine schlechte, denn somit schied auch mein Stammlokal aus, das von der französischen Küche inspirierte ‹Beluga› in Aarau.

Doch es gab ja noch mehr preisgekrönte Restaurants innerhalb der Kantonsgrenzen. Vielleicht konnten wir in einem davon unser Hauptquartier einrichten? Mir lief schon das Wasser im Mund zusammen. «Ist es das ‹Rosmarin› in Lenzburg?», fragte ich.

Sandra schüttelte den Kopf.

«‹Silvio's Ampère›, das in einem ehemaligen Stromhäuschen in Rupperswil untergebracht ist?»

«Schon wieder knapp daneben.»

«Dann geht es zum ‹Bären› in Mägenwil», sagte ich.

Doch Sandra schüttelte erneut den Kopf. «Wir fahren nach Würenlos.»

«Würenlos?» Ich dachte angestrengt nach, in dem Ort war mir kein preisgekröntes Gourmet-Restaurant bekannt. «Ist es ein Geheimtipp?», fragte ich. «Oder eine Neueröffnung?»

«Keines von beidem», antwortete Sandra. «Das Etablissement existiert schon seit 1972. Du kennst es bestimmt, liegt direkt an der A1 respektive A3.»

«An der Autobahn?», fragte ich, doch was im ersten Moment so absurd schien, machte auf den zweiten Blick Sinn. Denn so sehr ich die Aargauer auch mochte: Wer diese schöne Landschaft voller Flüsse, Wiesen und Wälder mit Atomkraftwerken verunstaltete, dem traute ich auch zu, ein Gourmet-Restaurant neben die Autobahn zu setzen.

«Ich hab nichts von einem Gourmet-Restaurant gesagt», antwortete Sandra. «Sondern nur von einem Gourmet-Wettessen.»

«Und wo soll das stattgefunden haben?», fragte ich. «Etwa im McDonald's?»

«Schon wieder knapp daneben», antwortete Sandra und legte erneut dieses amüsierte Lächeln auf. «Kennst du den Fressbalken?»

Ich war zu 99,93 Prozent überzeugt, dass es sich nur um einen üblen Scherz handeln konnte.

Zwanzig Minuten später hielten wir allerdings am Fressbalken, und ich entdeckte an dessen Eingang ein riesiges Plakat: «Gourmet-Wettessen mit Aargauer Spezialitäten».

Auch wenn ich die Autobahnraststätte Würenlos bisher nur vom Vorbeifahren kannte, wurde sie wahrscheinlich aus guten Gründen Fressbalken genannt. Hier wollte ich unser Hauptquartier auf keinen Fall aufschlagen trotz meines nun schon ziemlich ausgeprägten Hungers.

Wir parkten vor dem Eingang und betraten das quer über die Autobahn gebaute Gebäude. Ich hatte in der Statistik der höchsten Aargauer Bauwerke von der Raststätte gelesen, ihr jedoch keine sonderliche Priorität eingeräumt. Daher hatte ich nur in Erinnerung, dass sie 140 Meter lang war und samt Pylon eine Höhe von 45 Metern erreichte, ausserdem verfügte sie über eine beträchtliche Geschossfläche von 7800 Quadratmetern. Das half mir jedoch auch nicht weiter, denn mir schienen das gerundete Werte, die meinem Präzisionsverständnis nicht entsprachen.

Im Gebäude selbst erwartete uns eine Shopping-Meile mit den üblichen Filialen. Am anderen Ende des Fressbalkens kamen wir in eine Gaststätte, die überraschend stilvoll eingerichtet war und in der ich Unmengen frischer Speisen in der Auslage erblickte. Auch wenn man hier offensichtlich schnell an sein Essen kam, nach Fast-Food sah das nicht aus.

Mein Magen knurrte, doch Sandra stürmte so zielstrebig durch das Restaurant, dass sie meine Frage nach einer Zwischenmahlzeit sicher als unpassend abgetan hätte. Dabei liess es sich mit vollem Magen viel besser ermitteln!

Die Tat hatte sich offensichtlich im Café des Restaurants ereignet, jedenfalls war es von den Kollegen der Spurensicherung abgesperrt worden. Davor standen die üblichen Autobahngaffer herum, obwohl es hier wirklich nichts zu sehen gab, nicht mal ein blutiges Rindsfilet.

In einer Ecke des Cafés standen ein paar Männer, die aussahen wie Körperdoubles von Rainer Calmund, vermutlich waren das Teilnehmer des Esswettbewerbs.

Damit wir nicht den ganzen Tatort mit unserer DNA bekleckerten, legten wir unsere Ganzkörper-Schutzanzüge an, und ich schmuggelte das Kastanienmännchen in eine Tasche des Overalls. Dann zeigten wir den Kollegen an der Absperrung unsere Ausweise und gingen durch das Café zu einer kleinen Bühne.

Darauf lag ein schwarzer Leichensack und daneben kniete ein Mann, dem man selbst durch den Schutzanzug ansah, dass er deprimierend gut aussah. Wahrscheinlich hatte er sich den Overall massschneidern lassen.

Sandra liess mich stehen wie ausgeatmete Luft und begrüsste den Mann im Schutzanzug überschwänglich.

«Das ist der Rechtsmediziner Dr. Madonis», sagte sie schliesslich, und ihre Augen strahlten, als hätte sie dreimal hintereinander im Lotto gewonnen.

«Und wer ist das?», fragte ich und deutete auf den Leichensack.

«Das ist Kenzo Hakone», antwortete Dr. Madonis. «Einer der Teilnehmer.»

Ich öffnete den Reissverschluss des Leichensacks. Ich erwartete einen Mann mit der Figur eines Sumoringers, doch es lag ein schmächtiger Asiate darin, wohl ein Japaner um die 45. Auf den ersten Blick war er friedlich entschlafen.

«Wieso hat man uns eigentlich informiert?», fragte ich.

«Seine letzten Worte waren angeblich: ‹Ich wurde vergiftet›», antwortete Dr. Madonis.

«Der Mann wiegt wahrscheinlich keine sechzig Kilo», sagte ich. «Was macht so jemand bei einem Wettessen?»

«Wohl kaum Diät halten», antwortete Dr. Madonis. «Er ist mehrfacher Weltmeister in diversen Wettessenskategorien: Hotdog, Hamburger, Schweinswürstchen.»

«Und was hat er hier gegessen?»

Dr. Madonis deutete auf den Leichensack. «Sieht der Kerl so aus, als ob ich seinen Magen aufgeschnitten habe? Reden Sie doch mal mit dem Veranstalter. Der hat sicher Zeit für Ihre Fragen.»

Es war offensichtlich, Dr. Madonis wollte einen Augenblick allein mit der Leiche verbringen. Oder mit Sandra.

Ich ging zum Veranstalter, ein glatzköpfiger Mann, Typ junger dynamischer Werbeprofi, der erst seine Gelfrisur verloren hatte, dann seine sportliche Figur und schliesslich aus ästhetischen Gründen von Zürich in den Aargau versetzt worden war. Vermutete ich jedenfalls, weswegen er mir sofort sympathisch war.

«Ich bin Norbert Nüsperli», sagte er. «Von Aargau Tourismus. Wir haben das Gourmet-Wettessen veranstaltet. Ehrlich gesagt, weiss ich gar nicht, was Sie hier wollen.»

«Bevor Herr Hakone zusammengebrochen ist, hat er angeblich gesagt, er sei vergiftet worden.»

Nüsperli schüttelte den Kopf. «Für mich hat sich das so angehört, als habe er einen Sake bestellt. Ich vermute Herr Hakone hat sich einfach … äh … überfressen.»

«Mit Aargauer Spezialitäten?» Die mir geläufigen Gourmet-Restaurants im Aargau waren alle international ausgerichtet, und zu den hiesigen Essgewohnheiten gab es keine Statistik, deshalb kannte ich keine lokalen Spezialitäten. Und weil ich ein ehrlicher Kerl bin, sagte ich das auch.

Was im Nachhinein ein Fehler war, denn der nette Herr Nüsperli fühlte sich offensichtlich herausgefordert. «Haben Sie etwa noch nie etwas von unseren berühmten Spanischbrötli gehört?»

Ich schüttelte den Kopf. «Spanischbrötli klingt nicht gerade nach Aargau, oder?»

«Das zeigt eben, wie weltoffen man hier ist. Die Spanischbrötli werden seit Jahrhunderten in Baden produziert. Sie waren in Zürich so populär, dass die erste Schweizer Eisenbahn zwischen Zürich und Baden nach deren Eröffnung im Jahr 1847 Spanischbrötlibahn genannt wurde. Süsswaren durften damals im zwinglianischen Zürich nämlich nicht verkauft werden, und so fuhren die Dienstboten der vornehmen Zürcher stets mit der Bahn nach Baden, um ihre Herrschaften damit zu versorgen.»

«Na dann haben wir ja Glück, dass man damals die Bahn nicht Fressbahn genannt hat», sagte ich und zwinkerte Herrn Nüsperli zu.

Doch der schien bei diesem Thema keinen Spass zu verstehen. «Wir sind hier in der Raststätte Würenlos, der Begriff Fressbalken ist die Erfindung einiger eingebildeter Zürcher!»

Da ich befürchtete, jetzt auch noch eine Abhandlung über den Fressbalken zu hören, wechselte ich das Thema: «Und mit diesen Spanischbrötli wurde jetzt ein Wettessen veranstaltet?»

Herr Nüsperli schüttelte den Kopf. «Vom Ehestandskuchen haben Sie auch noch nichts gehört, oder von der Fricktaler Schinkenpastete oder den Badener Chräbeli?»

«Ich wohne erst seit Kurzem im Aargau.» Ich zuckte entschuldigend mit den Schultern.

«Dann kennen Sie also auch nicht unseren weltbekannten Chriesitötsch?», fragte er.

«Was bitte?»

«Chriesitötsch, ein leckerer Griessauflauf. Passt perfekt zu Schnitz und Drunder, und bevor Sie fragen: Das ist ein Birnen-Schweinefleisch-Kartoffel-Eintopf.» Er bemerkte meinen irritierten Blick. «Klingt wie Restenessen, ist aber ein Beweis für die kreativen Fähigkeiten der Aargauer Hausfrauen.»

«Und das alles hat Herr Hakone gegessen?», fragte ich, mich wie immer knallhart an den Fakten orientierend.

«Nichts von alledem», antwortete Herr Nüsperli.

«Und warum erzählen Sie es mir dann?» Irgendwie schien mir dieser Tourismustyp nicht mehr sonderlich sympathisch.

«Ich bin wie Sie immer im Dienst, nur eben für den Aargauer Tourismus.» Er blickte mich überheblich an. «Und wenn Sie so bedenkliche Wissenslücken haben, dann muss man da ja nachhelfen.»

Das hatte niemand mehr zu mir gesagt, seit ich im Alter von drei Jahren der Kindergärtnerin die Normalverteilung von Gauss erklärt hatte, und dann noch einmal im Alter von fünf, weil ich bemerkte, dass sie diese immer noch nicht verstanden hatte.

«Ausserdem vermute ich, Sie kennen nicht einmal die bedeutendste Aargauer Spezialität», setzte Nüsperli noch einen drauf. «Obwohl sie sich auf Morde reimt!»

»Morde?«, wiederholte ich und überlegte. Und überlegte. Und überlegte. Tja, ich habe eben lange in Bern gewohnt.

Dann fiel bei mir endlich der Rappen: «Sie meinen die Aargauer Rüeblitorte!»

Nüsperli nickte. «Jetzt kommen wir der Sache schon näher. Wir werden schliesslich nicht umsonst der Rüeblikanton genannt. Da die Kantonspolizei in Aarau sitzt, kennen Sie bestimmt den weltberühmten Rüeblimärt. Man kann also mit Fug und Recht behaupten, dass Aarau die Schweizer Rüeblimetropole ist.»

Ich bezweifelte zwar, dass irgendein anderer Ort Aarau diesen Titel streitig machen wollte, dennoch nickte ich zustimmend. «Also gab es zum Wettessen Aargauer Rüeblitorte?», fragte ich. «Quasi bis zum Umfallen?»

«Natürlich gab es die», antwortete Herr Nüsperli. «Aber nur als Dessert. Denn zuerst gab es Rüeblibrot mit Rüeblibutter, dann eine leckere Rüeblicremesuppe, danach als Zwischengang einen Rüeblicupcake, dann Rüeblischnitzel mit Rüebliallumettes und gekochten Rüebli, schliesslich eine Rüeblipizza und dann als Krönung die Aargauer Rüeblitorte.»

«Und zu trinken gab es nichts?», fragte ich.

«Wo denken Sie hin?» Herr Nüsperli hob tadelnd eine Augenbraue. «Zum Essen gab es Rüeblisaft, zum Dessert einen Möhrenkaffee und zum Abschluss einen Rüebli-on-the-Beach.» Er zeigte auf die ganzen Rüeblileckereien, die im hinteren Bereich des Cafés standen. «Es war ein äusserst nahrhaftes und abwechslungsreiches Menü.»

«Daran habe ich keinen Zweifel.» Mein Magen knurrte. «Und bei welchem Gang ist Herr Hakone umgekippt?»

«Erst ganz am Schluss, bei der Siegerehrung.»

Ich bedankte mich und inspizierte die Rüeblitorte, von der nur jenes Stück fehlte, das Herr Hakone gegessen hatte. Die Torte sah so lecker aus, dass ich mir am liebsten ein Stückchen genommen hätte. Es war zwar ein Beweismittel, aber es gab ja noch genügend andere Tortenstücke.

Doch zuerst sollte ich vielleicht wissen, woran Herr Hakone gestorben war. Ich ging wieder zu Dr. Madonis, der immer noch mehr Augen für Sandra zu haben schien als für die Leiche.

«Herr Hakone hat Unmengen von Rüebli gegessen», sagte ich. «In allen Variationen. Haben Sie inzwischen eine Theorie wie er umgekommen ist?»

Dr. Madonis warf mir diesen Blick zu, den ich schon von Sandra kannte. «Haben Sie zu viele Krimis gesehen? So schnell geht das in der Realität nicht.» Er hob den Zeigefinger. «Die Blutanalyse dauert drei Wochen, dann bin ich in den Ferien, anschliessend ist die Einschulung meiner Cousine, also fragen Sie am besten wieder in zwei Monaten.»

Aus Bern war ich in Sachen Langsamkeit ja einiges gewöhnt, aber das hatte ich noch nie erlebt. Selbst Sandra schaute jetzt ein wenig irritiert. «Und eine erste Einschätzung können Sie uns nicht geben?», fragte ich.

Dr. Madonis rieb sich die Stirn. «Er hat also Karotten gegessen.» Er tippte etwas in sein Smartphone und blickte mich schon ein paar Sekunden später triumphierend an. «Möhren enthalten Carotatoxin. Schon ein halbes Gramm davon ist tödlich für den Menschen. Spuren von Gewalteinwirkung finden sich bei ihm nicht, wahrscheinlich hat Herr Hakone sich einfach mit Karotten überfressen, er brabbelt noch etwas, das jemand falsch versteht, es kommt zu einem Kreislaufversjagen und Exitus.»

Nun war es eines meiner Hobbys, beim Einkaufen die Nahrungsmittelangaben im Supermarkt zu studieren. Aus unverständlichen Gründen fehlten diese jedoch für Gemüse und Obst, daher hatte ich sie auswendig gelernt, um mich stets ausgewogen ernähren zu können. Und so wusste ich, dass Karotten zu 88,2 Prozent aus Wasser bestanden und doch nicht flüssig waren, hinzu kamen 4,8 Prozent Kohlenhydrate,

0,98 Prozent Eiweiss und 0,2 Prozent Fett. Plus einige Vitamine und Mineralstoffe wie Kalium, Phosphor, Calcium, Magnesium und Eisen. Und eben das Carotatoxin.

«Karotten enthalten aber nur bis zu zwei Milligramm Carotatoxin pro Kilogramm», erklärte ich. «Bei einer tödlichen Dosis von zirka einem halben Gramm hätte Herr Hakone also mindestens 250 Kilogramm Karotten essen müssen, um sich damit zu vergiften. Selbst wenn er das probiert hätte, wäre er zuvor an einer Überfüllung des Magens gestorben.»

Nun mögen es Ärzte im Generellen und Rechtsmediziner im Besonderen überhaupt nicht, wenn man ihnen widerspricht. So auch Dr. Madonis, der mich mit funkelnden Augen ansah. «Vielleicht können Japaner das Gift nicht abbauen, ähnlich wie Alkohol.»

«Vielleicht wurde er aber wirklich vergiftet», entgegnete ich. «Carotatoxin lässt sich nämlich recht einfach per Molekulargewichtsinterpolation, oxidativer Sublimation und Zentrifugalsedimentierung aus Karotten extrahieren.»

Das war zwar totaler Schwachsinn, klang aber wissenschaftlich genug, um Personen mit Halbwissen zu beeindrucken. Dr. Madonis gehörte offensichtlich in diese Kategorie. Ausserdem war ich überzeugt, dass man das Gift irgendwie aus Karotten herausbekam, wenn man nur wollte.

Es war der perfekte Mord, jedenfalls wenn er von einem Rechtsmediziner wie Dr. Madonis untersucht wurde.

Ich liess die beiden stehen, lief an der Rüeblitorte vorbei, die mich zuckrig anlächelte, liess auch sie schweren Herzens stehen und ging wieder zu Herrn Nüsperli. «Wer hat denn noch an dem Wettbewerb teilgenommen?», fragte ich.

«Eine Menge Gourmands aus der ganzen Welt.» Er zeigte auf die Rainer-Calmund-Körperdoubles in der Ecke des Cafés.

«Waren auch Profis darunter, so wie Herr Hakone?»

«Nur wenige.» Nüsperli zeigte auf zwei besonders rundliche Männer. «Herr Brunner aus Zürich, der ist zweiter geworden, und Mr. Schroeder aus den USA, der wurde vierter.»

Da ich wusste, dass die Kriminalitätsrate in den USA mit jener der Schweiz nicht zu vergleichen war, ging ich als Erstes zu dem amerikanischen Teilnehmer.

Wir unterhielten uns ein wenig über Chemie, Biologie und Schusswaffen, und mir wurde schnell klar, dass Mr. Schroeder nur von letzterem Ahnung hatte. Somit konnte er kaum der Mörder von Herrn Hakone sein. Ich verabschiedete mich von ihm und ging zu Herrn Brunner.

Er trug ein Holzfällerhemd und eine Bomberjacke, deren Taschen ebenso offen standen wie sein Hemd am untersten Knopf. Der hatte den Kampf gegen die Pfunde offensichtlich schon aufgegeben und hing motivationslos am Faden.

«Sie machen schon eine Weile bei den Wettbewerben mit?», fragte ich Brunner.

Er nickte und zeigte auf seinen Bauch. «Wie man sieht, bin ich Profisportler.»

«Wo standen Sie bei der Siegerehrung als Herr Hakone zusammengebrochen ist?»

«Direkt neben ihm. Aber jede Hilfe kam zu spät.»

«Er soll noch etwas gesagt haben, bevor er gestorben ist. Haben Sie seine letzten Worte verstanden?»

«Ich kann kein Japanisch.»

«Er soll Deutsch gesprochen haben.»

«Dann hat er wahrscheinlich ‹Scheiss-Rüebli› gesagt, jedenfalls hat er unglaubliche Mengen davon gegessen. Und da ist ja so ein Gift drin.» Brunner schüttelte den Kopf. «Ich hab mich daher heute lieber zurückgehalten und bin nur zweiter geworden.»

«Warten Sie hier einen kurzen Moment», sagte ich. «Ich hab da was für Sie.»

Ich ging zu Sandra und Dr. Madonis. Sie liessen sich nur widerwillig zu Brunner führen, aber sie mussten einfach mit eigenen Augen sehen, was gleich geschehen würde.

Wieder bei Brunner holte ich das kopflose Kastanienmännchen aus meinem Schutzoverall. Sofort schauten mich Dr. Madonis und Sandra wieder mit diesem Blick an, doch ich liess mich davon nicht irritieren. Ich zeigte Brunner das Kastanienmännchen. «Das haben wir in der Jacketttasche von Herrn Hakone gefunden», sagte ich. «Zusammen mit einem Zettel, auf dem steht, dass wir den Kopf des Männchens in der Jacke des Mörders finden.»

Instinktiv langte Brunner in seine offenen Bomberjackentaschen, und ich beobachtete genüsslich wie Dr. Madonis und Sandra ihre Gesichter entglitten. Brunner bemerkte seinen Fehler, hielt kurz inne und drehte dann die leeren Taschen auf links. «Also ich kann es dann ja nicht sein», sagte er und lächelte ertappt.

Ich holte die Handschellen heraus. «Blöd nur, dass wir bei Herrn Hakone gar kein Kastanienmännchen gefunden haben.»

Es folgte das übliche Abstreiten des Offensichtlichen, das ich Ihnen, geneigter Leser, geneigte Leserin, hiermit erspare und einfach wie bei einer Werbepause fünf Minuten vorspule.

«Was für ein Motiv soll ich denn haben?», fragte Herr Brunner schliesslich.

Ich holte mein Smartphone heraus, auf dem ich zwischenzeitlich ein wenig recherchiert hatte. «Wenn ich recht informiert bin, haben Sie bei den Hotdog-Weltmeisterschaften 2013, 2014 und 2015 den zweiten Platz belegt, ebenso bei allen weltweiten Hamburger-Grand-Slams und auch im Finale der Schweinswürstchen-Champions-League haben Sie im Penalty-Poulet-Spiess-Schiessen eine bittere Niederlage erlitten.» Ich seufzte. «Und der Gewinner war jedes Mal Kenzo Hakone.»

Brunner winkte ab. «Wir machen den Sport aus Idealismus.»

«Ihnen ist allein in diesem Jahr ein Preisgeld von 40 236 Dollar und 27 Cent durch die Lappen gegangen», sagte ich. «Plus Fresspakete, Fresskörbe und weitere Fressalien von unschätzbarem Wert. Und das alles gegen einen Japaner ohne ein Gramm Fett am Körper.» Ich warf ihm einen versöhnlichen Blick zu. «Also ich hätte mir da schon viel früher geholt, was mir zusteht.»

Das war natürlich gelogen, aber wie ich aus diversen psychologischen Statistiken wusste, mochten es Mörder, wenn man sich mit ihnen solidarisierte.

Und schon kullerten ein paar Tränen über Brunners aufgedunsene Wangen. «Ich habe es einfach nicht mehr ertragen», schluchzte er. «Ich habe meinen Körper ruiniert wie ein Supermodel, nur eben umgekehrt, und trotzdem bin ich immer nur zweiter geworden. Erst wollte ich Hakone ausweichen, aber an jedem Wettbewerb, an dem ich mich angemeldet habe, hat er sich auch registriert. Und so kam ich auf die Idee, mich beim absurdesten Wettbewerb überhaupt anzumelden, um sicherzugehen, dass Hakone nur teilnimmt, um mich zu demütigen.» Brunner zeigte auf die ganzen Rüeblileckereien. «Und so war es. Als er sich hier angemeldet hat, da hab ich mir geschworen, ihn mit seinen eigenen Waffen zu schlagen. Also habe ich eine Überdosis Carotatoxin in die Rüeblitorte geschmuggelt, weil ich wusste, die kommt am Schluss und nur Hakone wird sie essen.» Er blickte mich aus traurigen Augen an. «Leider habe ich nicht mit Ihrer Brillanz gerechnet.»

«Das geht vielen so», antwortete ich, nahm ein Stück Torte und reichte es Sandra und Dr. Madonis. «Hat jemand Hunger?»

Sie warfen mir wieder diesen Blick zu, jetzt allerdings gemischt mit einer grossen Portion Respekt. Ich stellte die Torte wieder an ihren Platz, nahm einen Rüeblicupcake, biss hinein, und in dem Moment wusste ich, der Aargau und ich, wir passten zusammen.

TESSIN

UNTER DEM ERDRUTSCH
ANDREA FAZIOLI

ERSTER TEIL

Ein Sonnenstrahl genügt, um dein Leben zu verändern. Hätte Signor Costantini eine Sonnenbrille getragen, wäre er nicht auf den VW Touran der Familie Guffi aufgefahren. Wäre er nicht auf das Auto der Guffis aufgefahren, wäre er pünktlich zur Arbeit erschienen. Und in dem Fall hätte er sich selbst zum Augenschein ins Dorf Ranzonico begeben.

Stattdessen musste Ingenieur Gianni Bonetti, seit Kurzem in der Abteilung Prävention, Unfälle und Naturkatastrophen beim kantonalen Raumplanungsdepartement, zum Augenschein.

Signor Costantini blinzelte eine Sekunde, nur so lang, um mit seinem Mercedes das Fahrzeug der Fahrschülerin Alessia Guffi anzufahren. Daraus entstand sogleich eine schwierige Situation: Der Mitfahrer und Vater der Fahrerin, Davide Guffi, stieg wütend aus dem Auto; Signor Costantini rief schnell im Büro an, während er Guffi aufforderte, nicht zu brüllen; und die unglückliche Alessia, allein im Wagen, von ihrer Schuld überzeugt und verzweifelt, weil sie den Führerschein nun nicht mehr vor ihrem zwanzigsten Geburtstag machen konnte, brach in Tränen aus.

Weit weg von all dem freute sich Gianni Bonetti in seinem Büro in Bellinzona. Er war achtundzwanzig und ein kleiner

Beamter: Normalerweise machten andere den Augenschein, während er den Schreibkram erledigen musste. Doch an jenem Tag wollte Costantinis Auto nicht mehr anspringen, und der Chef musste zähneknirschend klein beigeben: Nach Ranzonico würde Ingenieur Bonetti gehen – Gian für seine Freunde –, und auch mit den Journalisten würde er reden.

Oberhalb von Ranzonico drohte ein Erdrutsch. Das Leben ging gemächlich seinen Gang, die Bewohner fuhren seelenruhig zwischen Bellinzona und Biasca hin und her, auch wenn die steilen Berge über den Häusern eine ständige Gefahr waren. Weiden, Häuser und Strassen lagen im Schatten von achthunderttausend Kubikmetern Fels, wie eine Mauer, eine einsturzgefährdete Wand, welche die freie Sicht auf den Himmel versperrte. Die grosse Masse bewegte sich von Zeit zu Zeit, vibrierte, und die Meldungen darüber verbreiteten sich schnell in Zeitungen und Fernsehen. Doch es geschah nichts.

Bis in jenem Juni, als es nach einer kräftigen Regenperiode so aussah, als ob der Erdrutsch jeden Augenblick niedergehen könnte. Kaum war er vor Ort angekommen, konnte Gian in der Tat den Ernst der Lage ermessen. Beschädigte Häuser, ein paar eingestürzte Ställe, von einer unsichtbaren Kraft eingerissene Wände. Es schien unmittelbare Gefahr zu drohen. Den Geologen zufolge könnten verschiedene Szenarien eintreten: vom grossen Erdrutsch, bei dem das Geröll bis ans Ufer des Ticino gelangen würde, bis zu einem weniger verheerenden Murgang, der zwar weniger Schaden anrichten würde, bei dem die Geröllmasse aber erst auf dem Schwemmkegel weiter unten zum Stillstand käme.

Geröllmasse. Schwemmkegel. Gian waren die Fachausdrücke der Geologen geläufig, doch sie waren ihm keine Hilfe beim Verstehen der Macht, der gefährlichen Gewalt, die vom Fels ausging.

«Sagen Sie mal, wollen Sie einen Augenschein nehmen?», fragte ein Typ mit Dreitagebart in der orange-grünen Uniform des Zivilschutzes.

«Wenn möglich, ja ...», sagte Gian.

Der andere schaute ihn an und spannte die Lippen.

«Paul Debrunner, Zivilschutz. Und Sie sind ...?»

«Gianni Bonetti, Raumplanungsdepartement.»

«Und wieso ist nicht Signor Costantini gekommen?»

«Ein Unfall. Also, gehen wir?»

Die beiden betraten das Gelände hinter dem Zutrittsverbot. Es war, als wäre Ranzonico plötzlich gealtert. Strassen, leere Häuser, als hätte sich alles seit Jahren nicht gerührt. Der unerbittliche Fels hatte Männer, Frauen, Autos, Tiere, alles, was an Leben erinnerte, vertrieben. Am Dorfrand hatte ein Murgang eine Votivkapelle und die Wände eines zum Glück unbewohnten Hauses zum Einsturz gebracht. Gian wollte ins Haus hinein, vor allem um Debrunner zu ärgern. Dieser versuchte zu protestieren und wartete dann eben auf der Schwelle. Und so konnte Gian das Erdloch allein betrachten.

Ein dunkler Spalt im Kellerboden. Darunter ein Stück Beton und die Wasserrohre. Gian wollte gerade wieder gehen, als er es sah. Er würde die menschliche Silhouette, den von Erde und Schutt schmutzigen Knochenhaufen sein Leben lang nicht vergessen.

Ein menschlicher Körper. Wie war das möglich? Was hatte eine Leiche im Keller verloren? Und was war das für ein Metallschildchen, das sie um den Hals hatte?

Gian erschauderte. Er führte die Hand zur Brust und tastete unter dem Hemd nach dem Anhänger, der identisch war mit dem auf den Gebeinen. Gian kniete nieder, wagte die Hand auszustrecken und das Schild zu betrachten. Als er die Worte auf dem Metall las, wäre er um ein Haar ins Erdloch gefallen.

GIANNI BONETTI – INGENIEUR
(BELLINZONA, SCHWEIZ)

Das bin ich, dachte Gian in einem Anflug von Wahn. Dieses im Keller verschüttete Skelett bin ich.

ZWEITER TEIL

Corriere del Ticino: *Leiche in Ranzonico gefunden.* La Regione: *Keller des Grauens.* Giornale del Popolo: *Knochen unter Erdrutsch.* Gian stellte sich die Schlagzeilen der Lokalblätter vor, sah schon den erregten Blick der Fernsehreporter. Er stellte sich die Posts auf Facebook vor: die idiotischen Kommentare, die neugierigen Fragen von Freunden und Verwandten. Das ist nicht möglich, dachte er. So etwas kann mir doch nicht passieren. Und so beschloss er, nichts zu sagen.

Bleich, aber sicher auf den Beinen, verliess er Ranzonico. Auf der Fahrt nach Hause berührte er den Anhänger unter seinem Hemd, als wollte er sich vergewissern, noch am Leben und wirklich Ingenieur Gianni Bonetti aus Bellinzona zu sein. Doch jenes Skelett hatte den genau gleichen Anhänger wie er. Wie war das möglich?

In jener Nacht konnte Gian nicht schlafen, und am Tag danach wurde er im Büro von Signor Costantini getadelt.

«Wann ist der Bericht über den Augenschein fertig?»

«Eh?»

«Bonetti, hören Sie mir überhaupt zu? Der Bericht!»

«Ja, sicher, doch ... ich habe nichts gesehen, das ...»

«Das ganze Tessin spricht über nichts anderes als über den Erdrutsch, und Sie haben nichts gesehen! Haben Sie die Wohnhäuser denn nicht durchsucht? Und dann das Abrutschen des Gesteins, die Einsturzgefahr ... Muss ich Ihnen etwa Ihr Handwerk beibringen?»

Gian hob in seinem Bericht hervor, wie wichtig es sei, niemandem Zutritt zum Dorf zu gewähren. Signor Costantini warf einen kurzen Blick darauf und sagte dann: «Ich nehme wohl besser selber einen Augenschein, was meinen Sie?»

Gian wusste nicht, was antworten, und Costantini durchbohrte ihn mit einem bösen Blick.

An jenem Nachmittag legte Gian die Kette mit dem Anhänger ab und legte sie auf den Schreibtisch. Dann nahm er ein Heft aus der Schublade. Er war ein methodischer Mensch und hatte bisher jedes Ereignis in seinem Leben dank Verstand und Geduld gemeistert: Er bereitete sich auf die Prüfungen an der Universität auf die gleiche Weise vor wie auf seine Dates, und zwar mit minutiöser Sorgfalt, indem er in demselben Heft Notizen machte. Er wählte einen spitzen Bleistift und schrieb: *Tot. Keller. Anhänger!!! Gleicher Name? Das ist nicht möglich! „Gianni Bonetti – Ingenieur (Bellinzona, Schweiz)". Woher Anhänger?*

Genau, das war der Ausgangspunkt! Den Anhänger hatte ihm seine Mutter an jenem Tag geschenkt, als er seinen Hochschulabschluss gemacht hatte. Vielleicht war ja mehr als ein Stück davon angefertigt worden; das konnte man nur auf eine Weise in Erfahrung bringen.

«Ciao, Mamma, wie geht's?»

«Oh, endlich meldest du dich! Carla hat mir gesagt, dass …»

«Mamma, ich …»

«… dass Il Quotidiano dich wegen dem Erdrutsch interviewt hat. Das hättest du mir auch sagen können, dann hätte ich es aufgenommen und … wie?»

Endlich konnte Gian sich einschalten, und er fragte seine Mutter, woher der Anhänger stamme.

«Wie? Weisst du das nicht? Er gehörte deinem Vater, er hatte zwei davon.»

Wie kam es, dass ihm das nicht schon früher in den Sinn gekommen war? Sein Vater, Ingenieur Gianni Bonetti Senior, war verschwunden, als Gian drei Jahre alt war. Die einen sagten, er habe sich wegen Schulden ins Ausland abgesetzt, die anderen sagten, er sei in den Bergen ums Leben gekommen und seine Leiche sei in eine Schlucht, in eine Gletscherspalte gefallen oder sonst an irgendeinem abgelegenen Ort verschollen. Wie auch immer: Es war nie gelungen, sie zu finden.

Gians Gedanken liefen heiss. Er verabschiedete sich von seiner Mutter mit dem Versprechen, sie bald zu besuchen, und ging zum Abendessen nach Hause. War jener im Keller verschüttete Mann wirklich sein Vater? Der Anhänger war ohne Zweifel der gleiche. Doch wie war er dorthin gelangt? Vielleicht hatte jemand … Der Gedanke traf ihn wie eine Ohrfeige. Vielleicht hatte ihn jemand umgebracht.

Er beschloss, am nächsten Tag alle Unterlagen über Ranzonico, die er finden konnte, zusammenzusuchen. Und weil ihn das Warten ganz kribbelig machte, ging er hinaus, um sich die Beine zu vertreten, und kehrte zu dem Gebäude zurück, in welchem er arbeitete. Die Piazza Governo war menschenleer. Die Burg des Palazzo delle Orsoline liess ihn erschaudern: Irgendwo da drin, in einem alten Verzeichnis oder in alten Unterlagen, war vielleicht die Antwort auf seine Fragen zu finden.

Er wandte sich zum Gehen, als er Schritte hinter sich hörte und sich umdrehte. Aber da war niemand. Erneut setzte er sich in Bewegung und kehrte durch die Via Codeborgo und über die Piazza del Sole nach Hause zurück. Der leere Platz mit den Betonklötzen in den Ecken schien das Set für einen Science-Fiction-Film zu sein. Er war menschenleer und still, erleuchtet vom Lichterschein des Castelgrande, als müsste jeden Augenblick ein Raumschiff mit Aliens landen. Gian hatte das merkwürdige Gefühl, nicht allein zu sein. Ihm war, er höre hinter sich das Echo von Schritten … Als würde ihm jemand folgen.

Aber nein, Gian, ganz ruhig, nicht paranoid werden!

Und doch war das Gefühl sehr stark. Schliesslich hatte jemand seinen Vater umgebracht. Und wenn der Mörder nun wüsste, dass die Leiche wieder zum Vorschein gekommen war? Und wenn er nun wüsste, dass Gian in der Vergangenheit nachforschen wollte?

DRITTER TEIL

«Wie man zu einem Skelett wird? Bist du verrückt geworden?»

«Nein, ich bin nur neugierig.»

Enzo war Arzt und an seltsame Fragen gewöhnt. Dass sich sein stiller und wenig phantasievoller Freund Gian aber für Skelette interessierte, war etwas Neues.

«Ich würde sagen, dazu braucht es drei, vier Jahre. Auch wenn die Skelettierung schon nach etwa zehn Tagen einsetzt, nachdem die Leiche … Aber sag mal, Gian, meinst du, über so etwas sollte man beim Mittagessen reden?»

Gian deutete ein Lächeln an und wechselte das Thema. Nach ein paar Minuten verabschiedete er sich von Enzo, kehrte zur Arbeit zurück und flüchtete sich in die Routine. Ihm war, als sei aus jeder Bewegung, die er machte, seine Gemütsverfassung zu ersehen: Erschütterung. Schmerz. Und grosse Angst.

Er hatte seinen Vater nie wirklich gekannt. Und jetzt, wo er wusste, dass er tot war, empfand er unerklärlicherweise doch tiefe Trauer. Die Fragen seiner Kindheit, die Anfälle von Einsamkeit, die plötzlichen Gefühlsausbrüche, mit denen er als Kind seine Mutter überschüttet hatte, tauchten nach all den

Jahren, in denen er sie hatte unterdrücken können, wieder in ihm auf und überfluteten ihn.

Doch mehr als über seine Trauer und seine Sehnsucht erschrak er über das Gefühl, dass sich die Vergangenheit nicht in Luft aufgelöst hatte. Er hatte sämtliche Unterlagen zu Ranzonico gelesen. Aufgrund der Situation im Dorf und dem Erdrutsch, der weiter oben drohte, hatten sich im Büro Grundbuchpläne, Gemeinderatsprotokolle, Verzeichnisse über Einwohner und Immobilien angesammelt. Mehrfach hatte Gian dabei festgestellt, dass jemand schon vor ihm in den Akten herumgestöbert hatte.

Dasselbe stellte er fest, als er die Papierarchive der Tageszeitungen durchging. Ausserdem hatte eine Freundin, die als Journalisten bei einem Newsportal arbeitete, Nachforschungen für ihn angestellt und herausgefunden, dass jemand vorher schon in einem Suchfeld auf der Webseite die Begriffe «Bonetti» und «Ranzonico» eingegeben hatte.

Was war da los?

Wie viele Personen wussten, dass Gian zufällig auf die Gebeine seines Vaters gestossen war? Er hatte Mara, der befreundeten Journalisten, davon erzählt, und etwas war ihm auch bei Enzo herausgerutscht. Doch niemand Gefährlichem, niemandem, der seinen Vater hätte ermorden können oder der …

«Bonetti!»

Signor Costantinis Stimme liess ihn zusammenzucken.

«Wann sind Sie mit dem Brief für Ranzonico fertig? Ich muss Ihnen nicht erklären, dass es eilt, oder?»

«Ich … ich bin schon fast …»

«Bald kommt alles runter, es kann sich nur noch um Stunden handeln … und Sie schlafen!»

Gian strengte sich an, in die Realität zurückzukehren, und schrieb den Brief zu Ende, in welchem empfohlen wurde, in Ranzonico jene Häuser abzureissen, die vom Erdrutsch schon betroffen waren, um noch grössere Schäden zu vermeiden.

Beim Schreiben wurde ihm klar, dass durch den Abriss des Hauses das Skelett eines Vaters endgültig verschwinden würde. Oder wäre es entdeckt worden? Nicht zum ersten Mal fragte er sich, ob es nicht richtig wäre, zur Polizei zu gehen und alles zu erzählen.

Was ihn davon abhielt, war nicht bloss die Angst vor dem Aufsehen, das all dies erregen würde. Zum ersten Mal in seinem Leben verband ihn etwas mit seinem Vater, etwas Tiefes und Geheimnisvolles. Auch wenn sein Vater bloss noch aus einigen Knochen in einem Keller bestand.

Das waren gefährliche Gedanken. Nach Feierabend ging Gian schnell nach Hause. Er hatte Mara zum Abendessen eingeladen. Mit ihrer Hilfe würde es ihm vielleicht gelingen, eine Entscheidung zu treffen.

Bevor er die Treppe hochstieg, nahm er die Post aus dem Briefkasten. Da waren die Zeitung und ein zerknautschter, gelblicher Umschlag. Die Adresse darauf war ungenau: *Gianni Bonetti, 6500 Bellinzona.* Neugierig drehte er den Umschlag um und traute am Anfang seinen Augen nicht:

Absender: Gianni Bonetti

Gian war fassungslos. Wie war es möglich, dass er sich selbst einen Brief geschrieben hatte? Dann erkannte er die Schrift, weil er sie in Familienfotoalben gesehen hatte, wodurch alles noch schlimmer wurde. Er wollte es zwar nicht glauben, doch es stand zweifellos fest. Er hatte einen Brief von seinem Vater erhalten.

VIERTER TEIL

Lieber Gianni,
ich weiss nicht so recht, wer du bist. Das heisst, ich weiss nicht, ob ich

mich mit diesem Brief an mich selbst oder an meinen Sohn wende, der im Augenblick drei Jahre alt ist und noch nicht lesen kann. Vor allem weiss ich nicht, ob jemand meine Worte je sehen wird.

Gian schaute Mara an, als wolle er zu ihr sagen: Verstehst du jetzt, dass ich nicht verrückt bin, jetzt kannst du ja selber sehen, wie mir gerade geschieht. Sie bewegte die Lippen, als wolle sie sprechen. Doch dann sagte sie nichts, und Gian war ihr dankbar dafür.

Ich werde keine Namen nennen, doch ich werde mich nicht verstecken. Ich habe es satt, mich zu verstecken. Wir haben Schulden gemacht, das stimmt. Doch ich habe nie etwas gestohlen, habe dem Staat nie einen Franken vorenthalten noch Schmiergelder angenommen, und ich habe keinen Skandal zu befürchten. Falls der Schwindel auffliegen sollte, bin ich bereit.

Gian dachte wieder an Ranzonico, an den Kellerboden, an die Gebeine seines Vaters. Das also war von der Intensität und den Sorgen nach so vielen Jahren übriggeblieben. Er las Mara den Brief zu Ende vor. Sein Vater war in eine unerfreuliche Geschichte von Schwarzaufträgen und unrechtmässigen Aneignungen verwickelt gewesen; er wollte, dass über Funktionen und Verantwortlichkeiten Klarheit geschaffen werde, doch einer seiner Geschäftspartner habe ihm gedroht.

Morgen fahre ich in die Berge und verstecke diesen Brief in meiner Jagdhütte. Wenn ich dann am Abend D. sehe, werde ich endlich wissen, ob seine Drohungen nur leere Worte sind oder nicht. Ich habe Angst, dass er mir etwas antun könnte, doch ich bin bereit, mich zu wehren. Und dieser Brief ist mein Garantieschein.

Schöner Garantieschein, dachte Gian. Der eine Teil von ihm hätte wegen dieser absurden Geschichte am liebsten gelacht, der andere aber war drauf und dran, in Tränen auszubrechen. Mara berührte ganz sacht seine Hand und fragte: «Alles in Ordnung?»

«Ja», antwortete Gian. «Ja, sei unbesorgt!»

Aber beide wussten, dass das nicht stimmte. In stillem Einvernehmen konzentrierten sie sich auf eine technische Frage: Wie war dieser fünfundzwanzig Jahre zuvor versteckte Brief in Gians Haus gekommen?

Den Standort der Jagdhütte ausfindig zu machen, war ein Kinderspiel.

«Wie!», rief Gians Mutter aus. «Wusstest du das nicht? Dein Vater ging immer in die Berge an den Ort mit dem Erdrutsch … Ranzonico. Genau darum wollte ich mir doch den Beitrag im Fernsehen anschauen, als sie dich interviewten. Ihr befasst euch doch noch immer mit dem Erdrutsch, nicht wahr?»

Gian nickte zustimmend.

«Wann kommt er denn nun runter?»

Gian schüttelte den Kopf. «Keine Ahnung, Mamma.»

«Na, so was, seid ihr denn keine Fachleute?»

«Schon, aber normalerweise kündigen sich Erdrutsche nicht vorher an.»

«Nun, pass auf dich auf, ja! Du versprichst mir doch, dass du auf dich aufpasst, nicht wahr?»

Gian versprach alles, worum er gebeten wurde.

Kaum war er wieder zu Hause, schlug er sein Heft auf. Unter dem Wort «Jagdhütte» zeichnete er einen Pfeil und schrieb den Namen «Ranzonico», den er dreifach unterstrich. Dann rief er Mara an und sagte ihr, die Mosaiksteine fügten sich allmählich zusammen. Man müsse jetzt nur noch aufklären, wie der Brief wieder zum Vorschein gekommen und wer jener D. sei, der Gianni Bonetti Senior bedroht hatte.

Um das herauszufinden, beschloss Mara, könne man nur eines tun: «Wir müssen nach Ranzonico zurück.»

«Wieso wir?»

«Du willst doch nicht alleine gehen, oder?»

Um ein Haar hätten sie sich gestritten. Mara gab sich schliesslich mit einem Kompromiss zufrieden: Sie würde Gian bis vor das Zutrittsverbot begleiten. Denn mit dem Passierschein konnte sowieso nur Gian nach Ranzonico hinauf.

Um sich nicht weiter das Gehirn zu zermartern, gingen sie nach draussen. Es war warm, auch für einen Abend im Juni, und die bleierne Schwüle schien ein Gewitter zu verheissen. Sie machten Halt, um eine Granita zu trinken. Die Tische der Gelateria standen auf dem Trottoir, und darum herum bewegte sich eine Menschenmenge in Shorts und Flipflops, und da waren Kinderwagen und junge Frauen in gekünstelt lässigen Sommerkleidchen, die nach endlos langem Zögern vor dem Spiegel für den Abendspaziergang ausgesucht worden waren.

Im Grüssen und miteinander Schwatzen entdeckte Bellinzona jeden Abend seine Dorfnatur neu. Gian presste den Rücken an die Stuhllehne, trank die Granita mit Minzegeschmack in kleinen Schlucken und lauschte mit halbem Ohr den Unterhaltungen um die Gelateria herum. Es herrschte Ferienstimmung, lange Nachmittagsstunden ohne Gedanken an die Arbeit. Auch in Gians Büro hatten sie wie jedes Jahr den Ferienplan an die Wand gehängt.

Neben ihm sprachen zwei Studentinnen über die Prüfungen, bei denen sie durchgefallen waren.

«Keine Sorge», sagte die eine. «Du kannst sie im Januar nochmals machen. Denk jetzt einfach nur ans Relaxen.»

Gian sprang plötzlich auf.

«Was ist los?», fragte Mara.

«Nichts, ich ... ich glaube ...»

Urplötzlich war ihm die Wahrheit wie ein Blitz durch den Kopf gezuckt.

«Ich glaube, ich weiss, wer's ist.»

Endlich hatte er begriffen, wer D. war! Und vor allem hatte

er begriffen, dass er keine Zeit mehr verlieren durfte: Er musste sofort nach Ranzonico.

FÜNFTER TEIL

Die Luft war feucht, fast unerträglich. Grosse Regentropfen fielen auf den Asphalt, die Windschutzscheiben, die mit Porphyr gepflasterten Alleen. Die Tische vor den Bars in der Altstadt wurden hineingetragen. Das Donnerknallen liess die Passanten zusammenzucken; es war wie das Knurren eines unsichtbaren wilden Tieres, das in der Nähe auf der Lauer lag. Gian ging fast im Laufschritt über die Piazza Collegiata. Er hatte den Passierschein für Ranzonico im Büro gelassen.

«Dalmazio Costantini?», fragte Mara, die ihm hinterherkeuchte. «Wer ist Dalmazio Costantini?»

«Mein Chef. Der Mann, der meinen Vater umgebracht hat.»

Als er den Studentinnen zuhörte, wie sie über ihre Prüfungen sprachen, war Gian die Fahrschülerin eingefallen, auf die Costantini aufgefahren war. Er war zu spät ins Büro gekommen, weshalb Gian den Augenschein in Ranzonico vorgenommen hatte. Costantini war wütend, weil er wusste, was Gian entdecken könnte. Und in der Tat stiess Gian auf die Überreste seines Vaters.

Das war D! Auf dem Ferienplan im Büro standen die Vornamen: Gianni, Paolo, Erica und ... Dalmazio. Wieso war er nicht schon früher darauf gekommen? Gewöhnlich sprach man sich mit dem Nachnamen an.

Es fiel Gian ein, dass Dalmazio Costantini und Gianni Bonetti Senior ein paar Jahre zusammen gearbeitet hatten. Überdies: Wer konnte seine Ermittlungen besser überwachen als Costantini selbst, da er Gian jeden Tag sah? Deshalb fragte er ihn ständig, was er in Ranzonico gesehen habe, und genau deshalb beharrte er darauf, die vom Erdrutsch getroffenen Häuser abreissen zu lassen. Costantini wollte jede Spur seines Verbrechens beseitigen.

Nachdem er den Passierschein geholt hatte, kehrten sie in die Via Vela zurück in Gians Wohnung, und fuhren im Auto Richtung Norden, während das Gewitter über Bellinzona niederging.

Mara war ratlos. «Willst du damit sagen, er habe dich angestellt im Wissen, dass du der Sohn des Mannes bist, den er … »

«Des Mannes, den er ermordet hat, ja!»

«Aber wieso sollte er?»

«Was weiss ich! Vielleicht fühlte er sich schuldig. Und dann hat der Erdrutsch das Haus beschädigt, in welchem er die Leiche versteckt hatte, und er bekam einen Schreck.»

Auch im Radio wurde von Ranzonico berichtet. In den letzten Wochen hatten sich die Felsmassen jeden Tag drei Millimeter bewegt. Und jetzt könnte der Regen den Grat über dem Dorf endgültig zum Abrutschen bringen. Nach Meinung der Geologen konnten sich jederzeit mindestens dreihunderttausend Kubikmeter Fels lösen. Die Polizei hatte den Verkehr «über alternative Strecken» umgeleitet, weil die A2 und die Kantonsstrasse gesperrt wurden. Geologen, Polizisten, Journalisten, Staatsräte und neugierige Bürger eilten in Scharen vor Ort.

«Die werden uns nicht durchlassen», sagte Mara.

«Sei unbesorgt. Ich kenne das Gebiet.»

Gian fühlte sich seltsam selbstsicher, als hätte die Tatsache, dass er nun die Wahrheit kannte, ihn leichter, hellsichtiger gemacht. Der Schmerz war zwar nicht verschwunden, doch als Folge des dringend notwendigen Handelns gelindert. Sie parkierten das Auto wenige Kilometer vor dem Dorfkern von

Ranzonico. Dann strich Gian Mara sacht über die Wange und murmelte ihr zu: «Warte hier auf mich.»

Grüssa, Gana ròsso, Schiòss … Selbst der Klang der Mundart und die Ortsnamen deuteten auf den grossen Erdrutsch hin. Gian folgte dem Lauf des Bächleins Valón. Ihm standen die Katasterkarten, die er im Büro studiert hatte, vor Augen. Der heftige Regen schnitt ihn von der Umwelt ab, trübte die Sicht und machte den Boden rutschig. Er trug eine Taschenlampe, das Handy und einen Fotoapparat auf sich. Er musste dringend den Dorfkern erreichen und die noch bestehenden Überreste seines Vaters dokumentieren, bevor Costantini alle Beweise zum Verschwinden gebracht hätte.

Mara hörte im Auto Radio bei heruntergelassenem Fenster. Die leiernde Stimme eines Journalisten schien das Ende der Welt anzukündigen: «… es gilt jetzt Warnstufe rot in Ranzonico, wo die Angst vor dem Erdrutsch wächst. Doch schalten wir zu unserem Gast …»

Die Stimme verstummte. Eine Hand, durch die Fensteröffnung hereingekommen, hatte das Radio ausgeschaltet. Mara schrie, während eine andere Hand sie in den Sitz drückte. In ihr Blickfeld kam das Gesicht eines Unbekannten, dem die Haare nass in die Stirn hingen.

«Wir kennen uns nicht, stimmt's?»

Mara konnte ihre Angst nicht verbergen.

«Ich bin Signor Costantini, ein Freund deines Geliebten. Ruhig, keine Aufregung, bleib ganz ruhig …»

SECHSTER TEIL

Seit je behält der Mensch die Berge im Auge. Oberhalb von Ranzonico waren eine Erdvermessungsstation, Seismografen,

Dehnungsmessstreifen und allerlei Bewegungsmelder installiert worden, um die Geröllströme auf dem Schwemmkegel zu überwachen. Der Fels liess sich aber nicht bändigen.

Das wurde Gian klar, als er spürte, dass der Boden unter seinen Füssen ins Gleiten kam. Zum Glück war es ein vom Regen verursachter Schlammfluss und kein eigentlicher Bergrutsch.

Kam diesmal wirklich alles herunter?

Die Leute im Dorf waren gewöhnt, mit dem Erdrutsch zu leben, und jemand nannte ihn sogar einen «alten Gefährten». Doch seit ein paar Tagen hatte sich etwas verändert. Gian erreichte die ersten Häuser, schmutzig von Schlamm und Geröll: Zwischen Blitzen und Regen war es ihm, als befände er sich in der ghost town eines Wildwestfilms. Das Haus, in dem das Skelett seines Vaters versteckt war, stand im höhergelegenen Teil des Dorfes. Gian stellte sich vor, es gehöre Costantini oder irgendeinem Verwandten von ihm. Costantini hatte die Leiche im Keller vergraben und sich nicht vorgestellt, dass Jahre später der Erdrutsch die Vergangenheit wieder zum Leben erwecken könnte.

Gian wollte gerade über die Hausschwelle, als sein Handy klingelte. Es war ein merkwürdiger Klang inmitten der vom Gewitter und vom Schutt verwüsteten Landschaft. Instinktiv drückte er auf den Knopf.

«Hallo, Gian. Darf ich dich duzen?» Es war Costantinis Stimme. «Ich bin hier mit Mara in deinem Auto. Ich möchte dich bitten zurückzukehren, ohne in irgendein Haus zu gehen und Fotos zu machen.»

«Nein, ich …»

«Bald kommen Leute nach Ranzonico und beginnen damit, als Vorsichtsmassnahme ein paar Häuser abzureissen. Ich möchte nicht, dass du dir weh tust.» Costantini machte eine Pause. «Ich möchte nicht, dass Mara sich weh tut.»

Das war eine Drohung. Gian hielt das Handy fester umkrallt. Was sollte er tun? Costantini sass am längeren Hebel, und das wusste er.

Auch Mara hatte das erkannt.

Mit Costantini im Auto hörte sie den Regen auf dem Dach und in der Ferne Geräusche, von denen sie nicht wusste, ob sie von Donnerschlägen oder Erdrutschen herrührten. Nach einer Weile war auch Costantini beunruhigt. Er packte Mara am Arm und führte sie zur Kantonsstrasse. Mara wollte den Versuch wagen, sich zu befreien, doch bevor sie sich rühren konnte, war das Glucksen eines Strudels zu hören, und gleich darauf kam ein Schlammstrom herunter.

Mara stolperte, fiel im Dunkeln hin, bekam keine Luft. Erdgeruch, zählflüssiger Dreck auf Kleidern und Gesicht. Mara keuchte. Sie stand auf und versuchte, zum Auto zurückzufinden. Costantini war nicht mehr zu sehen, es war überhaupt nichts zu sehen. Der Schlamm bewegte sich tosend wie ein Wasserfall, wie ein raues Meer um sie herum.

Sie war verloren in einer elementaren Welt aus Wasser und Erde, einem Sumpf, einem Chaos, fern der Zivilisation. Sie fiel hin und stand erneut auf. Sie versuchte zu schreien. Sie spürte ein Zittern im ganzen Körper. Nach einem weiteren Schrei brach ihre Stimme. Und jemand antwortete.

«Mara!»

Gians Stimme, nah bei ihr. Seine Arme. Mara fiel ihm an die Brust und brach in Tränen aus. Nach ein paar Sekunden tauchte ein phosphoreszierender Mann auf wie ein Fabelwesen aus dem Wald. Es war Paul Debrunner in Zivilschutzuniform.

«Was tut ihr hier, seid ihr verrückt geworden? Jeden Augenblick kommt der Berg runter!»

Während er sie in Sicherheit brachte, sagte Debrunner zu Gian, er habe neulich in Ranzonico einen Brief mit seinem

Namen gefunden und diesen dann eingeworfen. Ob er ihn bekommen habe ...

«Klar ...», sagte Gian leise.

Der Brief habe mehr als zwanzig Jahre gebraucht, doch er sei am Ziel angekommen.

«Warten Sie!» Gian hielt Debrunner zurück. «Und Costantini?»

Debrunner wollte nicht zuhören. Costantini habe sich bestimmt in Sicherheit gebracht: Er kenne die Berge ja gut und sei nicht verrückt.

Nicht verrückt? Gian drehte sich um. Das Krachen der Felsen, der reglose Schatten des Grats über dem Dorf. Ein Dröhnen von Steinen übertönte das Tosen von Wasser und Schlamm. Gian drückte Maras Hand.

«Nur Mut!», sagte er zu ihr. «Bald werden wir im Trockenen sein.»

Aus dem Italienischen von Markus Hediger

SCHAFFHAUSEN

DIE EINLADUNG
JUTTA MOTZ

«Was willst du hier?» Die Stimme, die George ins Ohr zischte, klang hart und kalt. Er musste sich nicht umdrehen, um zu wissen, dass es sich um seine Schwiegeroma handelte.

«Interessante Veranstaltung an so einem historischen Ort.» Er versuchte scherzhaft zu klingen. Damit spielte er darauf an, dass die Befestigung Munot, das Wahrzeichen der Stadt Schaffhausen seit dem 16. Jahrhundert, den Rahmen für die Einladung von Medizinern und der Fachpresse bildete. Die Gäste scharten sich auf der überdeckten Galerie.

«Du bist wieder einmal nicht dem Anlass konform gekleidet.» Die alte Dame ärgerte sich über die Jeans, zu denen er einen Kaschmirblazer trug. Auch war das Hemd oben offen, was in dieser beschlipsten Gesellschaft sofort ins Auge stach. «Du Amerikaner, du!» Der letzte Satz enthielt all den aufgestauten Hass, zu dem die alte Dame fähig war.

Am 1. April 1944 war Schaffhausen von den Amerikanern wegen einer fehlerhaften Berechnung des Zielgebietes bombardiert worden. Das Bahnhofareal und das Industriequartier wurden zerstört. Vierzig Personen starben, Hunderte von Arbeitsplätzen waren vernichtet. Jacqueline von Horw war vier Jahre alt gewesen, als ihr Vater auf dem Weg zum Bahnhof ums Leben kam. Die Metallverarbeitende Fabrik Horw gehörte zu den Firmen, die in Schutt und Asche gelegt wurden. Später entschuldigten sich die Amerikaner für diesen Fehler, doch den Hass auf die Mörder ihres Vaters kultivierte sie auch im hohen Alter.

«Ich möchte gerne Benedikts Rede hören.» George drehte sich lächelnd nach der alten Dame um, die mit ihren 75 Jahren und ihrer Grösse von einem Meter siebzig eine imposante Erscheinung war. Die weissen Haare hatten einen leichten Stich ins Blaue, sie war exzellent geschminkt, trug ein mausgraues Chanel-Kostüm mit einer altrosa Seidenbluse. Eine ihrer schwarzen Bally Lackhandtaschen, passend zu den Pumps, vollendeten das Bild.

«Da kannst du etwas lernen.» Mit diesen Worten drehte sich die Schwiegeroma um und ging, freundlich nach beiden Seiten grüssend und nickend, auf die zahlreichen Gäste zu. Von einem der Tabletts, die vom diensteifrigen Personal herumgereicht wurden, nahm sie ein Glas Champagner, obwohl sie nie einen Tropfen Alkohol trank, so glaubte zumindest ihr Umkreis. Weiterhin lächelnd und grüssend schlängelte sie sich durch die Gäste, dort eine Hand reichend, um dann von jemandem mit Wangenkuss – drei Mal – begrüsst zu werden. George wusste, dass sie dies hasste. Emily, seine Frau, hatte es ihm verraten. Sie hatte ihn in das heimliche Laster der Grossmama eingeweiht: Gin! Jacqueline Suter, geborene von Horw, glaubte daran, dass Gin eine konservierende Wirkung habe, schliesslich war die britische Queen Mum 101 Jahre alt geworden. Sie verstecke, so behauptete die Enkelin, mehrere Flaschen des hochprozentigen Getränks in ihrem Schlafzimmerschrank.

Benedikt, ihr Sohn, begann mit seiner Rede, die von Höflichkeitsfloskeln nur so strotzte und überhaupt nichts aussagte. Sie war wie alle seine Reden: beliebig austauschbar. Sie hätte zu einer Taufe so gut gepasst wie zu einer Hochzeits- oder einer Geburtstagsfeier. Einzig bei einer Beerdigung liess sich diese Rede nicht verwerten, da sie zu viel Zuversicht ausstrahlte und das Wort Freude wiederholt darin vorkam.

Zwar arbeitete George als PR-Mann in der Firma, die der Familie seiner Frau gehörte, einem gut gehenden Unternehmen im Bereich medizinische Geräte. Herausragendes wurde da produziert und in die ganze Welt exportiert. Da er als nicht präsentabel galt, nur schriftdeutsch sprach, und das nicht einmal akzentfrei, hatte er bei offiziellen Anlässen nichts zu suchen. So wollte es die Schwiegeroma, die George bei sich als «Dragoner» bezeichnete.

Die Rede wollte und wollte nicht enden. George stellte sein Glas auf einen der runden Stehtische und beschloss zu gehen. Nach Hause? Allein? Emily war von einem Gast in ein Gespräch verwickelt worden. Sie machte die Honneurs gekonnt. George langweilte diese Art von Veranstaltung. Er trat den Fussweg bergab an. Es war Georges Idee gewesen, Ärzte aus dem süddeutschen Raum einzuladen, da neue Gesetze in Deutschland im Gespräch waren, die es Ärzten verbieten sollten, Geschenke und Zuwendungen der Pharmaindustrie anzunehmen. Das Gleiche galt für die Herstellfirmen von medizinischen Geräten.

Umso grösser war die Resonanz auf die Einladung in die Schweiz nach Schaffhausen ausgefallen: ein Wochenende in einem guten Hotel, verbunden mit exzellenten Essen und mehreren Weinproben. Das liess sich keiner entgehen.

George blieb auf halben Weg stehen, wandte sich dem Wahrzeichen der Stadt zu, dem Turm, auf dem Wächter in früheren Jahrhunderten Signale bei Feuer gegeben hatten. Es wurden Kriegs- und Handelsschiffe signalisiert, so dass die ersten abgefangen und von den zweiten Gebühren für die Weiterfahrt kassiert werden konnten. Mit Hornstössen oder Flaggen hatte man vom Turm aus die Stadt verständigt. Damals.

Heute vibrierte sein Handy in der Hosentasche. Emily! Er meldete sich, erfreut, dass sie sich nach ihm erkundigte.

«Wo steckst du?» Ihre Stimme klang vorwurfsvoll, und all seine Freude über ihren Anruf erlosch. «Das Buffet ist eröffnet, einige Ärzte fragen nach dir.»

Letzteres war sicher gelogen. Emily bemühte sich immer sehr, ihn mit einzubeziehen, ihm nicht das Gefühl zu geben, nur ein «Frühstücksdirektor» zu sein, wie Benedikt ihn einem Freund gegenüber genannt hatte, ohne zu ahnen, dass er die Unterhaltung mithörte.

«Es gibt für mich nichts mehr zu tun. Die Veranstaltung läuft bestens, alle amüsieren sich. Es wird sicher ein Erfolg. Ich freue mich für euch und die Firma.» Es klang banal.

«Ich bin nicht auf deine Unterstützung angewiesen. Ich kann unsere Gäste allein begrüssen. Trotzdem, ich hätte mich gefreut, wenn du neben mir stehen würdest.» Wütend drückte Emily ihn weg.

«Grüss-August», hatte ihm die Schwiegeroma einmal ins Gesicht gesagt. George steckte sein Handy ein, ging weiter Richtung Stadt, blieb immer wieder stehen, um auf den Fluss zu sehen. Weidlinge waren am Ufer befestigt. Jetzt, im Sommer, konnten junge Männer die neun Meter langen Holzboote mieten und sie von Schaffhausen bis Stein am Rhein mit Treideln dem Ufer entlang staken.

Emily Brauer hatte er in den USA kennen gelernt, sie studierte damals Economics, er war ein promovierter Germanist, der im Nebenfach so etwas Überflüssiges wie Latein belegt hatte. Sie hatten sich verliebt. Er war gerne bereit, mit ihr in die Schweiz zu reisen, sogar dort zu leben.

«Dann müssen wir vorher heiraten, sonst hast du bei meiner Familie keine Chance. Sie würden dich vergraulen.» Sie taten, wie Emilie vorgeschlagen hatte.

Trotzdem: Das Entsetzen im Blick der versammelten Familie, als Emilie Brauer verkündete, dass sie als Emily Altman den Rest ihres Lebens an Georges Seite verbringen werde, würde er nie vergessen.

«Aber Emilie – einen Amerikaner?» Das war Grossmutters einziger Kommentar, bevor sie sich umdrehte und den Raum verliess. Anfangs hatte George gehofft, im Laufe der Zeit eine gewisse Akzeptanz zu erreichen, doch obwohl Emily sich bemühte, ihn als ihren Traummann zu präsentieren, ihn herumreichte, mitnahm, überall vorstellte, er wurde in der hübschen, alten Stadt mit den schön bemalten Häusern, den Erkern und den mit Skulpturen verzierten Brunnen nicht heimisch. Er war und blieb der Amerikaner. Seine Situation wurde im Laufe der Zeit sogar schwieriger, denn ein Enkel- oder Urenkelkind wollte sich nicht einstellen. Die Frauen des Hauses verloren jedes Interesse an ihm, selbst seine eigene.

George war am Münsterplatz angekommen und ging zu dem Restaurant, in dem sein Freund Horatio, ein Anglist, zu speisen pflegte. Leider traf er ihn nicht mehr an, denn die Lunchzeit war vorbei, das Lokal leerte sich. Er trat wieder auf den Platz hinaus, unentschlossen, was er machen wollte. Alleine essen gehen? Zu Hause etwas brutzeln? Noch verspürte er keinen Hunger.

Lustlos sah er sich um. Er ging auf das Museum Allerheiligen zu, zögerte, denn ins Museum wollte er nicht. Er bog ab und betrat den Klosterhof. Er flanierte durch den Kreuzgang, betrachtete die Jahrhunderte alten Grabplatten berühmter Familien. Vor den Grabplatten derer von Waldkirch und der Peyers blieb er stehen. Er wunderte sich, wie die Familienmitglieder dahinter beerdigt werden konnten. Aufrecht? Wurden ihre Knochen nach ein paar Jahren umgebettet? So wie in einigen südlichen Ländern? In einem Behälter hinter die ehrwürdige Grabplatte geschoben? Wurde die Asche in einer Urne bestattet?

Vom Tod wanderten seine Gedanken zurück zum Leben. Er ging in dem angrenzenden Klostergarten spazieren. Hier im Schatten war es kühler. Die Sonne stand schon tief. Langsam schlenderte er auf dem schmalen Weg an Beeten mit den verschiedensten Sträuchern und Blumen entlang. Alle waren in deutscher und lateinischer Sprache angeschrieben.

Stimmt es, dass Emily sich von mir trennen will?, überlegte er. Eine ihrer Freundinnen hatte es behauptet. Der Zauber, den sie auf ihn ausgeübt hatte, hatte unter den Familienstreitigkeiten gelitten. Trotzdem, eine Trennung würde ihn treffen. Er liebte seine Frau noch immer.

Als er an der Mauer des Blumengartens zurückging, fiel sein Blick auf das lange Beet mit den Giftpflanzen. *Adonis vernalis* – Frühlings-Adonisröslein. *Crocus sativus* – Safran. *Convallaria majalis* – Maiglöckchen. *Colchicum autumnale* – Herbstzeitlose.

Diese Namen sagten ihm nichts. Nur Maiglöckchen kannte er. Er blieb stehen und blickte nachdenklich auf das Beet. Gift!

Giftmorde waren Frauensache. Statistisch gesehen. Die berühmtesten antiken Giftmorde kamen George in den Sinn. Xenophons Hopliten waren an der Südküste des Schwarzen, des Punischen, Meeres nach dem Genuss von Honig an Durchfall erkrankt und für mehrere Tage kampfunfähig gewesen. Mad honey – der punische Honig, erlangte später Berühmtheit, als Pompeius' Mannen sich über die von Mithridates in der Nähe der Strassen aufgestellten Honigwaben hermachten. Sie wussten nicht, dass sich die Bienen südlich des Punischen Meeres von giftigen Pflanzen ernährten. Mithridates, ein hinterhältiger Feldherr, wartete, bis die Truppen des Pompeius vom Durchfall geschwächt und schläfrig waren, dann fiel er über sie her. Überflüssig zu erwähnen, dass er erfolgreich war. In der Antike gab es unzählige Geschichten versuchter und erfolgreicher Vergiftungen. Auch von Männern. In der Antike löste man Probleme mit Gewalt oder mit Gift. Gewalt war nicht Georges Waffe.

Die Sonne verschwand hinter dem hohen Dach des Klosters, es wurde kühl im Blumengarten.

Wie anders könnte sein Leben in Schaffhausen sein, wenn sich die offen ausgetragene Feindschaft zwischen Emilys Familie und ihm beilegen liesse. Die Schwiegeroma, diesen Dragoner, galt es aus dem Weg zu räumen. Mit Gift? An ihren Gin im Schlafzimmerschrank kam er nicht heran. George hatte von Pflanzen wenig Ahnung. Er kannte Rosen, Tulpen und Nelken. Blumen, die er je nach Jahreszeit seiner Frau am Wochenende vom Einkaufen mitbrachte. In eine Buchhandlung konnte er nicht gehen, um ein Buch über Giftpflanzen zu kaufen. Viel zu auffällig, keine gute Idee. Nachforschungen im Internet hinterliessen ebenfalls Spuren.

Er plante, er malte sich ein friedliches Leben mit Emily aus, er hoffte ... Solche Überlegungen beschäftigten ihn nicht nur an diesem Tag, sondern auch an den folgenden. Könnte die Beseitigung des Dragoners seine Probleme mit Emily lösen? Liesse sich seine Ehe noch einmal beleben, war eine Trennung zu vermeiden? Einen Versuch war es wert!

Am folgenden Samstag hatte Georges Plan zur Beseitigung der Schwiegeroma konkretere Formen angenommen. Er fuhr nach St. Gallen, fand in der HSG einen Internetraum, wo er, in Jeans und Blazer, wohl für einer der Lehrenden gehalten wurde. Niemand kümmerte sich um ihn, keiner sprach ihn an. Er recherchierte im Internet alles, was er über Giftpflanzen wissen musste. Ja, er wagte es sogar, bei Wikipedia die Seiten mit den Giftpflanzen des Jahres auszudrucken. Eine Pflanze hatte es ihm ganz besonders angetan: Das Maiglöckchen – hier fast zärtlich Maieriesli genannt: wissenschaftlich *Convallaria majalis*. Erster Vorteil: leicht zu beschaffen. Zweiter Vorteil: Es blühte gerade. Frage: Wie verabreichen?

George entschied sich dafür, die ganze Familie zu einem Nachtessen einzuladen. Sie sagten sofort alle zu. Der Dragoner, ihre Tochter Susanne, Emilys Mutter, die mit einer frühen Schwangerschaft und einer Muss-Ehe unter Stand von sich reden gemacht hatte, nur um sich nach der Geburt ihrer Tochter gleich scheiden zu lassen – eine Entscheidung, die massgeblich von dem Dragoner beeinflusst war. Das hatte ihm Benedikt unter dem Siegel der Verschwiegenheit verraten. Wie einst Queen Victoria führte die Grossmutter ein ebenso obsessives und herrisches Regime über ihre Tochter und ihre Enkelin. Sohn Benedikt dagegen durfte sich frei entfalten und machte von den sich ihm bietenden Möglichkeiten reichlich Gebrauch – vor seiner Ehe.

Zusammen mit Onkel Benedikt und dessen Frau Therese würden sie sechs Personen zum Nachtessen sein. Dass George gerne und gut italienisch kochte, war in der Familie bekannt. Er hatte ein Jahr in Florenz gelebt, die Küche schätzen gelernt, während er Kunstgeschichte studierte. «Eine brotlose Kunst», beschied ihm die Familie und belächelte sein Interesse an diesem Fach.

Erst im Laufe der Woche war ihm klargeworden, warum alle so enthusiastisch zugesagt hatten: Sie erwarteten die Ankündigung des Stammhalters.

George verbrachte in letzter Zeit viele Abende in der HSG in St. Gallen, surfte dort im Internet, bis er ein Menü zusammengestellt hatte. Sein Plan war denkbar einfach: ein gemischter Salat, der von Rot, geschälte Peperoni in Streifen geschnitten und geraspelte Karotten, über Grün, Salat, Spinat, Avocado, bis Weiss, Radieschen ganz fein geraspelt und Frühlingszwiebeln für die Salatvinaigrette die Farben Italiens vereinte. An den Hauptgang verschwendete er wenig Mühe: Saltimbocca, grüner Spargel und Kartoffelgratin. Zum Dessert: ein Tiramisu, einfach vorzubereiten, musste nur kühl gestellt werden.

Endlich war der lang ersehnte Abend gekommen. Der Tisch war auf das Schönste gedeckt, gepflegte Weine aus der Gegend ausgesucht. Er wusste, dass dies von der Familie geschätzt wurde. Das Fleisch garte auf Niedertemperatur im Ofen, der Gratin war vorbereitet, musste nur zum Überbacken kurz in den Kombi-Steamer gestellt werden, natürlich ohne Dampf. Die Salate geschnipselt, geraspelt. Die Vinaigrette stand im Mixbecher im Kühlschrank. Nun galt es, die Extraportion Frühlingssalat für die Schwiegeroma anzurichten. George nahm die weissen Blüten der Maiglöckchen, die er in St. Gallen gekauft hatte. Er schnitt sie ganz fein. Sie ringelten sich etwas und waren den Frühlingszwiebeln nicht unähnlich. Zusammen mit den in Würfel geschnittenen, hart gekochten Eiern war kein Unterschied zwischen der Sauce mit Zwiebeln und der mit Maiglöckchen zu erkennen. Mughetto-Vinaigrette für die Schwiegeroma, sinnierte er leicht amüsiert, als ihm plötzlich der italienische Name für diese Blume wieder einfiel. Nachdem er die Maiglöckchen-Vinaigrette hergestellt hatte, entsorgte er die Reste der giftigen Pflanze auf einem Spaziergang am Rheinfall, wo viele Touristen täglich dafür sorgten, dass überquellende Abfallkübel geleert wurden.

Kurz bevor die Familie am Abend eintraf, kam Emily in die Küche und teilte ihm mit, dass sie nach Bern zu einer Konferenz für Frauenfragen fahren müsse. Im Auftrag der Partei. Plötzlich und unerwartet! Sie gebrauchte tatsächlich diese häufig verwendete Redewendung aus Todesanzeigen.

George war wie vor den Kopf gestossen. Ihre Wortwahl zeigte ihm überdeutlich, wie viel wichtiger Emily ihre Arbeit, ihr Engagement in der Partei, war. Frauenfragen? Am Abend seiner grossen Einladung? Welch ein Affront.

Emily, die nicht in der Lage war, sich gegen ihre Grossmutter durchzusetzen, kämpfte für die Rechte der Frauen. Fremder Frauen! Ihre Beziehung schien ihr nichts mehr zu bedeuten. Wie sollte ihre Ehe weitergehen? Je länger sie in Schaffhausen lebten, desto mehr hatte Emily sich der Denkweise ihrer Grossmutter angenähert und sich von ihrem Ehemann entfernt. Warum entfloh sie an dem Abend seiner Einladung zu einer Sitzung nach Bern? Er stand in der Küche und schwieg.

«Ich mache mich fertig, dann fahre ich los.»

George nickte übellaunig. Emily entschwand in die obere, die private Etage der Maisonette, wo sich Bad und Schlafzimmer befanden.

Er bereitete unten in der Küche die Salate auf sechs Tellern vor, leerte den Mixbecher mit den Frühlingszwiebeln über fünf Teller, die Maiglöckchen-Vinaigrette über den sechsten. Den Salatteller mit den Maiglöckchen rückte er etwas nach rechts auf der Abstellfläche, um ihn nicht mit den anderen Tellern zu verwechseln.

Pünktlich um 19 Uhr trafen die Gäste gut gelaunt ein. Er durfte seinen Besuchern eröffnen, dass Emily nach Bern reisen musste. Früh am nächsten Morgen sei eine Sitzung zu Frauenfragen anberaumt. Sie als Delegierte solle unbedingt teilnehmen.

Betretenes Schweigen, leises Murren.

Er servierte einen exzellenten Prosecco, dann Weiss- und Rotwein. Deutlich sichtbar stand eine Flasche Gin auf der Anrichte, von allen Familienmitgliedern geflissentlich übersehen. Als er in der Küche von der Arbeitsfläche den Salat mit der Maienriesli-Vinaigrette ganz rechts nehmen wollte, stellte er fest, dass alle Salatteller dicht nebeneinander standen. George war verwirrt, betrachtete die Salate genau. Dann servierte er der Schwiegeroma den Salat, der ganz rechts in der Küche stand in der Hoffnung, es sei der Richtige.

Der Abend verging ohne Emily ebenso langsam wie langweilig. Die Enttäuschung darüber, dass die erhoffte Ankündigung nicht erfolgte, war für George greifbar. Sobald es der Anstand erlaubte, verabschiedeten sich seine Gäste. Alle standen im Flur, Benedikt und George halfen den Damen in die Jacken oder Mäntel. Nicht einmal für den obligaten Espresso und den Grappa wollten sie bleiben. Es klingelte an der Tür.

George öffnete und schreckte vor zwei Polizisten in Uniform, einem männlichen und einem weiblichen, zurück. Ohne ein Wort starrten alle Anwesenden die beiden Beamten an. Sie bildeten eine Gasse, nachdem George ihnen bedeutet hatte, näher zu treten. Im Esszimmer, vor dem noch nicht abgeräumten Tisch, blieben alle stehen.

«Herr Altman …», begann der ältere Beamte.

George nickte und trat einen Schritt vor, so wie in der Schule, wenn er aufgerufen wurde.

«Herr Altman, es tut uns leid, Ihnen mitteilen zu müssen, dass Ihre Frau kurz nach Winterthur einem tödlichen Autounfall zum Opfer gefallen ist. Es war ein Selbstunfall.»

Mit einem schrillen Schrei sank die Grossmutter zusammen, von der Polizistin aufgefangen und zu einem der Stühle geleitet. Susanne, die Mutter erstarrte, George stand mit weit aufgerissenen Augen unbeweglich da, Therese eilte in die Küche, um Tee zu kochen. Einzig Benedikt wollte wissen, wie es zu dem Selbstunfall gekommen sei.

«Keine überhöhte Geschwindigkeit. Eventuell ein Herz-Kreislaufproblem. Frau Altman verschied während der Bergungsarbeiten durch die Feuerwehr, ohne das Bewusstsein wieder erlangt zu haben.»

Noch in der Nacht, nachdem alle gegangen waren, räumte George die Spülmaschine ein. Da sah er den sechsten Salatteller. Emily hatte angenommen, der Salat, der separat stand, sei für sie bestimmt. Hatte es wohl als freundliche Geste ihres Mannes gedeutet und ihn vor ihrer Abfahrt schnell im Stehen gegessen. Dann muss sie den Teller in die Spülmaschine gestellt haben, wie es ihre Art war. Sie liess nie dreckiges Geschirr herumstehen.

George erinnerte sich an die Beschreibung der Symptome einer Maiglöckchenvergiftung: Übelkeit, Schwindel, Herzrhythmusstörungen, hoher Blutdruck, dann langsame Atmung und Herzstillstand. Emily, seine Emily, tat ihm unendlich leid. Sein schöner Plan, der in einer Wiederannährung gipfeln sollte, war zerstört. Sein Lebensinhalt vernichtet.

Die nächsten Tage verbrachte er wie in Trance zu Hause. Schuldgefühle wechselten mit ohnmächtiger Wut. Weinkrämpfe schüttelten ihn. Er hatte seine Liebe verloren. Die fröhliche und weltoffene Emily hatte sich hier am Rhein zur biederen Emilie gewandelt. Sein Versuch, ihre Liebe zurückzugewinnen, war gescheitert. Jede Minute rechnete er mit seiner Verhaftung. Die Autopsie würde seine Untat ans Tageslicht bringen.

Nach zwei Tagen besuchte ihn Benedikt, teilte ihm mit, wann die Trauerfeier und gleich danach die Urnenbeisetzung stattfinden werde. Alles im engsten Familienkreise.

«Urnenbeisetzung?» George war fassungslos.

«Wir haben Emilie kremieren lassen, so wie das bei uns üblich ist. Wegen des Familiengrabs. Dort hat es nicht so viel Platz.»

«Kremiert? Schon kremiert? Alles hinter meinem Rücken?» George holte tief Luft.

«Sorry, old guy.» Benedikt stand auf und tätschelte wohlwollend seine Schulter. «Wie schon gesagt, das ist bei uns so üblich.» Das hatte als Erklärung zu genügen. «So wird es bei uns seit Generationen gemacht.»

«Und die Autopsie …», stammelte George.

«Die Autopsie? Emilie ist an den Folgen eines Unfalles gestorben. War vermutlich übermüdet. Die Autopsie war eher eine Formsache. Es wurde kein Alkohol im Blut festgestellt. Das alleine ist wichtig.»

«Ja aber …» George war verwirrt. Sollte er so einfach davonkommen? War das Gift nicht festgestellt worden?

«Unsere Familie wünscht in keiner Weise Aufsehen zu erregen. Wir bieten keinen Anlass zu irgendwelchen Spekulationen.»

Hilflos sah George mit rotgeränderten Augen zum Onkel seiner verstorbenen Frau auf. «Das soll alles gewesen sein?», fragte er ganz leise.

«Finde dich damit ab! Am besten, du verreist gleich nach der Beisetzung. Du benötigst Erholung.» Mit diesen Worten verabschiedete sich Benedikt. Die Haustür fiel krachend ins Schloss.

Eine Woche nach der Beisetzung erschien der Dragoner gegen neun Uhr in der Frühe in Georges Wohnung. Sie öffnete mit Emilys Wohnungsschlüssel und ging, ohne zu fragen, durch die unaufgeräumte Küche und ins Wohnzimmer. Eine Wolldecke, sein Jackett, Schuhe und die Fernsehzeitung lagen am Boden. Eine leere Flasche Jack Daniels auf dem Sofatisch krönte das Stillleben. Ins Schlafzimmer ging die Schwiegeroma nicht, denn das gehörte sich nicht.

Nun standen sich die beiden gegenüber. George, der sich heimatlos fühlte, leer, unbeschäftigt und unnütz, dem die Tage mit unmässigen Alkoholkonsum anzusehen waren und der von Verzweiflung und Schuldgefühlen gezeichnet war. Er erkannte in dem Gesicht der schwarz gekleideten, alten Frau die Trauer über den Verlust der geliebten Enkelin. Das war das Ende einer für sie bedeutsamen Familiengeschichte. Das Elend ihrer eigenen Endlichkeit spiegelte die Trostlosigkeit einer nun ohne Sinn alt werdenden Frau. Für wenige Sekunden sah er Verständnis und Mitleid in ihrem Blick. Zwei tief traurige Menschen standen sich schweigend gegenüber.

Dann straffte sie ihre Schultern, richtete sich wieder zu ihrer vollen Grösse auf. Die alte Dame drückte ihm die Papiere für den Firmen-Chayenne in die Hand. «Du hast ja bereits für deine Erholungsreise gepackt. Der Wagen ist auf deinen Namen überschrieben.»

Der Augenblick gegenseitiger Anteilnahme war vorüber. Wie viel wusste, wie viel ahnte die Familie, die alte, trauernde Frau, die ihm gegenüberstand? Ihre Stimme war kalt und schneidend: «Du findest alles, was dir gehört, im Wagen. Nun verschwinde, aber endgültig!»

OBWALDEN

ÄLPLERCHILBI
STEPHAN PÖRTNER

Ich hatte das Gefühl, dass da etwas nicht stimmte. Damals, als die Jennifer verschwunden war. Ich weiss, nachher hat man es immer schon vorher gewusst, aber in diesem Fall rede ich mir das nicht nur ein. Ich bin mir sicher. Weil ich mich gut daran erinnere. An dieses Gefühl, als sie auf einmal nicht mehr da war.

 Die Jennifer, das war eine ganz Spezielle. Solche Menschen trifft man hier nur selten. Sie war von weit weg und doch aus der Gegend. Ihr Vater war Amerikaner und arbeitete im Finanzsektor. Er wohnte steuergünstig in Hergiswil, drüben in Nidwalden. Die Jennifer konnte perfekt Englisch und ein paar weitere Sprachen, beherrschte aber auch den hiesigen Dialekt. Sie hat in den Bergen gelebt und in Grossstädten. Sie ist schon als Kind viel herumgekommen und wurde, so hat sie das mir gegenüber angedeutet, hin- und hergeschoben. Die Eltern hatten Wichtigeres zu tun, als sich um ihre Tochter zu kümmern. Sie hatten viel Geld und wenig Zeit. Sie liessen sich scheiden, als die Jennifer noch klein war. Die Mutter zog in der Welt herum. Die Jennifer besuchte exklusive Schulen in der Westschweiz, lief davon, landete beim Vater, wurde wieder irgendwo versorgt, lief wieder weg. Ganz genau weiss ich es auch nicht, sie hat nicht so gern darüber geredet, und so gut hab ich sie ja nicht gekannt. Aber gern hatte ich sie. Das auf jeden Fall.

Sie galt als eine Wilde, die Leute wussten halt nicht recht, was mit ihr anfangen, sie war ihnen fremd. Als sie dann plötzlich nicht mehr da war, gegen Ende der Alpsaison einfach verschwunden, da hat der Alpmeister, der Franz, zwar ordentlich geflucht, aber gewundert hat es ihn nicht wirklich. So richtig schlau geworden ist er eben nicht aus ihr. Gschaffig sei sie schon gewesen, sie machte sich die Hände dreckig, packte zu, wo es nötig war. Hirtin war sie, weil sie gern draussen war, bei Wind und Wetter. Am liebsten allein. Sie brachte das Vieh auf die Weiden und holte es zum Melken wieder in den Stall. Sie kochte und putzte und redete nicht mehr als nötig. Der Franz konnte gar nicht recht glauben, dass sie eine Banquierstochter war. Weil angesehen hat man ihr das grad gar nicht. Sie hat schon wild ausgesehen, das lässt sich nicht bestreiten. Diese Zotteln, die sie auf dem Kopf hatte, dicke filzige Haarsträhnen, die Ringe in der Nase und den Ohren und die vielen Tätowierungen, das war schon etwas.

Heute haben ja viele Piercings und Tätowierungen, so ein Steckerli an der Oberlippe oder an der Stirn, so ein Bild auf dem Arm oder dem Rücken. Das sieht man schon, auch bei den hiesigen Frauen. Wie die Jennifer hat trotzdem keine ausgesehen, nicht einmal von Weitem. So etwas kannte man hier schlicht nicht.

Hier, wo man die verheirateten Frauen an der Kurzhaarfrisur erkennt. Weil es praktisch ist. Nur schön ist es nicht, finde ich. Erst recht mit diesen eingefärbten Strähnchen. Daran kann ich mich nicht gewöhnen. Als wollten die Frauen sagen: So jetzt kommt es mir nicht mehr drauf an, wie ich aussehe. Ich hab jetzt einen, bin unter der Haube sozusagen, weil bei der Tracht ist das ja so: Da tragen die Verheirateten eine Haube. Aber das wär heute gar nicht mehr nötig, eben weil man es schon an der Frisur sieht. Da verstehe ich die Leute nicht. Einerseits gibt man wieder mehr auf die Tradition, aber nur dort, wo es dem modernen Alltag nicht in die Quere kommt.

Meine Mutter hatte noch ganz lange Haare. Hat sie nie abgeschnitten, nicht als sie geheiratet hat und nicht als sie Witwe wurde. Sie flocht sie oder band sie hoch, das ist eine Kunst für sich. Sie war der Grund, warum ich hier nie weggekommen bin. Sie wollte nicht weg, und alleine auf dem kleinen Hof, das wäre nicht gegangen. Es ist auch so fast nicht gegangen. Zum Heiraten hat es mir jedenfalls nie gereicht. Ich habe neben dem Hof immer gearbeitet. In der Fabrik, auf dem Bau, bei anderen Bauern. Auch für eine Lehre hat es nicht gereicht. Hilfsarbeiter und Hungerbauer war ich, dann wurde ich auch noch Hilfspolizist. Hilfspolizist Hugo. Man muss nicht gross verstehen, wie die Leuten funktionieren, um zu wissen, dass der Hilfspolizist Hugo keine Respektsperson ist. Eher so ein netter Tscholi. Ja, vielleicht bin ich das wirklich. Ich weiss schon, dass die Leute über mich lachen.

Nur die Jennifer, mit ihren langen, zottigen Haaren, ihren zahlreichen Nasen- und Ohrringen, mit ihrer weiten, dunklen, mitunter zerfetzten Kleidung, die hat nicht über mich gelacht.

Sie war nicht zum ersten Mal auf der Alp bei uns. Sie hat ein paar Mal gewechselt. Sie war keine Einfache, und es gab auch solche, die meinten, die sei einfach zu haben. Wenn eine kein braves Mäitli war und keinen Freund hatte und dann noch anders aussah, dann meinten die halt grad, die nehme Drogen und gehe mit jedem ins Bett. Da hatten sie sich aber geschnitten.

Es gab diese Geschichte, wie sie im «Kreuz» unten mal einen in den Senkel gestellt hatte. So klein war der geworden, mit Hut. Weil die Jennifer, die konnte nicht nur trinken wie ein Mann, die konnte auch austeilen, aufs Maul gefallen war die grad gar nicht. Damit hatte sie sich nicht unbedingt beliebt gemacht. Doch wie es mir vorkam, war ihr das gleich. Weil die Jennifer, die war herumgekommen in der Welt. Die hatte etwas gesehen und wusste, dass diese Berge und Täler nicht alles sind, was es gibt. Dass es hinter dem Brünig weitergeht, und Luzern nicht der Inbegriff einer Grossstadt ist. Die Welt hier ist schon klein und übersichtlich. Ich wäre gerne einmal weggekommen, aber ausser im Militär war da nichts mit Reisen. Vielleicht habe ich mich drum auch gern mit ihr unterhalten. Ihr zugehört, wenn sie von Amerika, von Bolivien, Spanien oder Irland erzählte.

Deputy hat sie zu mir gesagt. Das gefiel mir, auch wenn sie mir erst erklären musste, dass so die Hilfssheriffs in Amerika heissen. Meine drei Kühe waren in jenem Sommer beim Franz auf der Alp. Ich machte meine Runden, Weg- und Schilderkontrollen und dabei bin ich ihr immer wieder mal begegnet. Wenn ich ehrlich bin, habe ich auch mal einen Umweg gemacht, um sie zu treffen. Und wenn ich ganz ehrlich bin, muss ich zugeben, dass ich ein bisschen in sie verliebt war. Im Stillen. Klar, dass ich ihr das nie gesagt habe, es sie nicht einmal merken liess. Ich war ja einiges älter als sie. Ich lebte bei der Mutter. Ich war der Hilfspolizist Hugo. Die Jennifer, da war ich mir sicher, würde nichts von mir wollen, wenn ich der letzte Mann auf Erden wäre. Wir waren so etwas wie Freunde. Keine engen Freunde, vielleicht auch nur gute Bekannte. Wir waren beide Aussenseiter, das ist es, was uns verbunden hat.

Bis sie dann einfach nicht mehr da war. Ich konnte einfach nicht glauben, dass sie gegangen war, ohne mir etwas zu sagen. Ihr Vater hatte nur gemeint, irgendwann komme eine Postkarte aus Thailand oder Mexiko oder von sonst irgendeinem fernen Land. Weil die Jennifer, und das hatte ich bis dahin nicht gewusst, die hatte ihr eigenes Geld, von der Grossmutter, die hätte nicht zu arbeiten brauchen, und wahrscheinlich war sie reicher als mancher von denen, die auf sie herabgeschaut hatten.

Zu behaupten, dass man ihr nachgetrauert oder grosse Stricke zerrissen hätte, um sie zu finden, das wäre nicht übertrieben, das wäre glatt gelogen.

Es war eher so, dass bis im Herbst, als die Älplerchilbi stattfand, die Jennifer schon so gut wie vergessen war. Die Älplerchilbi fand wie jedes Jahr in einem Landgasthof statt. Wie jener oder der Ort heisst, dass will ich hier nicht sagen, weil die, die dabei waren, die, die es angeht, die erinnern sich an diese Älplerchilbi, bei der alles anders kam.

Es war ein schöner Herbsttag. Ein Samstag. Schon frühmorgens war ich vor Ort, habe die Fahrverbotsschilder aufgestellt und den Parkplatz ausgesteckt. Nach dem Gottesdienst in der Kapelle zog man zur Festwirtschaft. Eine zünftige Chilbi sollte es werden, schon beim Mittagessen wurde viel gelacht und getrunken. Man war gespannt auf die Sprüche vom Wildma und Wildwyyb. Natürlich wusste man, wer hinter den Masken steckte, und vor allem der Drees, der das Wildwyyb schon zum vierten Mal machte, war für seine frechen Sprüche bekannt, en Bombäsiäch. Viel Volk war gekommen, dazu die Trinkler, die Trachtengruppen, der Jodelchor und eine Ländlerkapelle. Ja, es lag etwas in der Luft an jenem Nachmittag im Oktober.

Seither würde man sie zwar gerne wieder vergessen, diese Chilbi, tut so, als sei das alles gar nicht passiert.

Die erste Runde der Sprüche waren noch die üblichen heiteren und eher harmlosen Geschichten, ein paar Andeutungen auf bekannte Personen – wie fast jedes Jahr wurde auch der Hilfspolizist Hugo nicht verschont, der immer für einen Lacher gut war. Beim Tanz des Wildma und des Wildwyyb, bei dem letzteres besonders übermütig herumsprang, hätte man eigentlich schon ahnen können, dass etwas nicht stimmt.

Doch richtig wild wurde es erst am Schluss, das Volk glaubte schon, die Sprüche seien vorbei. Da stellte sich das Wildwyyb noch einmal in die Mitte des Rings, sprang noch einmal herum, als hätte es Wespen unter dem Kleid und begann zu erzählen. Viele hatten sich schon halb abgewandt, plauderten mit ihren Nachbarn und hörten gar nicht richtig zu.

Von der Jennifer berichtete das Wildwyyb. Von der Jennifer, die an einem schönen Spätsommertag plötzlich verschwunden war. Doch es, das Wildwyyb, wisse schon, wo sie sei. Nicht in Amerika oder Australien, sondern oben, auf der Rinderalp in einer Felsspalte, dort liege die Jennifer und das nicht allein, sondern mit dem Kinde, das sie in sich trug. An diesem Punkt der Geschichte war es mucksmäuschenstill geworden. Sogar die Kinder, die hinten auf dem Spielplatz herumgetobt hatten, waren zu ihren Eltern getreten, drückten sich an sie.

Das Wildwyyb war nicht zu bremsen. Von wem das Kind gewesen sein könnte, fragte es in die Runde und lachte. Ja, vom Rinderhirt natürlich. Die beiden hätten den Sommer über ein Verhältnis gehabt: Aber weil der Hirt ja verlobt sei mit der Claudia, mit der er noch diesen Herbst Hochzeit feiern wolle, sei ihm das Kind gar ungelegen gekommen. Und spätestens jetzt wussten auch die weniger Eingeweihten, dass mit dem Rinderhirt der Drees gemeint war. Der Drees, der ja selber das Wildwyyb gab.

Die einen lachten, die anderen schüttelten den Kopf. Denn jetzt erzählte das Wildwyyb, noch immer in schönen Versen, die leider niemand aufgeschrieben oder aufgenommen hatte, die leider für immer verloren sind, wie der Rinderhirt die schöne Jennifer auf die Weide gelockt und dort hinterrücks mit einem Stein erschlagen habe. Den toten Leib habe er in einen Felsspalt geworfen. Doch nun, am heutigen Tag, sei die kleine Familie wieder beisammen, nur ob im Himmel oder in der Hölle, das könne es, das Wildwyyb, nicht mit Sicherheit sagen. Darauf lachte es wie verrückt, und die Leute schauten sich an. Das Lachen war den meisten schon vergangen, und niemand verstand, was das alles zu bedeuten hatte, was der Drees sich da ausgedacht hatte. Das Wildwyyb tanzte aus dem Kreis und das Strässchen hinab und die Leute schüttelten erneut die Köpfe, lachten verlegen oder schimpften leise, der Drees hab es diesmal übertrieben. Es sei ja schon schwierig, jedes Mal einen draufzusetzen, aber das hier, das sei einer Älplerchilbi nicht würdig.

Kurz herrschte Verwirrung, ehe man zur Ehrung der Jubilare überging. Noch einmal wurden Fahnen geschwungen, gab der Jodelchor ein Ständchen, spielte die Kapelle ein heiteres Lied.

Dann der Schrei. Dieser Schrei, den ich nie im Leben vergessen werde. Den niemand, der ihn gehört hat, je vergessen wird. Ein Schmerz- und Entsetzensschrei, der in hemmungsloses, ja hysterisches Heulen überging. Er drang aus einer Kammer oben im Gasthaus. Das vor Entsetzen verzerrte Gesicht von Claudia erschien am Fenster. «Er ist tot. Es ist alles voll Blut!», schrie sie. Und wie zum Beweis hob sie ihre blutigen Hände, fuhr mit ihnen übers tränenüberströmte Gesicht. Weil ich grad neben dem Eingang postiert war, rannte ich als Erster ins Haus und die Treppe hinauf, den Gang hinunter zu dem Zimmer, an dessen Fenster Claudia erschienen war wie ein Gespenst, wie eine böse Fee, die den schönen Anlass ins Gegenteil verkehrte, doch sie war ja nur die Überbringerin der schrecklichen Nachricht. Was ich in dem Zimmer sah, liess auch mir das Blut stocken. Da lag der Drees, nur in der Unterwäsche. Sein Hals war durchgeschnitten, so weit, dass ihm fast der Kopf abgefallen wäre, der in einem spitzen Winkel nach hinten geknickt war. So lag er auf dem Boden, in einer Blutlache. Ich ging zum Fenster und nahm die Claudia in den

Arm, führte sie zur Tür, übergab sie dem Marco, dem Wildma, der in seinem zottigen Gewand ohne die Maske heraufgekommen war.

«Bring sie nach unten. Ruf die Polizei», sagte ich ihm, schloss die Tür und stellte mich davor. Die Leute stürmten herbei, alle wollten wissen, was los war, aber ich schickte sie weg und sagte ihnen, sie sollten unten warten. Weil aber der Marco, der gesehen hatte, was los war, es unten herumerzählte, wussten, noch bevor der Hanspeter von der Kantonspolizei bei mir war, alle, dass der Drees umgebracht worden war.

Noch nie ist eine Älplerchilbi so schnell zu Ende gegangen. Die Eltern nahmen ihre Kinder und verliessen, so rasch es ging, diesen furchtbaren Ort. Wo eben noch gescherzt und gelacht wurde, wurde jetzt geschwiegen und geweint. Der Hanspeter schaute nur schnell durch die Tür und schlug sie gleich wieder zu. Er war kreidebleich. «Die Kripo sollte bald da sein», sagte er nur.

Wir warteten. Es kam mir vor wie eine Ewigkeit, aber es waren, wie später im Protokoll zu lesen war, exakt 56 Minuten. Die Kriminalpolizisten liessen sich berichten, was geschehen war, dann schickten sie mich weg. Ich war ja nur der Hilfspolizist. Draussen drückte man mir einen Schnaps in die Hand und dann noch einen, legte mir die Hand auf die Schulter, redete mir gut zu, versuchte mir Einzelheiten zu entlocken. Niemand konnte fassen, was passiert war. Nach und nach gingen alle heim. Ich räumte die Tafeln und Absperrungen ab und verräumte sie im Werkhof. Die Mutter wunderte sich, warum ich schon so früh zurück sei. Normalerweise kommt man von der Älplerchilbi erst im Morgengrauen heim. Ich sagte nur, dass etwas Schlimmes geschehen war.

Das Kostüm vom Wildwyyb fand der Beni vom Hof unterhalb der Gastwirtschaft noch am selben Tag in seinem Schopf.

Die Kriminalpolizisten nahmen es mit, und dann hörten wir lange nichts mehr.

Bis es eines Tages hiess, der Verdacht richte sich gegen Jennifer. Sie habe den Drees umgebracht und an seiner Stelle das Wildwyyb gespielt. Der Franz bestätigte, dass die beiden etwas miteinander gehabt hatten. Sie habe, so die offizielle Theorie, Streit mit dem Drees gehabt, wahrscheinlich weil er die Claudia nicht wegen ihr verlassen wollte. Darum sei sie von der Alp davongelaufen, um ihn nicht mehr sehen zu müssen. An der Älplerchilbi habe sie dann ihren raffinierten Racheplan ausgeführt. Das Motiv sei eindeutig Eifersucht. Beweise gab es keine für diese Theorie. Keine Spuren, niemand der sie an dem Tag oder an einem anderen gesehen hatte, rein gar nichts. Trotzdem wurde Jennifer zur Fahndung ausgeschrieben. Sie blieb jedoch verschwunden.

Bis sie im Frühling wieder auftauchte. Der Winter war streng gewesen. Viel Schnee war gefallen, und als dann die Schneeschmelze kam und es ein schweres Unwetter gab, da schwemmte der Dorfbach sie an, die Leiche der Jennifer, deren Schädel eingeschlagen war, wenn auch nicht von hinten, sondern von vorn. Jennifer war, wie die Rechtsmediziner bestätigten, tatsächlich schwanger gewesen.

Damit fiel die schöne Theorie zusammen. Was mich nicht wunderte, weil ich ja nie an sie geglaubt hatte. Ich habe nie daran gezweifelt, dass die wahre Geschichte, die war, die das Wildwyyb erzählt hatte. Der Drees hatte die Jennifer umgebracht, weil sie schwanger von ihm war. Weil er um seinen Ruf und seine Verlobte fürchtete.

Doch wer konnte davon gewusst haben? Wer hatte dem Drees die Kehle durchgeschnitten, sein Gewand angezogen und dem Volk die schreckliche Geschichte erzählt?

Diese Frage hatte mich lange verfolgt, ohne dass ich eine Antwort auf sie gefunden hätte. Die Jahre zogen ins Land. Die

Mutter starb. Ich bekam den Posten als Gemeindepolizist. Beinahe war ich bereit gewesen zu glauben, dass ein wahrhaftes Wildwyyb den Drees getötet hatte. Ein Racheengel aus dem Reich der Toten.

Für viele Leute hier war das die plausibelste Erklärung. Auf den Alpen gibt es Geister und Wesen, die für das Unerklärliche zuständig sind. Die vielen Sagen zeugen von diesen Wesen, die in der heutigen Zeit keinen Platz mehr haben, aber eben doch nicht verschwunden sind, wie die Leute sagen, wenn sie, selten genug, in Andeutungen über diesen schlimmen Vorfall tuscheln.

Wer weiss, ob es eines dieser Wesen war, das mich siebzehn Jahre später auf die Geissenalp zum Michel hinaufführte, obwohl ich dort nichts zu tun hatte. Der Michel, der seit Jahrzehnten alleine mit seinen Geissen dort oben sömmerte. Ein Kauz, der den Winter über in einem Skigebiet arbeitete und im Frühling jeweils drei Wochen in Thailand verbrachte, wie es hiess. Ein Einzelgänger, der aus dem Oberland stammte. Als ich an diesem Nachmittag zu seiner Hütte kam, glaubte ich schon, es sei wieder etwas Schlimmes passiert. Der Michel lag nämlich bäuchlings vor der Hütte, auf dem Boden war Blut.

Es stellte sich aber heraus, dass er nur sturzbetrunken hingefallen war. Ich verarztete ihn und flösste ihm Kaffee ein. Ich trieb die Geissen in den Stall und molk sie, während er seinen Rausch ausschlief. Ich war gerade fertig, als er in den Stall getorkelt kam.

«Hugo», rief er.

«Ja?»

«Du hast Sie doch auch gern gehabt. Regelrecht verliebt warst du in sie, gib es nur zu!»

«Von wem redest du, Michel?»

«Von der Jennifer, von wem denn sonst?»

«Hast du schon wieder etwas getrunken?»

«Ja», lachte der Michel. «Getrunken habe ich, und alt bin ich, und lange wird es mit mir nicht mehr dauern. Das Ende ist nah, ich spüre es, Hugo. Komm in die Stube und trink etwas mit mir.»

«Ich muss nach Hause.»

Er packte mich an der Schulter. «Du kommst mit, Hugo. Du bist doch Polizist. Ich habe eine wichtige Aussage zu machen, jawohl. Eine Aussage in einem Mordfall. Oder sogar in zwei Mordfällen.»

Ich schüttelte den Kopf und hoffte, nach einem Schnaps wieder abschleichen zu können. Ich war hundemüde.

An dem kleinen Tisch in der Hütte füllte Michel die Gläser.

«Sie hat es schon gewusst, dass du in sie verliebt warst, Hugo. Rot geworden seist du jeweils, wenn sie dich berührt habe. Herzig hat sie das gefunden, die Jennifer.» Michel trank sein Glas halb leer.

«Du warst so schlau, es ihr nicht zu sagen. Ich Narr habe es getan. Im Jahr, bevor das Unglück geschehen ist, war sie auf der Nachbaralp. Wir haben uns oft gesehen. Ich war ganz verrückt nach ihr. So eine Frau, ich wusste ja gar nicht, dass es das gibt. Wenn ich eine wollte, dann sie. Doch sie hat mir klar und deutlich gesagt, dass das nichts werde mit uns. Wir sind trotzdem Freunde geblieben. Im Jahr darauf kam sie hin und wieder vorbei. Sie hat mir vom Drees erzählt. Glaub nicht, dass mich das gefreut hat. Ausgerechnet dieser Angeber. Dieser Bauernsohn. Weiss der Geier, was sie an dem gefunden hat. Versteh einer die Frauen! Einmal ist sie hochgekommen und sie war wütend. Sie hat mir von dem Kind erzählt, und dass der Drees will, dass sie es wegmacht. Sie wollte es behalten. Ich brauche keinen Mann, um ein Kind aufzuziehen, hat sie gesagt.»

Der Michel wies mit der Hand zur Hüttentür. «Von hier oben aus sieht man zur Rinderalp hinüber. Ich habe immer wieder mit dem Feldstecher geschaut, ob und wann sie dort zu Besuch war. Ich habe die beiden eines Abends weggehen sehen. Danach war die Jennifer verschwunden, und ich wusste, dass etwas Schlimmes passiert war.»

«Wie konntest du das wissen?»

«Weil sie niemals einfach gegangen wäre, ohne mir etwas zu sagen.»

«Das habe ich auch immer gedacht. Ich meine: Wie konntest du wissen, dass er sie erschlagen und in einem Felsspalt versteckt hat?»

«Weil es so gewesen sein musste. Der Drees, der hätte es nicht fertiggebracht, sie zu erstechen oder zu erwürgen. Hinterrücks erschlagen, das war das einzige, zu dem er fähig war, da war ich sicher und offenbar hatte ich Recht.»

Ich verzichtete darauf, ihn zu korrigieren und darauf hinzuweisen, dass er sie offenbar von vorn erschlagen hatte. Es kam nicht drauf an.

«Auf der Rinderalp gibt es keine Bäume, und die Erdschicht ist nicht tief. Wenn man dort eine Leiche verschwinden lassen will, wirft man sie in einen Felsspalt.»

«Warum bist du nicht zur Polizei gegangen?»

Michel lachte wieder. «Was hätte ich sagen sollen. Ich habe nicht gesehen, wo er sie umgebracht oder wo er sie versteckt hat. Du weisst, wie viele Löcher und Spalten es hier in der Gegend gibt. Glaub mir, ich habe gesucht, aber nichts gefunden. Ich hatte ja nicht viel Zeit, ich musste mich um die Geissen kümmern. Ohne Leiche kein Mord. Ich hätte warten können, ich hätte nach dem Alpsommer zur Polizei gehen können, ich hätte …»

«Du hättest zu mir kommen sollen, ich hätte dir geglaubt.»

«Ja, der Gäissemichel und der Hilfspolizist Hugo gegen den Drees, seine Familie und die Sippe von der Claudia, alles alteingesessene, angesehene Bauersleute. Du weisst, was dabei herausgekommen wäre.»

Ich trank meinen Schnaps.

Michel hatte Recht. «Nein. Ich wollte die Sache selber in die Hand nehmen. Das war ich ihr schuldig. Von dem Moment an, als mein Plan feststand, hab ich begonnen, die Sprüche zu dichten. Zwei Tage vor der Älplerchilbi habe ich mich in den oberen Stock der Gaststube geschlichen und dort versteckt. Du weisst, dass man mich noch nie an einer Älplerchilbi gesehen hat. Auch an dieser hat mich niemand gesehen, und es ist auch nie jemandem in den Sinn gekommen, mich zu verdächtigen. Ich bin nicht wichtig genug, ich bin ja nur der Gäissemichel.»

Er sah mir in die Augen. «Du kannst mich jetzt verhaften, Hugo.»

Ich stand langsam auf und legte ihm die Hand auf die Schulter.

«Warum?», sagte ich. «Wegen einer Geschichte, die du dir im Suff ausgedacht hast?»

«Glaubst du mir etwa nicht?»

«Was ich glaube, spielt keine Rolle. Schlaf erstmal deinen Rausch aus. Wenn du dann immer noch ein Geständnis ablegen willst, kannst du auf den Posten kommen.» Ich liess seine Schulter los und verliess die Hütte.

Der Michel ist nie gekommen, zehn Tage später ist er gestorben. Das Herz.

Statt einer Beerdigung hatte er gewünscht, dass man zu seinem Andenken auf der Geissenalp oben ein Höhenfeuer anzünden solle.

Ich habe ihm diesen Wunsch erfüllt. Ausser mir ist niemand hinaufgekommen.

Darum gibt es auch niemanden, der es bezeugen könnte. Doch als die Flammen am höchsten loderten, sah ich ganz deutlich ein Wildwyyb um das Feuer tanzen. Ein Wildwyyb mit langen, zottigen Haaren und Ringen an den Ohren und in der Nase.

ZÜRICH

DAS GESTÄNDNIS
PETRA IVANOV

«Ich war es.»

Staatsanwältin Regina Flint lehnt sich im Stuhl zurück. Wie oft hat sie sich gewünscht, Beschuldigte würden die Verantwortung für ihre Tat übernehmen. Ein Geständnis ablegen, die Strafe antreten und aus Fehlern lernen. Doch die meisten bestreiten die Vorwürfe, die gegen sie erhoben werden. Oder sie tischen abenteuerliche Lügengeschichten auf. Weisen andern die Schuld zu.

Nicht so Besnik Osmani.

Regina betrachtet den jungen Kosovaren. Der kräftige Bartwuchs täuscht nicht über die jugendlichen Züge hinweg. Sein Körper ist schlaksig, sein Gesicht von Aknespuren bedeckt. Vorstrafen hat er keine. Geldprobleme ebensowenig.

Dennoch überfiel er eine Bijouterie an der Zürcher Bahnhofstrasse.

Eine Überwachungskamera zeichnete die Tat auf, ein Fahnder erkannte den 24-jährigen Haupttäter Fatmir Shala. Als dieser mit den Aufnahmen konfrontiert wurde, verriet er ohne zu zögern den Namen seines Komplizen.

Osmani protestierte nicht, als er wenig später in Zürich-Altstetten, wo er in einem Reinigungsunternehmen tätig war, verhaftet wurde. Auf der Fahrt ins Polizeigefängnis sagte er nur drei Worte: «Ich war es.»

Es ist ungewöhnlich warm für einen Mainachmittag. Die Yucca-Palme, die in der Ecke des Büros steht, lässt die Blätter hängen. Regina streicht sich eine Haarsträhne aus dem Gesicht. Wenn Osmani bei seiner Aussage bleibt, denkt sie, kann ich heute früh Schluss machen. Sie stellt sich die Limmat vor. Die Abendstimmung in der Frauenbadi. Den Geruch der feuchten Holzplanken und das Schaukeln des Flosses. Wie die letzten Sonnenstrahlen das Grossmünster in Gold tauchen.

Seit Monaten leistet sie Überstunden. Manchmal fühlt sie sich wie eine Stafettenläuferin ohne Mannschaft. Die Kollegen raten ihr, die Arbeit weniger ernst zu nehmen, nicht jeder Ungereimtheit nachzugehen, nicht alle Einzelheiten abzuklären. Freitags, wenn sie erschöpft das Büro verlässt, nimmt sie sich jeweils vor, genau das zu tun. Sitzt sie aber am darauf folgenden Montag wieder einem Menschen gegenüber, der bedroht, bestohlen oder gar verletzt worden ist, wirft sie ihre Vorsätze über den Haufen.

Sie könnte sich also über Besnik Osmanis Geständnis freuen. Der Kosovare hat von Anfang an zugegeben, am 8. Februar die Bijouterie gestürmt und den Besitzer gezwungen zu haben, Schmuck im Wert von 147 000 Franken auszuhändigen. Sogar sein Motiv hat er genannt: Die Arbeit als Reinigungskraft sei ihm zu anstrengend.

Sein Pflichtverteidiger, ein übermüdeter Anwalt mit Bauchansatz, schweigt. Noch eine Seltenheit. Regina betrachtet ihn. Er sitzt am Besprechungstisch wie ein Gast, der ihr einen Höflichkeitsbesuch abstattet.

Wie einfach es wäre, die Untersuchung abzuschliessen und Anklage zu erheben. Zürich ist immer wieder Schauplatz von aufsehenerregenden Raubstraftaten. Gerade die Bijouterien an der Bahnhofstrasse sind beliebte Ziele. Doch etwas an Osmanis Geschichte weckt Reginas Misstrauen.

Sie kann nicht sagen, was. Auch nicht, warum. Intuition? Erfahrung? Regina weiss nur, dass sie der Sache auf den Grund gehen muss.

Die Bluse klebt ihr am Rücken. Sie nimmt einen Schluck Wasser und dreht sich zum Beschuldigten. Osmani sitzt auf der Stuhlkante; seine Hände sind gefaltet, die Knöchel weiss.

Regina beugt sich vor. «Bitte schildern Sie noch einmal, wie Sie die Bijouterie betreten haben.»

Der Verteidiger schielt auf die Uhr.

Besnik Osmani fixiert einen Punkt an der Wand. «Ich bin als Erster hineingegangen», sagt er in gebrochenem Deutsch. «Ich habe meine Pistole gezogen und sie auf den Mann hinter der Schmuckauslage gerichtet.»

«Einen Moment», unterbricht Regina. «Der Polizei haben Sie gesagt, Sie hätten die Waffe bereits in der Hand gehabt, als Sie das Geschäft betraten.»

«Ja.»

«Welche Aussage stimmt nun?»

«Ich habe die Pistole in der Hand gehabt.»

«Wann haben Sie sie hervorgeholt?»

«Als ich hineinging. Ich nahm sie aus meiner Hosentasche.»

«Der rechten oder der linken?»

«Aus …», Osmani stockt, «der rechten.»

«Wann haben Sie sie in Ihre Hosentasche geschoben?»

«Wann?»

«Ja, zu welchem Zeitpunkt?»

«Um 14 Uhr?»

«Also zu Hause, bevor Sie losfuhren?»

«Ja.»

«War die Pistole zu diesem Zeitpunkt geladen?»

«Ja.»

«Hier steht, die Waffe sei nicht geladen gewesen, als Sie die Bijouterie betraten.»

Osmani beginnt, mit dem Bein zu wippen. «Ich dachte, sie sei nicht geladen, aber sie war es doch.»

«Bitte erklären Sie mir das.»

«Ich habe vergessen, dass ich sie geladen habe.»

Regina sieht zwei Waagschalen vor sich. Die linke ist mit Fragen gefüllt, die rechte mit Antworten. Die linke wird immer schwerer. Warum rückt Osmani erst dann mit Informationen heraus, wenn sie ihn mit den Fakten konfrontiert? Normalerweise versuchen geständige Täter, sich zu rechtfertigen. Sie reden und reden, in der Hoffnung milder bestraft zu werden. Manchmal suchen sie gar Vergebung.

Regina gibt vor, den Polizeibericht zu studieren. Aus dem Augenwinkel beobachtet sie Osmani. Er fährt sich mit der Zunge über die Lippen. Das Wasserglas rührt er nicht an.

«Verstehe ich Sie richtig?», fragt Regina. «Sie haben eine geladene Waffe in Ihre Gesässtasche geschoben, sich damit ans Steuer eines gestohlenen Wagens gesetzt, sind von Zürich-Schwamendingen in die Innenstadt gefahren und haben dabei nie daran gedacht, dass sich ein Schuss lösen könnte?»

Osmani berührt den obersten Knopf seines schlechtsitzenden Hemdes. Schweissflecken färben den Stoff unter seinen Achseln dunkel.

«Herr Osmani?»

«Ich habe es getan!»

«Hier steht, Sie besitzen keinen Führerschein.»

«Ich kann aber autofahren.»

«Warum sassen Sie am Steuer?»

«Ich kann fahren», wiederholt er.

«Bitte erklären Sie mir, welchen Weg Sie gefahren sind.»

«Ich fuhr die Dübendorferstrasse hinunter. Zum Schwamendingerplatz. Durch den Milchbucktunnel. Der Limmat entlang. Rechts zum Hauptbahnhof. Über den Bahnhofquai. Bei der Uraniastrasse rechts. Auf die Sihlstrasse. Zum Talacker.» Osmani klingt wie die Sprechstimme eines Navigationsgeräts.

Der Verteidiger unterdrückt ein Gähnen. «Ist das wichtig? Mein Mandant hat die Tat gestanden.»

Regina wendet den Blick nicht von Osmani ab. «Indem Sie ohne Führerschein fuhren, gingen Sie ein Risiko ein. Sie hätten in eine Kontrolle geraten können. Der ganze Plan wäre geplatzt.»

«Ich fahre besser als Fatmir.»

Regina wirft einen kurzen Blick auf ihre Unterlagen. «Fatmir Shala besitzt seit fünf Jahren einen Führerschein.»

«Ich weiss es nicht.»

«Aber ich.»

Osmani errötet wie ein Kind, das eine Schelte kassiert. Vielleicht hätte Regina doch auf dem Beizug eines Dolmetschers beharren müssen, obwohl der Kosovare behauptete, keinen zu benötigen. Wäre seine Aussage nachvollziehbarer, wenn er sie auf Albanisch machen würde? Er knetet die Hände – eine Geste, die Regina oft beobachtet, wenn ihr Gegenüber mit sich ringt.

In Gedanken geht sie seine Handlungen noch einmal durch: Er hat vor, einen Raubüberfall zu begehen. Dazu lädt er die Pistole, steckt sie sich in die Hosentasche und verlässt seine Wohnung in Zürich-Schwamendingen. Der VW, den er am Vorabend gestohlen hat, steht 400 Meter weit weg am Bahnhof Stettbach, an der Grenze zu Dübendorf. Osmani steigt in den Wagen, fährt zurück nach Schwamendingen, wo Fatmir Shala auf ihn wartet.

Regina hält inne. Warum wartet der sechs Jahre ältere Shala auf Osmani? Shala ist kein unbeschriebenes Blatt. Schon als Jugendlicher war er der Polizei bekannt. Mit zwanzig wurde er wegen Einbruchs zu einer bedingten Strafe verurteilt, es folgten Sanktionen wegen Diebstahls, unerlaubten

Waffenbesitzes und verschiedenen Verkehrsdelikten. Shala würde die Kontrolle nicht aus der Hand geben, indem er Osmani die Wahl des Fluchtwagens überliesse und wartete, bis dieser ihn abholte.

Regina schiebt die Fragen, die sie vorbereitet hat, beiseite. «Herr Osmani, bitte beschreiben Sie Ihre Beziehung zu Fatmir Shala.»

Osmani versteht nicht, was sie von ihm erwartet.

«Sind Sie mit Fatmir Shala befreundet?»

«Ja.» Osmani korrigiert sich. «Ein bisschen.»

Regina runzelt die Stirn. «Können Sie mir das genauer erklären?»

«Ich habe ihn manchmal getroffen.»

«Was haben Sie zusammen gemacht?»

«Wir gingen etwas trinken, schauten Fussball. Besuchten Freunde.»

«Zu zweit?»

«Nein.»

«Wer war noch dabei?»

«Mein Bruder Mentor.»

«Nur Mentor?»

«Manchmal auch Artan oder Shpend.»

Regina hebt die Hand. «Langsam, bitte. Wer ist Shpend?»

«Fatmirs Cousin.»

«Und Artan ist Ihr ältester Bruder?»

«Nein, das ist Mentor.»

Regina ruft sich Besnik Osmanis Lebensumstände in Erinnerung. Er kam als drittes von fünf Kindern in einem Bergdorf im Südwesten Kosovos zur Welt. Sein Vater verliess die Heimat, um in der Schweiz Arbeit zu suchen, als Besnik vier Jahre alt war. Später holte er seine Frau, die beiden Söhne Mentor und Artan sowie die Tochter Dafina nach. Besnik und die jüngere Schwester blieben bei den Grosseltern, wo sie

Feldarbeit verrichteten, die Tiere versorgten und sich um die älteren Verwandten kümmerten. Die Schule besuchte Besnik lediglich bis zur sechsten Klasse.

Regina betrachtet den jungen Mann. Was hat es in ihm ausgelöst, zurückgelassen zu werden? Hat er die Eltern vermisst? Oder waren ihm die Verwandten Ersatz genug? Warum hat sein Vater nur Mentor, Artan und Dafina nachkommen lassen?

Sie denkt an ihre eigene Kindheit. Zwar hatte sie von klein auf Pflichten im Haushalt zu erledigen, doch ihr blieb immer genug Zeit, um Kind zu sein. Ihre Eltern sorgten dafür, dass es ihr an nichts fehlte, und ermöglichten ihr, ihr Potential zu entfalten.

Wie anders sah Besnik Osmanis Kindheit aus: Er hatte eine Rolle zu erfüllen, egal, ob sie ihm behagte oder nicht. Seine Wünsche waren jenen der Familie untergeordnet.

«Ist es richtig, dass Sie in Schwamendingen bei Ihren Eltern leben?», fragt Regina.

Osmani nickt.

«Wohnen Ihre Geschwister auch dort?»

«Nur Dafina.»

«Wo leben Ihre Brüder?»

«Artan und Mentor sind verheiratet. Artan wohnt nebenan, Mentor in Dübendorf.»

«Erzählen Sie mir von Ihren Eltern.»

Osmani starrt sie an.

«Hier steht, Ihr Vater arbeite auf dem Bau», hilft ihm Regina. «Was macht er genau?»

«Er ist Kranführer», antwortet Osmani prompt.

«Eine anspruchsvolle Tätigkeit», sagt Regina, als sie den Stolz in seiner Stimme vernimmt.

«Er arbeitet in einem Turmdrehkran. Er ist sehr geschickt.»

«Waren Sie schon einmal oben?»

Osmanis Ausdruck verändert sich. Leben tritt in seine Augen, und er richtet sich auf. «Ich werde auch den Kranführerausweis machen!»

Regina lächelt. «Gefällt Ihnen der Beruf?»

«Ja!»

«Verstehen Sie sich gut mit Ihrem Vater?»

«Wie meinen Sie das?»

«Sie sind erst mit fünfzehn Jahren in die Schweiz gekommen.»

Osmani begreift nicht, worauf sie anspielt.

«Was empfanden Sie, als Ihr Vater Sie in Kosovo zurückliess?»

«Baba hat uns Geld geschickt.»

Er sagt es mit einer Selbstverständlichkeit, die keine Zweifel darüber offen lässt, dass er die Umstände akzeptiert hat. Regina staunt über seine Schicksalsergebenheit.

«Haben Sie sich gewünscht, er hätte Sie anstelle von Mentor oder Artan in die Schweiz geholt?»

Osmani sieht sie verwundert an. «Meine Brüder sind älter.»

«Dafina nicht», hält Regina ihm vor.

«Dafina hilft im Haushalt.»

Innerlich schüttelt Regina den Kopf. Osmani scheint die strenge Hierarchie in der Familie als naturgegeben zu betrachten. Als sie ihn bittet, ihr von seinen Brüdern zu erzählen, schwingt Ehrfurcht in seiner Stimme mit. Er erklärt, Mentor habe bereits drei Kinder und einen BMW, und Artan sei kürzlich zum Abteilungsleiter im Migros-City an der Löwenstrasse befördert worden.

«Was macht Mentor?»

«Er hat bald einen Job bei einem Unternehmer.»

«Bald? Wo arbeitet er jetzt?»

«Er knüpft Kontakte. Das ist wichtig in seinem Business.»

«In welchem Sektor ist er tätig?»

«Import und Export.»

Diebesgut, vermutet Regina, als sie an den teuren Wagen denkt, den Mentor fährt. Oder Drogen? Vielleicht hat Besnik bei ihm gesehen, wie einfach es sein kann, zu Geld zu kommen. Hat er sich deshalb bereit erklärt, mit Fatmir Shala die Bijouterie zu überfallen? Hat Mentor ihn gar angestiftet? Dass Besnik nicht selbst auf die Idee kam, ist Regina inzwischen klar. Sie fragt sich, ob sein Vater von seinen Plänen wusste. Es fällt ihr schwer zu glauben, dass Besnik etwas gegen dessen Willen tun würde. Dazu verehrt er ihn zu sehr.

Eltern, schiesst es Regina durch den Kopf. Wann nimmt ihr Einfluss ein Ende? Auch als Erwachsene suchen wir noch ihre Bestätigung, in dieser Beziehung bleiben wir ein Leben lang Kind. Will Osmani deshalb Kranführer werden? Glaubt er, seinem Vater näher zu kommen, wenn er den gleichen Beruf ausübt? Warum setzt er diesen Traum aufs Spiel, indem er eine Straftat begeht?

Regina blättert in den Unterlagen. Osmani hat keine Schulden, sein Lebensstil ist bescheiden. Sein Vorgesetzter beschreibt ihn als fleissig und gewissenhaft. Die Kunden sind mit seiner Leistung zufrieden, laut Arbeitskollegen ist Osmani freundlich. Eine Frau, der er den gestohlenen Schmuck schenken könnte, gibt es nicht.

Der Verteidiger reisst sie aus den Gedanken. «Ich sehe nicht, worauf Sie mit diesen Fragen hinauswollen. Mein Mandant hat gestanden. Er ist bereit, für seine Tat gerade zu stehen. Nicht wahr, Herr Osmani?»

Besnik Osmani nickt. Das Leben verschwindet aus seinem Gesicht. Es ist, als habe der Verteidiger mit seiner Frage einen Stöpsel gezogen und die Energie den Abfluss hinuntergelassen.

Regina bittet Osmani, den genauen Ablauf des Überfalls zu schildern. Ohne Gefühlsregung beschreibt er, wie er die

Waffe auf den Verkäufer richtete und ihm befahl, die Auslage zu öffnen und den Schmuck auszuhändigen.

«Wer hat den Schmuck entgegengenommen?»

Osmani zögert. «Fatmir.»

«Wie hat er ihn weggeschafft?»

Osmani schweigt.

Regina beugt sich vor. «Hat Fatmir Shala den Plastiksack benützt, den er zu diesem Zweck mitgenommen hat?»

Mit sichtbarer Erleichterung nickt Osmani. Regina lehnt sich zurück. Der Angestellte der Bijouterie hat erzählt, Shala habe eine dunkle Sporttasche bei sich gehabt, die er auf die Glasvitrine stellte. Die Aufzeichnung der Überwachungskamera bestätigt die Aussage. Von einem Plastiksack ist nie die Rede gewesen.

Die linke Waagschale wird immer schwerer. Warum lügt Osmani? Was versucht er zu verbergen? Schützt er einen weiteren Mittäter? Der Angestellte hat nur von zwei Männern gesprochen. War er womöglich selber in die Tat involviert? Vielleicht steckt gar der Ladenbesitzer dahinter. Der starke Franken macht vielen Unternehmen zu schaffen. Ein Zustupf von der Versicherung wäre bestimmt willkommen.

«Was haben Sie getan, nachdem Sie den Schmuck eingesteckt haben?», fährt Regina fort.

«Ich bin zur Tür hinausgerannt. Zum Wagen. Dann bin ich davongefahren», sagt Osmani, ohne zu zögern.

«Wo genau stand der Wagen?»

«An der Bahnhofstrasse.»

«Im Fahrverbot?»

«Nein, in einer Seitengasse.»

«Bei der Confiserie Sprüngli?»

«Ja.»

Noch eine Aussage, die schlicht unmöglich ist. Die Confiserie befindet sich direkt am Paradeplatz, einem Knotenpunkt für Trams. Autos fahren dort keine.

«Wie hat der Angestellte reagiert, als Sie die Flucht ergriffen haben?», bohrt Regina.

«Er ... hat uns nicht gestoppt.»

«Hat er etwas gesagt?»

«N-nein.»

«Hier steht, er habe ‹Halt!› gerufen», lügt sie.

«Ja, richtig, das habe ich vergessen.»

Sie gibt es auf. Osmani wird sich nur in weitere Widersprüche verstricken. Sie hat genug Lügen gehört, sie will wissen, was wirklich geschehen ist. Fragen zum Überfall zu stellen, ist zwecklos; sie muss dort weitermachen, wo Osmani sich zugänglich zeigt.

«Erzählen Sie mir bitte mehr über Ihren Vater.»

Osmani blinzelt. «Er ist Kranführer», wiederholt er.

«Hat er Sie als Kind in Kosovo besucht?»

«Er kam jeden Sommer mit Artan, Mentor, Dafina und meiner Mutter. Sie blieben fünf Wochen. Wir haben ein eigenes Haus. Wir haben es zusammen gebaut.»

«Wie war das für Sie, Ihre Eltern und Geschwister nach so langer Zeit zu sehen?»

«Schön.» Als Regina schweigt, fährt er fort. «Vater hat mir Geschenke mitgebracht. Eine Wasserpistole, einmal sogar ein ferngesteuertes Auto.»

Unmerklich verändert sich Osmanis Ausdruck. Seine Züge werden weich, der Junge, der er vor Kurzem noch gewesen ist, zeigt sich wieder. Regina stellt sich vor, wie er elf Monate auf den ersehnten Besuch wartet. Fünf Wochen lang nimmt er den Platz innerhalb der Familie ein, der ihm zusteht. Dann wird er für elf Monate verlassen. Jedes Jahr von Neuem.

«Warum durften Sie nicht mit in die Schweiz?»

«Die Schweiz ist teuer. Es war nicht genug Geld da für uns alle. Und die Wohnung war zu klein.»

«Da hatten die älteren Brüder Vorrang», fasst Regina zusammen. «Und Dafina, weil jemand im Haushalt mithelfen musste.»

«Natürlich.»

«Ja, natürlich.»

Osmani hört die Ironie in ihrer Stimme nicht. Plötzlich schämt sich Regina. Es steht ihr nicht zu, die Sitten einer fremden Kultur in Frage zu stellen. Vielleicht war es für die jüngeren Geschwister wirklich ganz normal, dass sie bei den Grosseltern zurückblieben.

Sie selbst litt als Kind bereits, wenn sie für eine Woche ins Skilager musste. Noch heute spürt sie die Sehnsucht, die sie in der Nacht wachhielt, die Einsamkeit, die sie empfand, wenn sie morgens die Augen aufschlug und merkte, dass sie weit weg von zu Hause war. Es war die Vertrautheit, die sie vermisste, der Geruch von Zitronenreiniger, das Frotteeleintuch unter ihrer Wange, der Signalton der Barriere, wenn die Uetlibergbahn vorbeifuhr.

Hat sich Besnik Osmani in Kosovo wirklich zu Hause gefühlt? Oder wäre er lieber bei den Eltern in der Schweiz gewesen? An seiner Stelle hätte Regina Wut empfunden, doch er hinterfragt sein Schicksal nicht.

In Regina beginnt sich ein Gedanke zu formen.

«Erzählen Sie mir mehr über Ihren Bruder Mentor. Sie haben gesagt, er habe einen Job in Aussicht. Arbeitet er zur Zeit gar nicht?»

«Er erledigt manchmal Aufträge für Kollegen.»

«Import und Export?», fragt Regina trocken.

Osmani nickt.

«Was hat er ursprünglich gelernt?»

«Er wollte Polier werden.»

«Aber?»

Osmani zuckt die Schultern. «Ich weiss es nicht.»

«Geriet er in Schwierigkeiten?»

Osmani beginnt, die Hände zu kneten. «Seine Frau hat ein Kind bekommen.»

«Wie hat Ihr Vater reagiert?»

«Er hat sich gefreut. Er hat ihm einen Job gesucht.»

«Hat Mentor keine Ausbildung absolviert?»

«Er war in der Schule.»

«Wie waren seine Leistungen?»

Erneut zuckt Osmani die Schultern.

In Reginas Vorstellung nimmt das Leben der Familie Osmani Gestalt an. Vermutlich hatten Mentors Leistungen zu wünschen übrig gelassen. Sie stellt sich vor, wie er sich mit seinem schlechten Zeugnis vergeblich um eine Lehrstelle bewirbt, vielleicht andere für sein Versagen verantwortlich macht. Die Schuld bei sich zu suchen, passt nicht ins Bild, das Besnik von seinem Bruder zeichnet. Möglicherweise nützt der Vater seine Kontakte auf dem Bau, um dem Sohn Arbeit zu verschaffen. Bald stellt er aber fest, dass Mentor selbst das Problem ist. Dennoch greift der Vater ihm unter die Arme, immer und immer wieder, schliesslich ist er der Erstgeborene. Mehr noch, Mentor hat ihm einen Enkel geschenkt. Die Unterstützung des Vaters genügt Mentor jedoch nicht.

Er will mehr.

«Wie hat Mentor Fatmir Shala kennengelernt?»

Osmani sieht kurz auf. In seinem Blick liegt Unsicherheit. Er schaut den Verteidiger an, doch der bedeutet ihm mit einer trägen Geste, die Frage zu beantworten.

«Durch Artan», erklärt Osmani.

«Mentor ist ein Jahr älter als Fatmir Shala, richtig?»

Osmani nickt kaum merklich.

Das würde erklären, warum Shala vor dem Überfall geduldig wartete, bis er abgeholt wurde. Und auch, warum er dabei von niemandem gesehen wurde. Shala stand nicht vor der

Wohnung, die Besnik mit seinen Eltern und der Schwester in Schwamendingen teilt, sondern in Dübendorf – wo er auf Mentor wartete. Ganz in der Nähe des Bahnhofs Stettbach. Wo sich auch der gestohlene VW befand.

Die linke Waagschale bewegt sich nach oben.

Regina schweigt so lange, bis Osmani aufsieht.

«Hat Ihr Vater Ihnen befohlen, den Kopf für Mentor hinzuhalten?», fragt sie leise.

Osmani erstarrt. Der Verteidiger richtet sich auf.

«Weil Mentor als Ältester eine besondere Stellung innerhalb der Familie hat?»

Osmani zittert kaum wahrnehmbar. Er wirkt verletzlich, und Regina fragt sich, wie jemand ihm einen Raubüberfall zutrauen kann.

«Wussten Sie überhaupt von Mentors Plänen? Oder erfuhren Sie erst davon, als Fatmir Shala festgenommen wurde?»

Osmani schluckt. «Ich war es», sagt er.

«Hat Mentor seinen Komplizen instruiert, Ihren Namen zu nennen? Oder war das der Befehl Ihres Vaters?»

«Ich möchte kurz alleine mit meinem Mandanten sprechen», bringt sich der Verteidiger ein.

Regina ignoriert ihn. «Herr Osmani, wo waren Sie am 8. Februar um 15 Uhr wirklich?»

Schweissperlen bilden sich auf Osmanis Stirn. Im Raum ist es so still, dass Regina hört, wie das Tram vor dem Bezirksgebäude vorbeifährt.

«Ich war es», wiederholt Osmani mechanisch.

Regina sieht ihm in die Augen. «Ich glaube Ihnen nicht.»

Osmani wischt sich über das Gesicht. Regina verspürt das Bedürfnis, ihm die Hand auf den Arm zu legen. Sie will Kontakt herstellen. Er steht kurz davor, die Wahrheit zu sagen.

Er holt Luft, doch dann presst er die Lippen fest aufeinander. Als er die Augen schliesst, fragt sich Regina, was er sieht.

Mentor, der alles hat, was ihm verwehrt wurde? Artan, soeben befördert und deshalb unantastbar? Dafina, die stille Dienerin? Die jüngere Schwester, die sein Schicksal teilte? Die Mutter, die schweigend zusieht, wie ihr jüngster Sohn geopfert wird? Den Vater, den er trotz allem verehrt?

«Sie sind entbehrlich, nicht wahr? Sie waren es schon immer und sind es heute noch.»

Osmani schluckt.

Regina wartet.

Die Sonne scheint jetzt direkt in den Raum. Staub tanzt in der Luft. Die Hitze ist unerträglich. Die Schweissflecken auf Osmanis Hemd sind grösser geworden; der Anwalt starrt auf sein leeres Wasserglas.

Regina traut sich kaum zu atmen. Sie fühlt sich wie ein Angler, der einen grossen Fisch an der Leine hat und nicht sicher ist, ob die Schnur halten wird. Sie sieht, wie Osmani mit sich ringt.

«Kranführer ist ein toller Beruf», sagt sie leise. «Sie könnten die Prüfung ablegen.»

Im Pausenraum surrt die Kaffeemaschine. Eine Fliege zappelt auf dem Schreibtisch. Regina presst die Handflächen zusammen, wartet auf die erlösenden Worte.

Als sie ausbleiben, zupft sie an der Angelschnur. «Mentor wird früher oder später wieder eine Straftat begehen. Sie können ihm nicht helfen.»

Eine Ader zuckt an Osmanis Hals. Seine Augen glänzen. Regina spürt, wie sein Widerstand bricht. Sie zwingt sich zu warten. Die Stille auszuhalten. Als sie glaubt, er sei bereit, beugt sie sich vor.

«Als Kranführer könnten Sie mit Ihrem Vater über die Arbeit reden. Erfahrungen austauschen.» Sie sieht ihm in die Augen. «Er wäre stolz auf Sie!»

Jetzt ist sie sich sicher, dass sie ihn hat. Osmanis Blick ist resigniert, doch da ist noch etwas. Erleichterung. Die Spannung in seinem Körper lässt nach, sein Atem geht langsamer. Er öffnet den Mund.

Da erklingt aus dem Pausenraum ein Lachen.

Die Angelleine reisst.

Ohne Vorwarnung springt Osmani vom Stuhl. Der Kopf des Verteidigers schnellt hoch; der Stift, mit dem er soeben etwas notiert hat, fällt zu Boden.

Besnik Osmani stützt sich mit beiden Händen auf den Tisch, sein Gesicht ist rot. Das Hemd ist ihm aus der Hose gerutscht, der Kragen sitzt schief.

Er ruft: «Ich war es!»

SCHWYZ

IM AMEISENHAUFEN
CHRISTINE BRAND

Ramona Berger, 14 Jahre alt, Schülerin

Ich hatte seine Füsse als Erste entdeckt. Ich fand das total lustig. Klar, jetzt ist es mir etwas peinlich, dass ich gelacht habe. Aber sorry, ich meinte, das seien die Beine einer Puppe! Ich dachte, das gehöre zum Programm; jemand habe die Puppenbeine dort reingesteckt, um uns zu erschrecken. Wer rechnet schon damit, dass da eine Leiche mitten im Ameisenhaufen liegt. Also, ich auf jeden Fall nicht. Und dann war plötzlich alles nur noch schrecklich. Der Knecht, unser Lehrer, Herr Knecht meine ich, der uns auf diese Wetterschmöckertour im Muotathal geschleppt hatte, obwohl wir alle lieber einen Ausflug in den Europapark nach Rust gemacht hätten, herrschte mich an: Ich solle aufhören zu lachen. Ich hörte seiner Stimme an, dass etwas nicht gut war. Dann ging er zum Ameisenhaufen und begann, mit den Händen darin herumzuwühlen, mitten in die Ameisen griff er, als ob das nichts wäre. Dann wies er uns an, zurück zum Rastplatz zu gehen, wo wir kurz zuvor gepicknickt hatten. Er müsse die Polizei anrufen. Spätestens da war klar, dass das keine Puppe war. Dass wir eine Leiche gefunden hatten. Also, eigentlich ich, denn ich hatte sie ja zuerst gesehen. Wir gingen dann den Weg zurück. Eine Weile sagte keiner was. Dann fingen die Jungs an, blöde Sprüche zu klopfen. Voll unreif. Wir hingen dann ewig da rum, bis endlich einer von der Polizei kam und uns Fragen stellte. Der war dick und hatte eine Glatze. Was sollten wir schon sagen? Miriam kotzte dann noch. Ehrlich gesagt war mir auch etwas schlecht. Doch ein Trauma hab ich jetzt nicht deswegen. Ist aber schon ein voll schräger Tag gewesen. So haben wir uns unsere Schulreise nicht vorgestellt. Wären wir doch in den Europapark gefahren. Aber auf uns hört man ja nicht.

Beat Studer, Korporal Kantonspolizei Schwyz

Im ersten Moment meinte ich, mich verhört zu haben. Eine Leiche in einem Ameisenhaufen: Das war alles, was mir Beatrice von der Einsatzzentrale durchgab. Mehr wisse sie nicht. Der Mann am Telefon sei aufgeregt gewesen, sie habe gerade noch aus ihm herausbekommen, wo er sich befinde: in Muotathal, am unteren Rand des Chilen-Waldes, oberhalb des Acherlis. Doch dann schob Beatrice noch nach: Er habe etwas über die Wetterschmöcker geschwafelt, sie habe sich keinen Reim darauf machen können. Bei mir aber machte es sofort Klick: Wetterschmöcker – Ameisenhaufen. Da gab es doch diesen Werbespot mit Werner Landolt, dem Wetterschmöcker, der in einem Ameisenhaufen sass. Wetterschmöcker, das sind die Wetterpropheten aus dem Muotathal, die aufgrund der Zeichen der Natur vorhersagen, ob es einen heissen oder einen verregneten Sommer, einen milden oder einen harten Winter gibt. Dank der neuen Tourismusdirektorin, Clarissa, mit der ich einst die Schulbank gedrückt habe, sind die Wetterschmöcker seit Kurzem eine Touristenattraktion unserer Region. Darum der Werbespot. Man kann die Wetterfrösche jetzt buchen: Man wandert zu ihnen, und sie halten vor Ort Vorträge über ihre Prognosemethoden. Auf jeden Fall klingelte da was bei mir: Ameisenhaufen und Wetterschmöcker.

Ich weiss, es klingt seltsam, aber mein erster Gedanke war: Jetzt sind dem Landolt die Ameisen zum Verhängnis geworden. Jetzt haben die ihn totgestochen. Wobei, Ameisen stechen nicht, soviel ich weiss. Aber Sie wissen, was ich meine. Und wie sich zeigen sollte: Ich lag damit gar nicht so weit daneben. Ich fuhr also dort hin, per Zufall war ich schon in Muotathal, beim Mittagessen im Restaurant Alpenrösli. Als ich beim Chilen-Wald ankam, eilte ein Mann auf mich zu. Sein Gesicht hatte alle Farbe verloren, er sah selbst aus wie ein Toter. Kein Wunder. Denn ich muss sagen: Die Leiche war ein grässlicher Anblick. Allein schon diese kleinen schwarzen Viecher, sie waren überall: in den Ohren, den Nasenlöchern, sogar in den Augen. Eklig. Der Tote war übel zugerichtet. Sein Körper war aufgeschwollen. Seine Haut war kaum mehr als solche zu erkennen; sie erinnerte an rohes Fleisch. Die Ameisen haben ganze Arbeit geleistet. Der arme Kerl. Ein solches Schicksal hat keiner verdient. Schon gar nicht Werner Landolt, unser Wetterschmöcker.

Medienmitteilung der Kantonspolizei Schwyz, Dienstag, 13.11 Uhr

Heute Morgen hat sich im Kanton Schwyz, in der Gemeinde Muotathal, ein tragisches Unglück ereignet. Werner Landolt, landesweit bekannter Muotathaler Wetterschmöcker, wurde leblos am Rand des Chilen-Waldes aufgefunden. Trotz sofort eingeleiteter Rettungsmassnahmen konnte nur noch sein Tod festgestellt werden. Gemäss ersten Erkenntnissen ist der prominente Wettervorhersager aufgrund zahlreicher Ameisenbisse verstorben. Sein Tod bedeutet für die Gemeinde und den ganzen Kanton Schwyz einen schweren Verlust.

Artikel «Bote der Urschweiz. Online», Dienstag, 13.31 Uhr

Wetterschmöcker tot im Ameisenhaufen!

Eine Schweizer Berühmtheit ist nicht mehr: Der legendäre Wetterschmöcker Werner Landolt ist tot! Wurde ihm seine Leidenschaft zum Verhängnis? Wie der «Bote Online» aus gut unterrichteter Quelle erfahren konnte, hat eine Schulklasse, die, wie man sich vorstellen kann, hoch traumatisiert sein muss, die Leiche des Wetterpropheten in einem Ameisenhaufen gefunden. Ausgerechnet in einem Ameisenhaufen! Bekanntlich hat sich Landolt bei seinen Wetterprognosen stets auf das Verhalten der Ameisen gestützt: Haben die Männchen dicke Bäuche, gibt es einen harten Winter. Und jetzt das: Er fand in einem Ameisenhaufen seinen Tod. Was dazu geführt hat, darüber lässt sich nur spekulieren: Hat der 75-Jährige bei seiner Arbeit einen Schwächeanfall erlitten und wurde für die Ameisen zu einem gefundenen Fressen? Wollte er Suizid begehen und hat sich dafür in den Haufen seiner geliebten Tiere gesetzt? Der «Bote Online» hat erste Reaktionen zum Tod des Wetterschmöckers eingeholt: «Für die Tourismusregion Schwyz ist Werners Tod ein schrecklicher Verlust. Gerade haben wir ein neues Angebot lanciert: den Wetterschmöcker-Wanderweg, auf dem ein echter Wetterschmöcker einen Vortrag hält. Dass ausgerechnet eine solche Wanderung derart dramatisch enden muss, ist schmerzlich», erklärt Clarissa Gwerder, Direktorin von Schwyz Tourismus. Regierungspräsident Sandro Betschart, CVP, lässt über sein Büro mitteilen: «Wir bedauern den Tod von Werner Landolt zutiefst. Mit ihm verliert die ganze Region ein Original, das unersetzlich ist. Welch tragischer Unfall!»

Irena Jundt, Leiterin des Rechtsmedizinischen Instituts Zürich

Das war kein Unfall. Auch wenn Polizist Studer nur zu gerne den Fall mit dem Stempel «Unfall» versehen und ohne viel Arbeit ad acta legen würde. Doch diesen Gefallen kann ich ihm nicht tun. Denn, was auf den ersten Blick als offensichtlich erscheint, erweist sich nicht selten beim genaueren Hinschauen als falsch. Ganz besonders in meinem Job. Aber nun zur Sache. Das Opfer: männlich, zirka 70 Jahre alt, stattliche Körperpostur. Die Todesursache: multiples Organversagen und reflektorischer Herzstillstand aufgrund eines Kollapses oder Schockzustandes, verursacht durch Ameisensäure. Todeszeitpunkt: wohl keine dreissig Minuten, bevor die Leiche gefunden wurde. Die Körpertemperatur war annähernd im normalen Bereich, ich habe noch keine Totenflecken feststellen können, was unter den gegebenen Umständen aber sowieso schwierig gewesen wäre. Keine Abwehrverletzungen, also keine Hinweise darauf, dass vor seinem Tod ein Kampf stattgefunden hätte. Allerdings kann ich dies nicht ganz ausschliessen: Der Körper des Toten ist äusserlich mit Ameisenbissen übersät, die Haut ist geschwollen. Es ist denkbar, dass geringfügige Verletzungen nicht mehr erkennbar wären. Liegt ein Toter, der an einer Überdosis Ameisensäure starb, in einem Ameisenhaufen, ist es naheliegend, dass er aufgrund der Ameisenbisse gestorben sein könnte. So ist es aber nicht: Werner Landolt hat die Ameisensäure geschluckt. An seinen Lippen haben sich Blasen gebildet, seine Mund- und Rachenschleimhaut sind verätzt, ebenso Speiseröhre und Teile des Magens. Bereits wenige Schlucke verdünnter Ameisensäure können innert Kürze tödlich wirken. Werner Landolt muss einen schmerzhaften Tod gestorben sein. Die Fundsituation der Leiche lässt beide Schlüsse zu: Entweder wurde er kurz nach seinem Ableben in den Ameisenhaufen gelegt – oder der

Zufall wollte es, dass er auf diesen gestürzt ist, als er um sein Leben rang. Neben dem Toten fand sich eine Sporttrinkflasche mit der Aufschrift Isostar. Der Befund aus dem Labor steht noch aus, aber es ist davon auszugehen, dass sich darin Spuren von Ameisensäure finden werden. Alles andere wäre eine Überraschung. Also: Wir haben es hier mit einem Mord zu tun, mit einem sehr perfiden noch dazu. Mehr kann ich nicht beitragen, selbst wenn Polizist Studer das Gefühl hat, ich müsse ihm auch gleich noch die Lösung des Falls präsentieren. Da muss er sich schon selbst etwas einfallen lassen. Wenigstens konnten wir den Toten rasch identifizieren. Im Kanton Schwyz scheint noch immer jeder jeden zu kennen; Studer jedenfalls kannte das Opfer. Bei dem Toten handelt sich um Werner Landolt, einen Muotathaler Wetterschmöcker.

Werner Landolt, Muotathaler Wetterschmöcker

Ich? Tot? Beim ersten Anruf habe ich laut losgelacht. Beim zweiten habe ich geflucht. Beim dritten wusste ich, dass mein Bruder tot sein musste. Hans Kobel war der erste, der mich erreicht hatte. Er erschrak fürchterlich, als er meine Stimme hörte. «Du bist doch tot!», rief er. Und dann: «Mein Gott, du lebst!» Ich fragte mich, ob er betrunken sei. Er erklärte, im Dorf mache die Nachricht die Runde, dass man mich tot aufgefunden habe. Ich habe mich dann kurz in den Arm gekniffen und ihm versichert, ich sei lebendig wie eh und je. Kaum hatte ich aufgehängt, rief meine Schwägerin aus Basel an. So schnell geht das heute. Sie habe im Internet von meinem Tod gelesen, sie wolle ihrer Schwester kondolieren. Da fand ich es nicht mehr lustig. Schreiben die mich einfach tot! Doch als sie sagte, meine Leiche sei in einem Ameisenhaufen gefunden worden, begann der Boden zu schwanken und das Zimmer wurde plötzlich furchtbar eng. Walter. Mein Bruder. Er war für mich eingesprungen, diesen dämlichen Vortrag über die Ameisen und ihre Wetterfühligkeit zu halten. Ihm musste dabei etwas zugestossen sein. Nicht meine, seine Leiche haben sie gefunden! Wär ich doch bloss selbst hingegangen. Ich fürchte, ich habe ihn in den Tod geschickt.

Beat Studer, Korporal Kantonspolizei Schwyz

Heilandsack. Mir fiel beinahe das Handy aus der Hand, als ich plötzlich Werner Landolt am Draht hatte. Hätte der nicht dermassen wütend losgeflucht, ich hätte gedacht, jemand erlaube sich einen Scherz. Doch wer den Landolt einmal bei einem schlechten Spiel im Jass hat fluchen hören, der erkennt ihn aus tausend Menschen wieder. Der Mann, der am anderen Ende in die Leitung brüllte, war unverkennbar unser Toter. Nur dass er überaus lebendig wirkte. Erst als er sich ein wenig beruhigt hatte, verstand ich, was passiert war. Als Erstes kondolierte ich ihm zum Verlust seines Bruders, versprach ihm, dass wir das sofort korrigieren würden und kündigte an, bei ihm vorbeizukommen. Dann informierte ich unseren Pressesprecher, dass wir einen Scheiss geschrieben hätten, der Tote sei ein anderer.

Danach fuhr ich zum Haus der Landolts eingangs des Dorfes, ein dunkles Schindelhaus, mit Fenstern, klein wie Schiessscharten. Die Situation erschien mir total absurd: Ich besuchte gerade den Mann, den ich vor ein paar Stunden für tot erklärt hatte. Als Werner Landolt öffnete, sah er zwar lebendig, aber gebrochen aus. Wortlos bat er mich hinein. Mir war sofort klar, dass dies ein schwieriges Gespräch werden würde. Aber wer, wenn nicht er, konnte mir erste Informationen liefern?

Und das war es, was ich jetzt brauchte: Antworten. Ich hatte nämlich einen Mord aufzuklären. Wäre es doch bloss ein Unfall gewesen!

Medienmitteilung der Kantonspolizei Schwyz. Dienstag, 15.37 Uhr

An die Redaktionen. Betreff: Korrigendum

Die Kantonspolizei Schwyz korrigiert die Meldung von heute Dienstag, 13.11 Uhr: Bei dem Toten, der in Muotathal gefunden wurde, handelt es sich nicht wie irrtümlicherweise vermeldet um den Muotathaler Wetterschmöcker Werner Landolt, sondern um seinen Bruder Walter Landolt. Die Brüder weisen grosse Ähnlichkeiten auf. Über die genauen Todesumstände kann die Kantonspolizei derzeit keine Angaben machen. Sie sind Gegenstand der laufenden Ermittlungen.

Einvernahme Werner Landolt. Geführt von Korporal Beat Studer, Kantonspolizei Schwyz

«Es tut mir leid, Werner. Ich weiss, es ist ein blöder Moment, aber ich muss dir ein paar Fragen stellen.»
 «Wie konntet ihr nur schreiben, ich sei gestorben!»
 «Ich war mir sicher … ich meine, der Ameisenhaufen … und die Ähnlichkeit … ich dachte wirklich, das seist du.»
 «Ich wünschte mir, ich wäre es gewesen. Nicht mein kleiner Bruder. Ich bin schuld an seinem Tod.»
 «Warum?»
 «Weil er für mich eingesprungen ist. Ich hätte den Vortrag beim Ameisenhaufen halten sollen. Aber ich hatte keine Zeit. Wollte keine Zeit haben. Jetzt ist er tot. Es muss diese ver-

fluchte Hitze gewesen sein, die keiner von uns Wetterschmöcker hat kommen sehen.»

«Es war nicht die Hitze. Dein Bruder ist vergiftet worden.»

«Jetzt erzähl nicht schon wieder Mist.»

«Ich bin zuerst von einem Unfall ausgegangen. Aber die Rechtsmedizinerin ist sicher, dass dein Bruder Ameisensäure geschluckt hat. Jemand hat ihm das Gift in einer Trinkflasche gereicht.»

«Ameisensäure? Vergiftet? Walter? Unmöglich!»

«Hatte er Ärger mit jemandem?»

«Nein.»

«Gab es Probleme zu Hause, in eurer Familie?»

«Nein.»

«Hat er es sich im Geschäft mit jemandem verscherzt?»

«Nein! Was soll die Fragerei? Es gibt niemanden, der meinen Bruder hätte töten wollen.»

«Ist es möglich, dass jemand dich hat töten wollen? Dass jemand ihm diese Trinkflasche gereicht hat, weil er meinte, Walter sei du?»

«Beat, du weisst, dass das absoluter Käse ist. Wer sollte etwas gegen mich haben?»

«Ich habe dich mit deinem Bruder verwechselt. Das könnte auch dem Mörder passiert sein.»

«Du meinst das ernst?»

«Ja.»

«Ich kann mir das nicht vorstellen. Beat, du verrennst dich. Wobei … »

«Wobei was?»

«Es gibt da diese Ingrid Meise.»

«Ingrid Meise?»

«Die vom Tierschutz.»

«Was ist mit der?»

«Die wollte unseren Ameisen-Werbespot verbieten lassen.

Das sei Tierquälerei, was ich mit den Ameisen da mache. So ein Unsinn. Aber wenn ich jetzt so darüber nachdenke … ich glaube, sie könnte es gewesen sein. Die Tante ist völlig durchgeknallt.»

Ingrid Meise, Direktorin der Organisation «Tierrecht über Menschenrecht»

Am liebsten hätten die mich gleich hinter Gitter gesteckt. Eine Frechheit. Dieser dicke Polizist stand plötzlich vor meiner Tür, schwenkte einen Zettel, nuschelte was von einem Durchsuchungsbefehl und stürmte mit seiner Mannschaft in meine Wohnung. Nicht einmal die Schuhe haben sie ausgezogen. In jede Schublade steckten sie ihre dreckigen Finger. Keiner hat mir erklärt, was das soll. Doch als der Name Landolt fiel, war mir klar: Das hier ist reine Schikane. Landolt will sich an mir rächen, weil ich mich für das Recht der Tiere eingesetzt habe mit den Mitteln, die in unserem sogenannten Rechtsstaat allen zustehen. Mit einer superprovisorischen Verfügung habe ich diesen geschmacklosen Werbespot verbieten lassen, in dem sich Landolt mitten in einen Ameisenhaufen setzt. Das muss man sich mal vorstellen: mitten in einen Ameisenhaufen! Nicht auszumalen, wie viele Tiere er dabei zerquetscht, und die Massenpanik erst, die er damit auslöst. Purlauterer Stress für die Tierchen, Stress, der tödlich enden kann. Und der Nachahmungseffekt: Jetzt meint doch jedes Kind, es könne sich in einen Ameisenhaufen setzen. Eine Schande, dass ich das Verbot nicht durchgebracht habe. Von wegen Rechtsstaat. Und jetzt also das. Der Landolt muss dahinter stecken. Schickt mir erst eine Horde Rüpel ins Haus, die in meinen Sachen rumwühlen, und lässt mich dann verhaften. Mich. Verhaften. Angeblich wegen der Ameisensäure, die sie in meinem Schuppen gefunden haben. Ein Witz! Die brauche ich zur Behandlung meiner Bienen, um sie vor Varroamilben zu schützen. Das habe ich denen von der Polizei gesagt, aber sie wollten mir nicht glauben. Sagten, eine Tierschützerin wie ich könne sich unmöglich Bienen halten, das gehe doch nicht. Aber natürlich geht das! Die Bienen sind ja nicht meine Gefangenen, ich biete ihnen nur ein Nest an. Ich helfe ihnen! Aber das haben diese Polizisten nicht begreifen wollen. Sie sagten, Landolts Bruder sei umgebracht worden. Was das mit mir zu tun haben soll, ist mir schleierhaft. Sie sagten, die Ameisensäure mache mich verdächtig. Erst als ich denen erzählte, ich sei bis gestern Abend im Ausland gewesen, und ja, das könne ich belegen, und nein, ich hätte mich gestern Morgen nicht in Muotathal aufgehalten – da zuckten sie mit den Schultern und liessen mich gehen. Ich sag's ja: reine Schikane. Ich werde eine Beschwerde einreichen. Und zwar an höchster Stelle.

Werner Landolt, Muotathaler Wetterschmöcker

Sie haben sie wieder freigelassen. Haben sie verhaftet – und wieder freigelassen. Dabei haben sie in ihrem Schuppen den Beweis gefunden. Eine Flasche achtzigprozentige Ameisensäure stand im Regal, versteckt hinter allerlei Gerümpel. Woher ich das weiss? In Muotathal spricht sich rasch herum, wenn sich etwas tut. Wenn Streifenwagen bei jemandem vorfahren, die Polizisten das Haus auf den Kopf stellen, und die Frau dann abtransportieren. Doch schon am nächsten Morgen ist meine Frau der Meise im Volg-Laden wieder über den Weg gelaufen. Stand hinter ihr an der Kasse in der Schlange. Sie bewegte sich frei, als wäre nichts passiert. Als ich davon erfuhr, habe ich sofort den Studer angerufen. Ein Alibi, hat er mir gesagt, sie habe ein Alibi. Sie sei vier Tage lang weggewesen, an einer Manifestation in Leipzig für glückliche Schweine. Das muss die doch erfunden haben, das gibt's doch gar nicht, so etwas. Aber der Studer hat gesagt, an diesem Alibi sei nicht zu rütteln. Und die Ameisensäure im Regal?, hab ich ihn gefragt. Bienen! Sagt der doch, die Tierschützerin halte sich Bienen! Ich kann das nicht ernst nehmen. Der ist ihr doch auf den Leim gekrochen. Aber er behauptet steif und fest, sie könne es nicht gewesen sein.

Wer dann?, frage ich mich. Es fällt mir einfach niemand ein, der es auf mich abgesehen haben könnte. Ich habe immer rechtschaffen gelebt. Natürlich habe ich hin und wieder auf den Tisch gehauen, wenn's nötig war. Daran wird sich keiner gestört haben. So sind wir hier: Sagen gerade heraus, was wir denken. Da poltert schon mal einer, aber danach ist wieder gut. Klar, da war diese Meinungsverschiedenheit mit dem Franz, der mir das Holz zu teuer verkaufen wollte. Doch kurz darauf haben wir wieder miteinander angestossen. Und die Clarissa, die sich beschwert hat, weil meine Wetterprognosen zu düster waren. Wollte, dass ich nur noch schönes Wetter prophezeie, damit mehr Touristen kämen. So weit kommt's noch. Ach ja, und der Pfarrer. Mit dem hab ich das Heu auch nicht auf der gleichen Bühne. Scheinheiliger Prediger. Aber sonst war da nichts.

Beat Studer, Korporal Kantonspolizei Schwyz

Mit der militanten Tierschutztante Ingrid Meise waren wir auf dem Holzweg. Aber das war Landolts Schuld. Erst bei meinem zweiten Besuch hat er ganz nebenbei erwähnt, dass er diese Mails erhalten habe. Hätte er von Anfang an davon erzählt, wären wir schon früher auf die wahre Täterin gekommen. Er dachte, die Mails hätten nichts zu bedeuten, nur eine kleine Meinungsverschiedenheit, erklärte er. Dabei waren das ganz klar Drohungen. Würde er nicht endlich besseres Wetter vorhersagen, würde sie einschneidende Massnahmen gegen ihn ergreifen, hat sie in einer Nachricht geschrieben. Er müsse sich in Acht nehmen und seine Prognosen anpassen. Natürlich, im Nachhinein ist man immer schlauer. Ich hätte die Mails an Landolts Stelle wohl auch nicht ernst genommen. Ich meine: Clarissa! Clarissa, mit der ich die Schulbank gedrückt habe. Wer würde unserer Tourismusdirektorin so etwas zutrauen?

Ich bin erschrocken, als ich sah, in welchem Tonfall die Mails verfasst waren. Clarissa verfluchte die Wetterschmöcker, als hänge ihre ganze weitere Karriere davon ab, dass diese besseres Wetter vorhersagten und dadurch mehr Touristen in die Region kommen würden. Natürlich, die Tourismuszahlen sind massiv eingebrochen wegen des starken Frankens; sie hatte einen schwierigen Start als Direktorin. Aber sich so in diese Sache reinzusteigern, als gehe es um ihr eigenes Leben … und dann den Landolt umbringen zu wollen, nur weil er nicht nach ihrer Pfeife tanzte und sich nicht selbst verleugnete? Clarissa. Ich kann es immer noch nicht fassen. Aber: Man sieht es einem Täter niemals an. Die stillen Wasser sind die tiefsten, oder wie sagt man nochmal? Natürlich reichen die Mails allein nicht aus, um Clarissa zu überführen. Aber gestern lieferte uns der Geschäftsführer der Landi-Filiale in Schwyz den Beweis. Er übergab uns eine Liste, wer in den letzten Wochen in seinem Landwirtschaftsladen Ameisensäure gekauft hat. Und siehe da: Er nannte uns den Namen Clarissa Gwerder. Zwar hatte sie bar bezahlt, aber eine der Verkäuferinnen erinnerte sich an sie, als der Filialleiter nachgefragt hatte. Die Tourismusdirektorin war zwei Tage vor dem Mord in die Landi gefahren, hatte sich das Gift beschafft, hatte es vermischt mit Orangensaft in eine Sporttrinkfalsche gefüllt und diese Walter Landolt gereicht, als er beim Ameisenhaufen auf die Schulklasse wartete, um seinen Vortrag zu halten. Gwerder wusste, dass er dort sein würde – die Klasse hatte den Wetterschmöcker schliesslich über ihr Büro gebucht. Sie meinte natürlich, der echte Wetterschmöcker Werner Landolt würde dort sein, so, wie es vereinbart war. Darum kam es zu der fatalen Verwechslung. Es muss ihr gleich ergangen sein wie mir; die zwei Brüder sind kaum zu unterscheiden. Sie hat Walter die Flasche angeboten, an diesem Tag im rekordheissen Sommer, den keiner der Wetterpropheten hat kommen sehen. Natürlich hat sie alles abgestritten. Doch die Indizien erzählen eine andere Geschichte. Wer hätte das gedacht: Clarissa, eine Mörderin!

Artikel «Bote der Urschweiz. Online»

Tourismusdirektorin wegen Mordes verurteilt
Ein Jahr nach dem hinterhältigen Mord an Walter Landolt, der eigentlich seinem Bruder, dem berühmten Wetterschmöcker Werner Landolt gegolten hatte, fällte das Kantonsgericht Schwyz heute sein Urteil: Es hat die Schwyzer Tourismusdirektorin Clarissa Gwerder wegen Mordes zu 13 Jahren Gefängnis verurteilt. Die Angeklagte hat bis zum Schluss jede Schuld bestritten. Doch die Indizien waren erdrückend: Sie hatte Werner Landolt, der eigentlich ihr Opfer hätte werden sollen, in E-Mails bedroht. Sie beklagte sich über die ständig schlechten Wetterprognosen und machte diese für den Einbruch der Tourismuszahlen verantwortlich. Sie verlangte von Landolt, er solle sofort besseres Wetter vorhersagen. Doch der weigerte sich. Damit besiegelte er den Tod seines Bruders. Der sollte nämlich an seiner Stelle bei einem Ameisenhaufen einen

Vortrag über die Methoden der Wetterschmöcker halten. Die Tourismusdirektorin überreichte ihm vor Ort einen mit Ameisensäure versetzten Orangensaft. Sie realisierte nicht, dass sie es nicht mit dem Wetterschmöcker Werner Landolt, sondern mit dessen Bruder Walter, zu tun hatte. Der war sofort tot. Überführt werden konnte Clarissa Gwerder, weil sie beim Kauf der Ameisensäure in der Landi Schwyz von einer Verkäuferin erkannt worden war. Die Tourismusdirektorin wurde direkt nach der Verhandlung in die Frauenstrafanstalt Hindelbank überführt.

Vera Landolt, Wittwe des Walter Landolt selig

Natürlich habe ich ein schlechtes Gewissen. 13 Jahre Gefängnis ... damit habe ich nicht gerechnet. Die arme Gwerder. Aber was soll ich tun? Hingehen und sagen: Lieber Beat Studer, ihr habt euch geirrt, ihr habt die Falsche verhaftet, die Gwerder war das nicht? Sie hat nie Ameisensäure gekauft? Euer einziger Beweis basiert auf einer Falschaussage, und zwar auf meiner? Und was dann? So leid sie mir tut; es gibt kein Zurück. Ich hatte keinen anderen Ausweg gesehen und musste tun, was ich getan habe. Ich wäre sonst zugrundegegangen. Wäre nicht er, wäre ich gestorben.

Niemand ist auf die Idee gekommen, dass Walter sehr wohl das richtige Opfer war. Alle gingen davon aus, dass das Gift seinem berühmten Bruder gegolten hatte – was für eine Ironie! Das wäre mir gar nicht in den Sinn gekommen. Ich habe Walter am Morgen seinen Orangensaft in die Trinkflasche gefüllt und mit einer bescheidenen Menge Ameisensäure verdünnt. Es braucht nicht viel davon. Das weiss ich von meinem Vater, der Imker war. Die Flasche mit der Ameisensäure ist gefährlich, das hat er mir früh schon eingebläut. Er hatte panische Angst, dass wir Kinder mal aus Versehen davon trinken würden. Und heute verkaufen wir das wirkungsvolle Gift einfach so in der Landi Schwyz, wo ich drei Tage die Woche an der Kasse sitze. Die Flaschen stehen bei uns im Lager rum. Dass der Walter dann ausgerechnet in einen Ameisenhaufen fallen würde, konnte ich nicht ahnen. Und dass dann jeder meint, der Anschlag habe gar nicht ihm, sondern seinem berühmten Bruder gegolten, erst recht nicht. Als der Polizist Studer zu mir kam und mir die Trinkflasche zeigte, hab ich natürlich gesagt, ich hätte die noch nie im Leben gesehen.

Keiner hat danach gefragt, wie es mir in all den Jahren mit Walter ergangen ist. Keinen interessierte, dass er mich schikaniert hatte. Dass er auch zugeschlagen hatte. Immer öfter. Am Schluss unvermittelt, ohne Warnung. Je älter er wurde, desto schlimmer waren seine Wutattacken, desto unberechenbarer seine Aggressivität. Er hatte alles zu Hause an mir ausgelassen. Am Ende war er nur noch ein alter Sadist. Ich hätte ihn nicht mehr lange überlebt, irgendwann hätte er mich zu Tode geprügelt. Hätte ich gewusst, wie einfach es ist, ich hätte es schon viel früher getan.

Walters Bruder war es, der mir erzählte, dass die Polizei die Gwerder verdächtige. Und dann kam der Landi-Filialleiter zu mir und fragte mich, wer denn in letzter Zeit bei uns Ameisensäure gekauft habe. Es war keine bewusste Antwort, sondern eher ein Reflex. Ich hatte keine Zeit, über die Konsequenzen nachzudenken, die Worte waren schon draussen, bevor das Hirn zu denken begonnen hatte: Die Clarissa Gwerder, sagte ich, sei vor zwei Tagen im Laden gewesen und habe Ameisensäure gekauft. Ob ich das auch vor Gericht bezeugen würde, es sei die Polizei, die das wissen wolle. Ja, habe ich gesagt, obwohl ich wusste, dass das ein Meineid ist. Aber wenn man schon mal gemordet hat, ist man in solchen Dingen nicht mehr kleinlich. Ich ahnte nicht, dass die Gwerder gleich 13

Jahre kriegen würde. Es tut mir leid für sie. Aber ich will auf keinen Fall mit ihr tauschen. Ich habe meine Freiheit durch Walters Tod doch gerade erst gewonnen. Die gebe ich nicht wieder her. Ich will leben, jetzt.

AUTORINNEN UND AUTOREN

KARIN BACHMANN, 1969, lebt in Pieterlen. Nach der Lehre als Augenoptikerin lebte sie zwei Mal mehrere Monate in Neuseeland. Sie schreibt in Deutsch und Englisch, mehrere ihrer Kinder-Krimis wurden im SJW-Verlag veröffentlicht. Blog: http://stories47277.blogspot.com.

CHRISTINE BRAND, 1973, lebt in Zürich. Sie arbeitet als Redaktorin bei der «NZZ am Sonntag». Zuvor war sie Reporterin beim Schweizer Fernsehen und bei der Zeitung «Der Bund», wo sie auch Gerichtsreportagen verfasste. 2008 erschien ihr Buch «Schattentaten» mit 20 authentischen Kriminalfällen. Es folgten die Kriminalromane «Todesstrich», «Das Geheimnis der Söhne», «Kalte Seelen» und «Stiller Hass». www.christinebrand.ch

ATTILIO BIVETTI, 1945, lebt in Sils-Maria. Er studierte Veterinärmedizin in Zürch, Dissertation und Assistent an der Klinik für Innere Medizin, Grosstiere, praktizierte von 1973 bis 2006 als Tierarzt im Oberengadin und Bergell, war im Nebenamt als Gemeindepräsident von Sils tätig. Schreibt seit seiner Pensionierung im Jahr 2006.

MITRA DEVI, 1963, lebt in Zürich. Sie ist Autorin von über einem Dutzend Bücher und daneben als Journalistin, bildende Künstlerin und Filmemacherin tätig. 2007 war sie Krimi-Stadtschreiberin von Leipzig, 2009 Krimi-Stipendiatin von Wiesbaden. «Der Blutsfeind», der fünfte Roman mit Privatdetektivin Nora Tabani, wurde 2012 mit dem Zürcher Krimipreis ausgezeichnet. www.mitradevi.ch

ANDREA FAZIOLI, 1978, lebt in Bellinzona. Er studierte in Mailand und Zürich Romanistik und arbeitet als Journalist beim Fernsehsender RSI. Sein Kriminalroman «Am Grund des Sees», der als erster Fall für Privatdetektiv Elia Contini 2008 erschien, wurde von Publikum und Presse begeistert aufgenommen und mit dem Premio Stresa ausgezeichnet. www.andreafazioli.ch.

ALICE GABATHUHLER, 1961, lebt in Werdenberg. Sie arbeitete unter anderem als Lehrerin, Radiomoderatorin, Texterin und selbständig Erwerbende im Bildungsbereich. 2007 erschien ihr erstes von mittlerweile sechzehn Büchern. 2014 gewann sie mit #no_way_out den Hansjörg-Martin-Preis für den besten deutschsprachigen Krimi. www.alicegabathuler.ch

SILVIA GÖTSCHI, 1958, lebt in Weggis. Sie arbeitete in der Hotellerie, was sie auch für ihre Krimis inspirierte. Seit ihrer Jugend widmet sie sich dem literarischen Schaffen und der Psychologie. Seit 1998 ist sie freischaffende Schriftstellerin und Mitinhaberin einer Werbeagentur. www.silvia-goetschi.ch

PETRA IVANOV, 1967, lebt in Zürich. Sie war als Übersetzerin, Sprachlehrerin und Journalistin tätig. Heute arbeitet sie als Autorin, gibt Schreibkurse an Schulen und anderen Institutionen. Ihr Debütroman «Fremde Hände» erschien 2005. Ihr Werk umfasst Kriminalromane, Jugendbücher und Kurzgeschichten. Petra Ivanov hat zahlreiche Auszeichnungen erhalten, u. a. den Zürcher Krimipreis (2010). www.petraivanov.ch

THOMAS KOWA, 1969, lebt in Bern. Er ist Thriller-Autor, Poetry-Slammer, Musikproduzent und Mitglied der Schweizer Fussballnationalmannschaft der Autoren. Sein Debütroman «Das letzte Sakrament» stiess auf grosse Beachtung. www.thomaskowa.ch.

TANJA KUMMER, 1976, lebt in Zürich. Die gebürtige Thurgauerin und gelernte Buchhändlerin publiziert seit 1997 Gedichte und Kurzgeschichten. 2015 erschien der erste Roman «sicher ist sicher ist sicher», der sich mit dem Thema Zwangsstörungen auseinandersetzt und am Bodensee angesiedelt ist. www.tanjakummer.ch

HELMUT MAIER, 1955, lebt in Zürich, Der Teilzeit-Jurist gewann verschiedene Kurzgeschichten-Wettbewerbe. Sein Debutkrimi «Bristen» erschien 2010. Veröffentlichung in verschiedenen Anthologien.

SUNIL MANN, 1972, lebt in Zürich. Nach dem Abschluss der Hotelfachschule heuerte er als Flugbegleiter bei der nationalen Airline an, wo er noch heute im Teilzeitverhältnis arbeitet. Für sein Romandebüt wurde er mit dem Zürcher Krimipreis ausgezeichnet. Im Spätsommer 2016 erschien der sechste Fall für den indischstämmigen Privatdetektiv Vijay Kumar. www.sunilmann.ch

JUTTA MOTZ, 1943, lebt in Zürich. Sie studierte Kunstgeschichte, Klassische Archäologie und Soziologie in Köln und in Freiburg/Breisgau und arbeitete in einer Galerie, in Verlagen und in einer literarischen Agentur. Sie schreibt Krimis seit 1998. Ihr letzter Roman «Blutfunde» erschien 2016 in 2. Auflage. www.jutta-motz.com

STEPHAN PÖRTNER, 1965, lebt in Zürich, wo seine fünf Krimis mit Köbi Robert, dem Detektiv wider Willen, spielen. Für den letzten Band «Stirb, schöner Engel» erhielt er den Zürcher Krimipreis. Er schreibt zudem eine Kolumne für das Strassenmagazin Surprise und für die Wochenzeitung Geschichten, die aus exakt 100 Wörtern bestehen. www.stpoertner.ch

ALESSIO RICCIUTI, 1969, lebt in Zürich. Er hat Englische Literatur an der Universität Concordia in Montreal studiert und arbeitet heute in der Schweiz als freier Journalist und Übersetzer.

SUSY SCHMID, 1964, lebt in Wettingen. Die gelernte Buchhändlerin arbeitet heute als Privatlehrerin für Englisch und ist Autorin mehrerer Krimis. Ihr neuester Roman «Oktoberblau» mit ihrer Hauptfigur Evi Gygax erschien 2011. www.susyschmid.ch.

CÉDRIC SEGAPELLI, 1967, lebt in Confignon. Er ist Polizist seit 26 Jahren, bildete sich zum Erwachsenenbildner aus und arbeitet als Instruktor am Ausbildungszentrum der Kantonspolizei Genf. Von Kriminalromanen fasziniert schreibt er seit mehr als fünf Jahren einen Krimiblog. http://monromannoiretbienserre.blog.tdg.ch.

TOM ZAI, 1965 lebt in Walenstadt. Er schreibt Romane, satirische Texte, Lesetexte für Jugendliche mit Förderbedarf, schwarzhumorige Kurzgeschichten für Erwachsene und einen literarisch-satirischen Blog. Wenn seine Berufe, Lehrer und Autor, sich die Hand reichen und sein Hobby, die Musik, dazukommt, entstehen Schulmusicals. www.tomzai.ch

ÜBERSETZER

WOLFGANG BORTLIK, 1952, lebt in Riehen. Matura und nicht abgeschlossenes Studium der Geschichte. Schreibt jede Woche ein Sportgedicht, ist Autor von sechs Romanen und als Rezensent, Verleger und Übersetzer tätig.
www.wolfgangbortlik.ch

MARKUS HEDIGER, 1959, lebt in Zürich. Er arbeitet als Lyriker (drei Gedichtbände auf Französisch) und Übersetzer (21 Werke aus der französischen Schweiz).
www.markushediger.com

RICO VALÄR, 1981, lebt in Zürich. Er ist im Engadin aufgewachsen, studierte an der Universität Zürich Romanistik und doktorierte im Fach Rätoromanische Sprach- und Literaturwissenschaft. Er ist wissenschaftlicher Mitarbeiter beim Bundesamt für Kultur sowie freier Publizist, Lehrbeauftragter und Moderator.